대보적경·무량수여래회 역해

서정西定 박병규 한글 역주

나무아미타불

일러두기

1. 대보적경·무량수여래회(당역唐譯《무량수경》) 원본은 홍콩의 정공淨空 법사法師(1927~2022)가 간행한 《무량수경오종 원역본無量壽經五種原譯本》으로 하였다.

2. 품의 구분은 중국 불교 근대화의 아버지로 불리는 양문회(楊文會, 1837~1911) 거사의 구분을 따랐다.

3. 한글 경은 티벳의 쇼다지 캄포(索達吉 堪布)가 강술한 《무량수경광석無量壽經廣釋》을 토대로 번역하였다.

4. 경문의 한글 번역은 우선 한역본漢譯本의 표현을 최대한 존중하되, 이 원칙만 따르는 경우 독자가 뜻을 알기 어려운 경우에는 부득이 쇼다지 캄포의 해설을 참고하여 번역하였고, 같은 취지로 극히 일부 경문은 약간의 풀이를 넣어 번역하는 등 독자가 쉽게 알 수 있도록 하였다.

5. 한글 경전에 미주를 붙여서 경문의 용어를 해설을 함과 동시에 정토경론, 역대 정토종 조사의 법문 및 쇼다지 캄포의 《무량수경광석》 등을 원용하여 경의 취지를 해설하였고, 화엄華嚴, 법화法華, 유식唯識, 선禪과 관련된 부분은 그에 맞추어 조명하였다.

6. 말미에 정토필지(淨土必知: 정토행자가 반드시 알아야 할 사항)인 정토 5경 1론, 《화엄경》〈보현행원품〉 발췌, 세친보살 《왕생론》의 오념문, 원효보살의 본원력 사상 및 선과 정토의 관계 등을 수록하였다.

7. 이 책은 원래 불기 2561년(서기 2017년) 3월에 다음 카페 '발심전념'에서 법보시로 1,000부를 간행하여 전국에 배포한 바 있으나, 이번에 미주의 대폭 보충 등 수정 증보하고 편집도 재정비하여 유가로 출판합니다.

| 본사 석가모니 본존불상, 석굴암 |

| 금동아미타여래좌상, 불국사 |

| 극락세계 의정장엄도, 청나라 |

| 관경16관변상도, 고려, 14세기 |

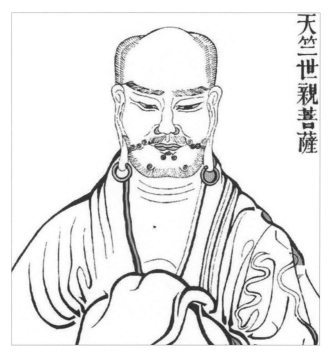

| 바수반두(Vasubandhu) 보살 |

　　바수반두(Vasubandhu) 보살(世親 또는 天親 보살이라 칭함, 320~400 또
는 400~480)님은 북인도 페샤와르 출신으로 소승 500부, 대승 500부
의 논서를 지으신 대논사이셨고, 인도의 유식유가행파唯識瑜伽行派를
확립하셨으며《무량수경우바제사》을 지으셔서 후대 정토교학에 절대적
영향을 미치셨다. 고래로 정토에 관한 3경1론이라 할 때의 논은 바로
《무량수경우바제사(왕생론)》를 말한다.

| 보리류지菩提流志(Bodhiruci, 571~727년, 일설 562~727년)보살 |

　　남인도 바라문 출신으로 본명은 달마류지達磨流志(Dharmaruci)이고, 唐에서는 法希로 불렸다. 당 高宗(재위, 649~683)의 초빙을 받았으나, 고종이 세상을 떠나고 여러 해 지난 693년(대사의 세수 122세) 당에 도착하였다. 법사는 당 황실로부터 僧俗 다수의 엘리트 역경 보조원의 배치, 역경 설비 확충 등 절대적인 후원을 받아서 武則天 때 《佛境界經》,《寶雨經》,《華嚴經》 등을 번역하였고, 中宗 때 그 이전 玄奘대사(602년 추정~664년)가 마무리하지 못한 《大寶積經》의 번역 착수하여 예종睿宗 2년 713년에야 마무리하였다. 법사는 《大寶積經》 총49회 중 26회 39권을 新譯하여 편입시켰다. 현장 법사가 이미 번역한 12회에 대하여도 번역에 문제가 있는 부분은 補譯을 하여 修正 편찬하였다. 보살의 번역은 매우 優秀한 것으로 평가되고 있다. 보살은 713년 《大寶積經》 완역 후부터 입적 시까지는 붓을 꺽고 오직 禪觀에만 매진하였다. 玄宗 15년 727년 11월 5일 낙양의 장수사에서 156세로 입적. 현종은 법사께 개원일체변지삼장開元一切遍知三藏이라는 시호를 내렸다.

| 원효 보살님(617~686) |

　　원효 보살님(617~686)은 인도의 원천적源泉的 불교와 중국의 분파적
分派的 불교의 화엄華嚴·법화法華·열반涅槃·삼론三論·법상法相·정토淨
土·율律·성실成實·아비담阿毘曇' 각부各部 각종各宗의 요체를 일심원융
一心圓融의 대해大海로 남김없이 귀납歸納, 회통會通시킨 불교역사상 유
일唯一한 스승이시다. 《무량수경종요》, 《아미타경소》 등 많은 정토법보
를 남기셨고, 글 모르는 이에게도 '나무아미타불' 6자 법문을 설파하시
는 등 아미타정토 법문을 힘주어 천양하셨다. 고려 숙종肅宗은 1101년
보살님께 화쟁국사和諍國師라고 증시贈諡하였다.

| 쇼다지素達吉 캄포堪布 린포체仁波切 |

쓰촨(四川)자치구, 깐즈(甘孜)현, 짱고(爐霍)현에서 1962년에 티베트 력 유월 초사흘에 태어났다. 1985년, 속가를 버리고 출가하여 라룽가르(LharongGar: 오명불학원 喇榮五明佛學院)으로 가서, 법왕 여의보如意寶 직매푼촉(晉美彭措)을 근본 상사根本上師로 모시고 학원의 대캔뽀(大堪布 라마승)가 되었다.

1987년, 법왕을 따라 성지인 오대산을 참배하고 이로부터 중국 사부대중 제자를 섭수하기 시작하였다. 2007∼2008년 「계동애심啓動愛心」을 주창하며 불교도들에게 자신의 주변에 불쌍한 사람을 돕는 것에 냉담하지 말고 일분의 애심을 봉헌하도록 권면하였고, 앞장서서 군중을 이끌고서 지혜 자비 학교(智悲學校)·젊은 사미 학교(小沙彌學校)·경로원·거사림居士林등을 세우기 시작하였다. 쇼다지 캄포는 낮에는 빠뜨리지 않고 강의를 하고, 밤에는 빼놓지 않고 번역을 하여 현재 출판된 법본法本이 100여권에 이른다. 그 중 중국어 번체로 번역된 계열은 《심일당팽조불연총서心一堂彭措佛緣叢書》인데, 《쇼다지 캄포 린포체 역저문집素達吉堪布仁波切譯著文集》에 수록되어 있다. 쇼다지 캄포는 무량수경 5종 역본 중에서 《대보적경·무량수여래회》와 티베트 역본을 서로 대조하여 그 경문이 동일한 것임을 발견하고, 이 역본에 근거하여 역사상 최초로 《무량수경 광석》을 강설하였다.

| 대만의 광흠화상(1892~1986) 왕생 하루 전 허공에 나타난 연꽃입니다. |

| 진주 연화사에 모셔진 송선덕화 보살님(1852~1933)의 사리탑 |

　한평생 근검하며 염불로 일관하신 대보살님의 왕생 당시 자택에서,
또 왕생 4일째 되는 날 보살님의 사리에서 각 한 번씩 두 번에 걸쳐 대
방광大放光의 영험靈驗이 있었다.

| 출간사 |

　당역唐譯《대보적경·무량수여래회》는 總49會의 방대한《대보적경》의 한 會(第17會)로서 아미타 정토교의의 가장 근본이 되는 경전입니다. 《無量壽經(大經)》으로 칭해지는 많은 범어본 경전 중 12본이 漢譯되었으나, 그중 총5본만 현존합니다. 현존 漢譯 5본 가운데《대보적경·무량수여래회》가 그 이전의 舊 3본(한역본, 위역본, 오역본)에 비하여 아미타 정토교의를 가장 충실하고 精晳·明確하게 설하고 있으며, 新譯시대의 번역이어서 格義 불교시대에 번역되었던 舊 3본에 비하여 正確한 불교 용어가 사용되었고, 경문의 文句가 美麗하며, 法流가 가장 자연스럽게 전개되어 있다고 평해지고 있습니다. 위역본《무량수경》에 포함된 오악단五惡段의 취지는 至當하지만 법류의 자연스런 진행을 저해하는바, 오악단五惡段은 현존 범어본과 티벳본에는 없다는 점을 말씀드립니다. 송역본은 법장비구 48원이 모두 수록되지 않는 등 결락된 부분이 많습니다.

　《대보적경·무량수여래회》의 범어본은 인도의 보리류지菩提流志 삼장법사(571~727년)께서 직접 唐으로 갖고 오신 경전이며, 종전의 舊 3本의 불명확하거나 오역 부분에 대한 명확한 번역과 缺落된 부분을 補正하기 위하여 법사께서 친히 번역하여《대보적경》에 편입시킨 경입니다. 그리고 당대의 飜譯場에는 心眼과 經學의 수준이 높은 여러 번역가가 함께 참여하였으며, 물적 설비도 잘 갖추어져 있어서 번역의 정확성을 보증할 수 있었습니다. 결론적으로 말자하면 《대보적경·무량수여래회》가 현존 漢譯《무량수경》 5본 중 가장 잘된 경본(善本)이라 할 것입니다.

이러한 이유로 극락왕생을 발원한 저로서는 이 경전을 평생의 주요 경전으로 받들면서 경의 광대한 유통에 조금이라도 도움이 되기를 바라는 마음으로 저의 無知와 淺學을 돌아보지 않고 본경을 번역하고 주를 붙여서 출간하게 되었습니다.

唐譯《無量壽經》에 대한 주석서는 역경 이래 전혀 없었는데, 티벳의 쇼다지 캄포(索達吉 堪布)께서 역사상 처음으로 完講을 해주셔서 경의 뜻을 이해하는 데 큰 도움이 되었고, 저의 번역도 그에 힘입어 진행되었음을 밝힙니다.

미주尾註는 쇼다지 캄포의 강의와 역대 정토종 조사님들의 말씀을 토대로 정토종의 宗要를 설명하되, 경문 중 화엄, 법화경, 유식, 반야 등 諸 藏敎 및 禪宗과 관련되는 부분에 대하여 그에 맞는 주를 붙었습니다.

한편 經文에 이미 佛法 내지 淨土法門의 大意가 明確하게 나타나 있음은 물론 이 經의 無上甚深微妙한 法益을 널리 共有하기 위하여 이 책이 출간되었사오니, 經의 말씀과 같이 '發菩提心 專念阿彌陀佛 及 恒種植衆多善根 發心廻向 願生彼國(보리심을 펼쳐서 오직 아미타불만을 염하고 언제나 많은 선근을 심어서 저 극락국토 왕생을 간절히 서원誓願하여 발심회향함)'의 修行을 爲主로 하고 이 經을 大導師로 모셔 자주 讀經·看經하는 가운데 부차적, 보조적으로만 尾註와 淨土必知를 살펴보시기 바랍니다. 그리고 私見을 개진한 부분에 오류가 있더라도 海諒하여 주시고 이를 지적하여 주시면 고맙겠습니다.

한글 경은 당대 禪과 敎 兩宗의 大宗師이신 圓照 覺性 큰스님의 監修를 받았습니다. 그리하여 경문이 매우 晳明, 精確하게 되었습니다. 금년 80대 후반이신 큰 스님의 爲法忘軀의 鴻恩에 깊은 감사의 정례를 올립니다.

한편 역자는 2017년에 이 경을 唐譯《칭찬정토불섭수경》과 합본으로 1,000부를 출간하여 전국에 법보시로 배포한 적이 있으나, 무가無價 서적書籍의 한계로 인하여 경을 받으신 분들의 한낱 장서에 불과하게 됨에 이러한 문제점을 극복하고 경을 널리 유통하기 위하여 종전의 번역문을 다듬고 큰스님의 감수를 받아 완성하고, 편집의 품격을 높였으며, 漢譯 경전을 수록하되 책값은 실제작비 수준의 有價로 출간하기로 하였습니다.

자타의 무상보리 성취를 위하여는 천 마디 만 마디 말보다 阿彌陀佛의 不可思議 本願力에 대한 金剛 같은 믿음과 願生心을 갖추고 아미타불의 명호 칭념 등 5念門을 부지런히 닦고, 이 경을 수시로 讀經·講經하는 것이 가장 중요합니다. 모쪼록 이 책이 독자 제위의 불법수행에 도움이 되길 부처님 전에 간절히 발원합니다.

나무아미타불 원제중생 동생극락.

불기 2568(2024)년 2월

西定 박병규 공경 합장

| 차례 |

한글 경 미주

정토필지 淨土必知(정토수행자의 필지사항)

大寶積經·卷第17 無量壽如來會

대보적경·권제17 무량수여래회

天竺沙門 大唐三藏 菩提流支 奉詔譯

천축사문 대당삼장 보리류지 봉조역

(인도의 사문이자 대당의 삼장법사인 보리류지가
황제의 칙령을 받들어 번역하다.)

정구업진언
淨口業眞言

수리수리 마하수리 수수리 사바하 (3번)

오방내외안위제신진언
五方內外安慰諸神眞言

나무 사만다 못다남 옴 도로도로 지미

사바하 (3번)

개경게
開經偈

無上甚深微妙法 무 상 심 심 미 묘 법	위없고 매우 깊은 미묘 법문
百千萬劫難遭遇 백 천 만 겁 난 조 우	백천만겁에 만나기 어렵사온대
我今聞見得受持 아 금 문 견 득 수 지	제가 지금 받아 지니오니
願解如來眞實意 원 해 여 래 진 실 의	원컨대 여래의 진실의 뜻 깨쳐지이다.

개법장진언
開法藏眞言

옴 아라남 아라다 (3번)

大寶積經·無量壽如來會
대 보 적 경 무 량 수 여 래 회

法會聖衆 第一
법 회 성 중 제 일

如是我聞, 一時佛住王舍城, 耆闍崛山中, 與大比丘衆萬
여 시 아 문　일 시 불 주 왕 사 성　기 사 굴 산 중　여 대 비 구 중 만

二千人俱, 皆是諸大聲聞, 衆所知識。
이 천 인 구　개 시 제 대 성 문　중 소 지 식

其名曰：尊者阿若憍陳如·馬勝·大名·有賢·無垢·須跋陀
기 명 왈　존 자 아 야 교 진 여 마 승 대 명 유 현 무 구 수 발 타

羅·善稱·圓滿·憍梵鉢提·優樓頻那迦葉·那提迦葉·伽耶迦
라 선 칭 원 만 교 범 발 제 우 루 빈 나 가 섭 나 제 가 섭　가 야 가

葉·摩訶迦葉·舍利弗·大目揵連·摩訶迦旃延·摩訶劫賓那·
섭 마 하 가 섭 사 리 불 대 목 건 련 마 하 가 전 연 마 하 겁 빈 나

摩訶注那·滿慈子·阿尼樓馱·離波多·上首王·住彼岸·摩俱
마 하 주 나 만 자 자 아 니 루 타 이 바 다 상 수 왕 주 피 안 마 구

羅·難陀·有光·善來·羅睺羅·阿難陀等而為上首。
라 난 타 유 광 선 래 라 후 라 아 난 타 등 이 위 상 수

復有菩薩摩訶薩衆, 所謂普賢菩薩·文殊師利菩薩·彌勒菩
부 유 보 살 마 하 살 중　소 위 보 현 보 살 문 수 사 리 보 살 미 륵 보

薩及賢劫中諸菩薩摩訶薩衆, 前後圍繞。又與賢護等十六
살 급 현 겁 중 제 보 살 마 하 살 중　전 후 위 요 우 여 현 호 등 십 육

丈夫衆俱, 所謂善思惟義菩薩·慧辯才菩薩·觀無住菩薩·善
장 부 중 구 소 위 선 사 유 의 보 살 혜 변 재 보 살 관 무 주 보 살 선

化神通菩薩·光幢菩薩·智上菩薩·寂根菩薩·慧願菩薩·香
화 신 통 보 살 광 당 보 살 지 상 보 살 적 근 보 살 혜 원 보 살 향

象菩薩·寶幢菩薩等而為上首。
상 보 살 보 당 보 살 등 이 위 상 수

咸共遵修普賢之道, 滿足菩薩一切行願, 安住一切功德法
함 공 준 수 보 현 지 도　만 족 보 살 일 체 행 원　안 주 일 체 공 덕 법

中, 到諸佛法究竟彼岸, 願於一切世界之中成等正覺。又
중　도 제 불 법 구 경 피 안　원 어 일 체 세 계 지 중 성 등 정 각　우

願生彼兜率陀天, 於彼壽終, 降生右脅, 見行七步, 放大光
원 생 피 도 솔 타 천　어 피 수 종　강 생 우 협　견 행 칠 보　방 대 광

明, 普佛世界六種震動, 而自唱言 ： 我於一切世間最為尊
명　보 불 세 계 육 종 진 동　이 자 창 언　아 어 일 체 세 간 최 위 존

貴, 釋梵諸天咸來親奉, 又見習學書計·曆數·聲明·伎巧·醫
귀　석 범 제 천 함 래 친 봉　우 견 습 학 서 계　역 수　성 명　기 교　의

方·養生·符印及餘博戲·擅美過人。身處王宮·厭諸欲境·見
방　양 생 부 인 급 여 박 희　천 미 과 인　신 처 왕 궁　염 제 욕 경　견

老·病·死, 悟世非常。捐捨國位, 踰城學道。解諸瓔珞及迦
로 병 사　오 세 비 상　연 사 국 위　유 성 학 도　해 제 영 락 급 가

尸迦, 被服袈裟, 六年苦行, 能於五濁刹中作斯示見。順世
시 가　피 복 가 사　육 년 고 행　능 어 오 타 찰 중 작 사 시 현　순 세

間故。浴尼連河, 行趣道場。龍王迎讚, 諸菩薩眾右繞稱揚。
간 고　욕 니 련 하　행 취 도 량　용 왕 영 찬　제 보 살 중 우 요 칭 양

菩薩爾時, 受草自敷菩提樹下, 結跏趺坐。又見魔眾合圍,
보 살 이 시　수 초 자 부 보 리 수 하　결 가 부 좌　우 견 마 중 합 위

將加危害, 菩薩以定慧力降伏魔怨, 成無上覺。
장 가 위 해　보 살 이 정 혜 력 항 복 마 원　성 무 상 각

梵王勸請, 轉於法輪。勇猛無畏, 佛音震吼, 擊法鼓, 吹法
범 왕 권 청　전 어 법 륜　용 맹 무 외　불 음 진 후　격 법 고　취 법

螺, 建大法幢。然正法炬, 攝受正法及諸禪定。雨大法雨,
라　건 대 법 당　연 정 법 거　섭 수 정 법 급 제 선 정　우 대 법 우

澤潤含生 ; 震大法雷, 開悟一切。諸佛刹土, 普照大光 ;
택 윤 함 생　진 대 법 뢰　개 오 일 체　제 불 찰 토　보 조 대 광

世界之中, 地皆震動。魔宮摧毀, 驚怖波旬。破煩惱城, 墮
세 계 지 중　지 개 진 동　마 궁 최 훼　경 포 파 순　파 번 뇌 성　휴

諸見網, 遠離黑法, 生諸白法。於佛施食, 能受能消。為調
제 견 망　원 리 흑 법　생 제 백 법　어 불 시 식　능 수 능 소　위 조

眾生, 宣揚妙理, 或見微笑, 放百千光。昇灌頂階, 須菩提
중생　선양묘리　혹견미소　방백천광　승관정계　수보리

記。或成佛道, 見入涅槃。使無量有情皆得漏盡, 成熟菩薩
기　혹성불도　견입열반　사무량유정개득누진　성숙보살

無邊善根, 如是諸佛刹中皆能示見。
무변선근　여시제불찰중개능시현

譬如幻師善知幻術, 而能示見男·女等相, 於彼相中實無可
비여환사선지환술　이능시현남　여등상　어피상중실무가

得。如是如是諸菩薩等, 善學無邊幻術功德, 故能示見變化
득　여시여시제보살등　선학무변환술공덕　고능시현변화

相應, 能善了知變化之道故。示諸佛土見大慈悲, 一切群生
상응　능선료지변화지도고　시제불토현대자비　일체군생

普皆饒益, 菩薩願行。成就無疆, 無量義門通達平等。一切善
보개요익　보살원행　성취무강　무량의문통달평등　일체선

法具足修成, 諸佛刹中平等趣入, 常為諸佛勸進加威。一切
법구족수성　제불찰중평등취입　상위제불권진가위　일체

如來識知印可, 為教菩薩作阿闍梨, 常習相應無邊諸行, 通
여래식지인가　위교보살작아사리　상습상응무변제행　통

達一切法界所行。能善了知有情及士, 亦常發趣供諸如來,
달일체법계소행　선능료지유정급사　역상발취공제여래

見種種身猶如影像。善學因陀羅網, 能破魔網, 壞諸見網,
현종종신유여영상　선학인다라망　능파마망　괴제견망

入有情網, 能超煩惱眷屬及魔侶·魔人。遠出聲聞·辟支佛地。
입유정망　능초번뇌권속급마려　마인　원출성문　벽지불지

入空·無相·無願法門, 而能安住方便善巧, 初不樂入二乘涅
입공　무상　무원법문　이능안주방편선교　초불락입이승열

槃。得無生無滅諸三摩地。及得一切陀羅尼門。廣大諸根辯
반　득무생무멸제삼마지　급득일체다라니문　광대제근변

才決定。於菩薩藏法善能了知。佛華三昧隨時悟入。
재결정　어보살장법선능료지　불화삼매수시오입

具一切種甚深禪定, 一切諸佛皆悉見前。於一念中遍遊佛
구일체종심심선정　일체제불개실현전　어일념중변유불

土, 周旋往返不異其時。於難非難邊能了諸邊, 敷演實際
토 주선왕반불이기시 어난비난변능료제변 부연실제

差別善知, 得佛辯才住普賢行。善能分別眾生語言, 超過
차별선지 득불변재주보현행 선능분별중생어언 초과

世間一切之法, 善知一切出世間法。得資具自在波羅蜜多,
세간일체지법 선지일체출세간법 득자구자재바라밀다

荷擔有情為不請友。能持一切如來法藏, 安住不斷一切佛
하담유정위불청우 능지일체여래장법 안주부단일체불

種, 哀愍有情能開法眼, 閉諸惡趣開善趣門, 普觀有情能
종 애민유정능개법안 폐제악취개선취문 보관유정능

作父母·兄弟之想, 又觀眾生如己身想。證得一切讚歎功
작부모 형제지상 우관중생여기신상 증득일체찬탄공

德波羅蜜多, 能善了知讚歎如來一切功德, 及餘稱讚諸功
덕바라밀다 능선료지찬탄여래일체공덕 급여칭찬제공

德法。如是菩薩摩訶薩眾無量無邊, 皆來集會。
덕법 어시보살마하살중무량무변 개래집회

阿難啟請 第二
아 난 계 청 제 이

爾時尊者阿難從坐而起, 整理衣服, 偏袒右肩, 右膝著地,
이시존자아난종좌이기 정리의복 편단우견 우슬착지

合掌向佛, 白言：大德世尊! 身色諸根悉皆清淨, 威光赫奕
합장향불 백언 대덕세존 신색제근실개청정 위광혁혁

如融金聚, 又如明鏡凝照光暉, 從昔已來初未曾見, 喜得瞻
여융금취 우여명경응조광휘 종석이래초미증견 희득첨

仰生希有心。世尊今者入大寂定, 行如來行皆悉圓滿, 善能
앙생희유심 세존금자입대적정 행여래행개실원만 선능

建立大丈夫行, 思惟去來現在諸佛, 世尊何故住斯念耶?
건립대장부행 사유거래현재제불 세존하고주사념야

爾時佛告阿難：汝今云何能知此義？為有諸天來告汝耶？
이 시 불 고 아 난　여 금 운 하 능 지 차 의　위 유 제 천 래 고 여 야

為以見我及自知耶？阿難白佛言：世尊! 我見如來光瑞希
위 이 견 아 급 자 지 야　아 난 백 불 언　세 존　아 견 여 래 광 서 희

有, 故發斯念, 非因天等。
유　고 발 사 념　비 인 천 등

佛許宣說 第三
불 허 선 설　제 삼

佛告阿難：善哉! 善哉! 汝今快問。善能觀察, 微妙辯才,
불 고 아 난　선 재　선 재　여 금 쾌 문　선 능 관 찰　미 묘 변 재

能問如來如是之義。汝為一切如來應正等覺, 及安住大悲,
능 문 여 래 여 시 지 의　여 위 일 체 여 래 응 정 등 각　급 안 주 대 비

利益群生, 如優曇花希有大士, 出見世間, 故問斯義。又為
이 익 군 생　여 우 담 화 희 유 대 사　출 현 세 간　고 문 사 의　우 위

哀愍利樂諸眾生故, 能問如來如是之義。阿難! 如來應正
애 민 이 락 제 중 생 고　능 문 여 래 여 시 지 의　아 난　여 래 응 정

等覺, 善能開示無量知見。
등 각　선 능 개 시 무 량 지 견

何以故？如來知見無有障礙。阿難! 如來應正等覺欲樂住
하 이 고　여 래 지 견 무 유 장 애　아 난　여 래 응 정 등 각 욕 락 주

世, 能於食頃住無量無數百千億那由他劫, 若復增過如上
세　능 어 식 경 무 량 무 수 백 천 억 나 유 타 겁　약 부 증 과 여 상

數量, 而如來身及以諸根無有增減。何以故？如來得三昧
수 량　이 여 래 신 급 이 제 근 무 유 증 감　하 이 고　여 래 득 삼 매

自在到於彼岸, 於一切法最勝自在。
자 재 도 어 피 안　어 일 체 법 최 승 자 재

是故阿難! 諦聽! 善思念之! 吾當為汝分別解說。阿難白佛
시 고 아 난　체 청　선 사 념 지　오 당 위 여 분 별 해 설　아 난 백 불

言：唯然, 世尊! 願樂欲聞。
언 유연 세존 원요욕문

古佛出興 第四
고 불 출 흥 제 사

爾時佛告阿難：往昔過阿僧祇無數大劫, 有佛出現號曰然
이시불고아난 　왕석과아승지무수대겁 　유불출현호왈연

燈。於彼佛前極過數量, 有苦行佛出興于世, 苦行佛前, 復
등 어피불전극과수량 유고행불출흥우세 고행불전 부

有如來號為月面, 月面佛前過於數量, 有栴檀香佛, 於彼
유여래호위월면 월면불전과어수량 유전단향불 어피

佛前有蘇迷盧積佛, 盧積佛前復有妙高劫佛。
불전유소미노적불 노적불전부유묘고겁불

如是展轉, 有離垢面佛·不染污佛·龍天佛·山聲王佛·蘇迷
여시전전 유이구면불 불염오불 용천불 산성왕불 소미

盧積佛·金藏佛·照曜光佛·光帝佛·大地種姓佛·光明熾盛
노적불 금장불 조요광불 광제불 대지종성불 광명치성

琉璃金光佛·月像佛·開敷花莊嚴光佛·妙海勝覺遊戲神通
유리금광불 월상불 개부화장엄광불 묘해승각유희신통

佛·金剛光佛·大阿伽陀香光佛·捨離煩惱心佛·寶增長佛·
불 금강광불 대아가타향광불 사리번뇌심불 보증장불

勇猛積佛·勝積佛·持大功德法施神通佛·映蔽日月光佛·照
용맹적불 승적불 지대공덕법시신통불 영폐일월광불 조

曜琉璃佛·心覺花佛·月光佛·日光佛·花瓔珞色王開敷神通
요유리불 심각화불 월광불 일광불 화영락색왕개부신통

佛·水月光佛·破無明暗佛·真珠珊瑚蓋佛·底沙佛·勝花佛·
불 수월광불 파무명암불 진주산호개불 저사불 승화불

法慧吼佛·有師子吼鵝鴈聲佛·梵音龍吼佛, 如是等佛出現
법혜후불 유사자후아안성불 범음용후불 여시등불출현

於世, 相去劫數皆過數量。
어세 상거겁수개과수량

彼龍吼佛未出世前無央數劫, 有世主佛。世主佛前無邊劫
피용후불미출세전무앙수겁 유세주불 세주불전무변겁

數, 有佛出世, 號世間自在王如來, 應正等覺·明行圓滿·善
수 유불출세 호세간자재왕여래 응정등각 명행원만 선

逝·世間解·無上丈夫調御士·天人師·佛·世尊。阿難! 彼佛
서 세간해 무상장부조어사 천인사 불 세존 아난 피불

法中有一比丘名曰「法處」。有殊勝行願及念慧力增上, 其
법중유일비구명왈 법처 유수승행원급염혜력증상 기

心堅固不動, 福智殊勝, 人相端嚴。
심견고부동 복지수승 인상단엄

法處讚佛 第五
법처찬불 제오

阿難! 彼法處比丘, 往詣世間自在王如來所, 偏袒右肩, 頂
아난 피법처비구 왕예세간자재왕여래소 편단우견 정

禮佛足, 向佛合掌。以頌讚曰 :
례불족 향불합장 이송찬왈

如來無量無邊光　舉世無光可能喻
여래무량무변광 거세무광가능유

一切日月摩尼寶　佛之光威皆映蔽
일체일월마니보 불지광위개영폐

世尊能演一音聲　有情各各隨類解
세존능연일음성 유정각각수류해

又能現一妙色身　普使眾生隨類見
우능현일묘색신 보사중생수류견

戒定慧進及多聞　一切有情無與等
계정혜진급다문 일체유정무여등

心流覺慧如大海　　善能了知甚深法
심 류 각 혜 여 대 해　　선 능 료 지 심 심 법

惑盡過亡應受供　　如是聖德惟世尊
혹 진 과 망 응 수 공　　여 시 성 덕 유 세 존

佛有殊勝大威光　　普照十方無量刹
불 유 수 승 대 위 광　　보 조 시 방 무 량 찰

我今稱讚諸功德　　冀希福慧等如來
아 금 칭 찬 제 공 덕　　기 희 복 혜 등 여 래

能救一切諸世間　　生老病死眾苦惱
능 구 일 체 제 세 간　　생 로 병 사 중 고 뇌

願當安住三摩地　　演說施戒諸法門
원 당 안 주 삼 마 지　　연 설 시 계 제 법 문

忍辱精勤及定慧　　庶當成佛濟群生
인 욕 정 근 급 정 혜　　서 당 성 불 제 군 생

為求無上大菩提　　供養十方諸妙覺
위 구 무 상 대 보 리　　공 양 시 방 제 묘 각

百千俱胝那由他　　極彼恒沙之數量
백 천 구 지 나 유 타　　극 피 항 사 지 수 량

又願當獲大神光　　倍照恒沙億佛刹
우 원 당 획 대 신 광　　배 조 항 사 억 불 찰

及以無邊勝進力　　感得殊勝廣淨居
급 이 무 변 승 진 력　　감 득 수 승 광 정 거

如是無等佛刹中　　安處群生當利益
여 시 무 등 불 찰 중　　안 처 군 생 당 이 익

十方最勝之大士　　彼皆當往生喜心
시 방 최 승 지 대 사　　피 개 당 왕 생 희 심

唯佛聖智能證知　　我今希求堅固力
유 불 성 지 능 증 지　　아 금 희 구 견 고 력

縱沈無間諸地獄　　如是願心終不退
종 침 무 간 제 지 옥　　여 시 원 심 종 불 퇴

一切世間無礙智　　應當了知如是心
일 체 세 간 무 애 지　　응 당 료 지 여 시 심

攝受淨刹 第六
섭 수 정 찰 제 육

復次, 阿難! 法處比丘讚佛德已, 白言：世尊! 我今發阿耨
부차 아난 법처비구찬불덕이 백언 세존 아금발아뇩

多羅三藐三菩提心, 惟願如來為我演說如是等法, 令於世
다라삼먁삼보리심 유원여래위아연설여시등법 영어세

間得無等等成大菩提, 具攝清淨莊嚴佛土。
간득무등등성대보리 구섭청정장엄불토

佛告比丘：汝應自攝清淨佛國。法處白佛言：世尊! 我無
불고비구 여응자섭청정불국 법처백불언 세존 아무

威力堪能攝受, 唯願如來說餘佛土清淨莊嚴, 我等聞已,
위력감능섭수 유원여래설여불토청정장엄 아등문이

誓當圓滿。
서당원만

爾時世尊, 為其廣說, 二十一億, 清淨佛土, 具足莊嚴, 說
이시세존 위기광설 이십일억 청정불토 구족장엄 설

是法時, 經于億歲。
시법시 경우억세

阿難! 法處比丘。於彼二十一億諸佛土中, 所有嚴淨之事悉
아난 법처비구 어피이십일억제불토중 소유엄정지사실

皆攝受。既攝受已, 滿足五劫思惟修習。
개섭수 기섭수이 만족오겁사유수습

阿難白佛言：世尊! 彼世間自在王如來壽量幾何？
아난백불언 세존 피세간자재왕여래수량기하

世尊告曰：彼佛壽量滿四十劫。阿難! 彼二十一俱胝佛刹,
세존고왈 피불수량만사십겁 아난 피이십일구지불찰

法處比丘所攝佛國超過於彼。既攝受已, 往詣世間自在王
법처비구소섭불국초과어피 기섭수이 왕례세간자재왕

如來所, 頂禮雙足, 右繞七匝, 卻住一面, 白言：世尊! 我已
여래소 정례쌍족 우요칠잡 각주일면 백언 세존 아이

攝受具足功德嚴淨佛土。佛言：今正是時, 汝應具說, 令眾
섭 수 구 족 공 덕 엄 정 불 토　불 언　금 정 시 시　여 응 구 설　영 중

歡喜, 亦令大眾皆當攝受圓滿佛土。
환 희　역 영 대 중 개 당 섭 수 원 만 불 토

發大誓願 第七
발 대 서 원　제 칠

法處白言：唯願世尊大慈留聽, 我今將說殊勝之願。
법 처 백 언　유 원 세 존 대 자 유 청　아 금 장 설 수 승 지 원

若我證得無上菩提, 國中有地獄·餓鬼·畜生趣者, 我終不
약 아 증 득 무 상 보 리　국 중 유 지 옥　아 귀　축 생 취 자　아 종 불

取無上正覺。
취 무 상 정 각

若我成佛, 國中眾生有墮三惡趣者, 我終不取正覺。
약 아 성 불　국 중 중 생 유 타 삼 악 취 자　아 종 불 취 정 각

若我成佛, 國中有情若不皆同真金色者, 不取正覺。
약 아 성 불　국 중 유 정 약 불 개 동 진 금 색 자　불 취 정 각

若我成佛, 國中有情形貌差別, 有好醜者, 不取正覺。
약 아 성 불　국 중 유 정 형 모 차 별　유 호 추 자　불 취 정 각

若我成佛, 國中有情不得宿念, 下至不知億那由他百千劫事
약 아 성 불　국 중 유 정 부 득 숙 념　하 지 부 지 억 나 유 타 백 천 겁 사

者, 不取正覺。
자　불 취 정 각

若我成佛, 國中有情若無天眼, 乃至不見億那由他百千佛
약 아 성 불　국 중 유 정 약 무 천 안　내 지 불 견 억 나 유 타 백 천 불

國土者, 不取正覺。
국 토 자　불 취 정 각

若我成佛, 國中有情不獲天耳, 乃至不聞億那由他百千踰
약 아 성 불　국 중 유 정 불 획 천 이　내 지 불 문 억 나 유 타 백 천 유

繕那外佛說法者, 不取正覺。
선 나 외 불 설 법 자　불 취 정 각

若我成佛, 國中有情無他心智, 乃至不知億那由他百千佛
약 아 성 불　국 중 유 정 무 타 심 지　내 지 부 지 억 나 유 타 백 천 불

國土中有情心行者, 不取正覺。
국 토 중 유 정 심 행 자　불 취 정 각

若我成佛, 國中有情不獲神通自在波羅蜜多, 於一念頃,
약 아 성 불　국 중 유 정 불 획 신 통 자 재 바 라 밀 다　어 일 념 경

不能超過億那由他百千佛剎者, 不取正覺。
불 능 초 과 억 나 유 타 백 천 불 찰 자　불 취 정 각

若我成佛, 國中有情起於少分我·我所想者, 不取菩提。
약 아 성 불　국 중 유 정 기 어 소 분 아　아 소 상 자　불 취 보 리

若我成佛, 國中有情若不決定成等正覺, 證大涅槃者, 不取
약 아 성 불　국 중 유 정 약 불 결 정 성 등 정 각　증 대 열 반 자　불 취

菩提。
보 리

若我成佛, 光明有限, 下至不照億那由他百千及算數佛剎者,
약 아 성 불　광 명 유 한　하 지 부 조 억 나 유 타 백 천 급 산 수 불 찰 자

不取菩提。
불 취 보 리

若我成佛, 壽量有限, 乃至俱胝那由他百千及算數劫者, 不
약 아 성 불　수 량 유 한　내 지 구 지 나 유 타 백 천 급 산 수 겁 자　불

取菩提。
취 보 리

若我成佛, 國中聲聞無有知其數者, 假使三千大千世界滿
약 아 성 불　국 중 성 문 무 유 지 기 수 자　가 사 삼 천 대 천 세 계 만

中有情及諸緣覺, 於百千歲, 盡其智算, 亦不能知。若有知
중 유 정 급 제 연 각　어 백 천 세　진 기 지 산　역 불 능 지　약 유 지

者, 不取正覺。
자　불 취 정 가

若我成佛。國中有情壽量有限齊者, 不取菩提。唯除願力而
약 아 성 불　국 중 유 정 수 량 유 한 제 자　불 취 보 리　유 제 원 력 이

受生者。
수 생 자

若我成佛, 國中眾生若有不善名者, 不取正覺。
약 아 성 불　국 중 중 생 약 유 불 선 명 자　불 취 정 각

若我成佛, 彼無量刹中無數諸佛, 不共諮嗟稱歎我國者,
약 아 성 불　피 무 량 찰 중 무 수 제 불　불 공 자 차 칭 탄 아 국 자

不取正覺。
불 취 정 각

若我證得無上覺時, 餘佛刹中諸有情類, 聞我名已, 所有
약 아 증 득 무 상 각 시　여 불 찰 중 제 유 정 류　문 아 명 이　소 유

善根心心迴向, 願生我國, 乃至十念, 若不生者, 不取菩提。
선 근 심 심 회 향　원 생 아 국　내 지 십 념　약 불 생 자　불 취 보 리

唯除造無間惡業, 誹謗正法及諸聖人。
유 제 조 무 간 악 업　비 방 정 법 급 제 성 인

若我成佛, 於他刹土有諸眾生發菩提心, 及於我所起清淨
약 아 성 불　어 타 불 토 유 제 중 생 발 보 리 심　급 어 아 소 기 청 정

念, 復以善根迴向, 願生極樂。彼人臨命終時, 我與諸比丘
념　부 이 선 근 회 향　원 생 극 락　피 인 임 명 종 시　아 여 제 비 구

眾現其人前。若不爾者, 不取正覺。
중 현 기 인 전　약 불 이 자　불 취 정 각

若我成佛, 無量國中所有眾生聞說我名, 以己善根迴向極樂。
약 아 성 불　무 량 국 중 소 유 중 생 문 설 아 명　이 기 선 근 회 향 극 락

若不生者, 不取菩提。
약 불 생 자　불 취 보 리

若我成佛, 國中菩薩皆不成就三十二相者, 不取菩提。
약 아 성 불　국 중 보 살 개 불 성 취 삼 십 이 상 자　불 취 보 리

若我成佛, 於彼國中, 所有菩薩於大菩提, 咸悉位階一生
약 아 성 불　어 피 국 중　소 유 보 살 어 대 보 리　함 실 위 계 일 생

補處, 唯除大願諸菩薩等, 為諸眾生被精進甲, 勤行利益
보 처　유 제 대 원 제 보 살 등　위 제 중 생 피 정 진 갑　근 행 이 익

修大涅槃, 遍諸佛國行菩薩行, 供養一切諸佛如來, 安立
수 대 열 반　변 제 불 국 행 보 살 행　공 양 일 체 제 불 여 래　안 립

洹沙眾生住無上覺, 所修諸行復勝於前, 行普賢道而得出
항 사 중 생 주 무 상 각　소 수 제 행 부 승 어 전　행 보 현 도 이 득 출

離。若不爾者, 不取菩提。
리　약 불 이 자　불 취 보 리

若我成佛, 國中菩薩每於晨朝, 供養他方乃至無量億那由
약 아 성 불　국 중 보 살 매 어 신 조　공 양 타 방 내 지 무 량 억 나 유

他百千諸佛, 以佛威力即以食前還到本國。若不爾者, 不取
타 백 천 제 불　이 불 위 력 즉 이 식 전 환 도 본 국　약 불 이 자　불 취

菩提。
보 리

若我成佛, 於彼剎中諸菩薩眾, 所須種種供具, 於諸佛所
약 아 성 불　어 피 찰 중 제 보 살 중　소 수 종 종 공 구　어 제 불 소

殖諸善根, 如是色類不圓滿者, 不取菩提。
식 제 선 근　여 시 색 류 불 원 만 자　불 취 보 리

若我當成佛時, 國中菩薩說諸法要, 不善順入一切智者, 不
약 아 당 성 불 시　국 중 보 살 설 제 법 요　불 선 순 입 일 체 지 자　불

取菩提。
취 보 리

若我成佛, 彼國所生諸菩薩等, 若無那羅延堅固力者, 不取
약 아 성 불　피 국 소 생 제 보 살 등　약 무 나 라 연 견 고 력 자　불 취

正覺。
정 각

若我成佛, 周遍國中諸莊嚴具, 無有眾生能總演說, 乃至
약 아 성 불　주 변 국 중 제 장 엄 구　무 유 중 생 능 총 연 설　내 지

有天眼者, 不能了知所有雜類形色光相, 若有能知及總宣
유 천 안 자　불 능 료 지 소 유 잡 류 형 색 광 상　약 유 능 지 급 총 선

說者, 不取菩提。
설 자　불 취 보 리

若我成佛, 國中具有無量色樹高百千由旬, 諸菩薩中有善
약 아 성 불　국 중 구 유 무 량 색 수 고 백 천 유 순　제 보 살 중 유 서

根劣者, 若不能了知, 不取正覺。
근 열 자　약 불 능 료 지　불 취 정 각

若我成佛, 國中眾生讀誦經典教授敷演, 若不獲得勝辯才
약 아 성 불　국 중 중 생 독 송 경 전 교 수 부 연　약 불 획 득 승 변 재

者, 不取菩提。
자　불 취 보 리

若我成佛, 國中菩薩有不成就無邊辯才者, 不取菩提。
약 아 성 불　국 중 보 살 유 불 성 취 무 변 변 재 자　불 취 보 리

若我成佛, 國土光淨, 遍無與等, 徹照無量無數不可思議諸
약 아 성 불　국 토 광 정　변 무 여 등　철 조 무 량 무 수 불 가 사 의 제

佛世界, 如明鏡中現其面像。若不爾者, 不取菩提。
불 세 계　여 명 경 중 현 기 면 상　약 불 이 자　불 취 보 리

若我成佛, 國界之內, 地及虛空有無量種香, 復有百千億
약 아 성 불　국 계 지 내　지 급 허 공 유 무 량 종 향　부 유 백 천 억

那由他數眾寶香鑪, 香氣普熏遍虛空界, 其香殊勝超過人
나 유 타 수 중 보 향 로　향 기 보 훈 변 허 공 계　기 향 수 승 초 과 인

天珍, 奉如來及菩薩眾。若不爾者, 不取菩提。
천 진　봉 어 래 급 보 살 중　약 불 이 자　불 취 보 리

若我成佛, 周遍十方, 無量無數不可思議無等界眾生之輩,
약 아 성 불　주 변 시 방　무 량 무 수 불 가 사 의 무 등 계 중 생 지 배

蒙佛威光所照觸者, 身心安樂超過人天。若不爾者, 不取正
몽 불 위 광 소 조 촉 자　신 심 안 락 초 과 인 천　약 불 이 자　불 취 정

覺。
각

若我成佛, 無量不可思議無等界諸佛剎中菩薩之輩, 聞我
약 아 성 불　무 량 불 가 사 의 무 등 계 제 불 찰 중 보 살 지 배　문 아

名已, 若不證得離生, 獲陀羅尼者, 不取正覺。
명 이　약 부 증 득 이 생　획 다 라 니 자　불 취 정 각

若我成佛, 周遍無數不可思議無有等量諸佛國中, 所有女人
약 아 성 불　주 변 무 수 불 가 사 의 무 유 등 량 제 불 국 중　소 유 여 인

聞我名已, 得清淨信, 發菩提心, 厭患女身, 若於來世不捨
문 아 명 이　득 청 정 신　발 보 리 심　염 환 여 신　약 어 내 세 불 사

女人身者, 不取菩提。
여 인 신 자　불 취 보 리

若我成佛, 無量無數不可思議無等佛刹菩薩之眾, 聞我名
약아성불　무량무수불가사의무등불찰보살지중　문아명

已, 得離生法。若不修行殊勝梵行, 乃至到於大菩提者, 不取
이　득이생법 약불수행수승범행　내지도어대보리자　불취

正覺。
정각

若我成佛, 周遍十方無有等量諸佛刹中所有菩薩, 聞我名
약아성불　주변시방무유등량제불찰중소유보살　문아명

已, 五體投地, 以清淨心修菩薩行, 若諸天人不禮敬者, 不取
이　오체투지　이청정심수보살행　약제천인불예경자　불취

正覺。
정각

若我成佛, 國中眾生所須衣服, 隨念即至, 如佛命善來比丘,
약아성불　국중중생소수의복　수념즉지　여불명선래비구

法服自然在體。若不爾者, 不取菩提。
법복자연재체 약불이자　불취보리

若我成佛, 諸眾生類纔生我國中, 若不皆獲資具心淨安樂,
약아성불　제중생류재생아국중　약불개획자구심정안락

如得漏盡諸比丘者, 不取菩提。
여득누진제비구자　불취보리

若我成佛, 國中群生, 隨心欲見諸佛淨國殊勝莊嚴, 於寶
약아성불　국중군생　수심욕견제불정국수승장엄　어보

樹間悉皆出現, 猶如明鏡見其面像。若不爾者, 不取菩提。
수간실개출현　유여명경견기면상 약불이자　불취보리

若我成佛, 餘佛刹中所有眾生聞我名已, 乃至菩提, 諸根
약아성불　여불찰중소유중생문아명이　내지보리　제근

有闕, 德用非廣者, 不取菩提。
유궐　덕용비광자　불취보리

若我成佛, 餘佛刹中所有菩薩聞我名已, 若不皆善分別勝
약아성불　여불찰중소유보살문아명이　약불개선분별승

三摩地名字語言；菩薩住彼三摩地中, 於一刹那言說之頃,
삼마지명자어언　보살주피삼마지중　어일찰나언설지경

不能供養無量無數不可思議無等諸佛, 又不現證六三摩地
불능공양무량무수불가사의무등제불 우불현증육삼마지

者, 不取正覺。
자 불취정각

若我成佛, 餘佛土中有諸菩薩聞我名已, 壽終之後, 若不得
약아성불 여불토중유제보살문아명이 수종지후 약부득

生豪貴家者, 不取正覺。
생호귀가자 불취정각

若我成佛, 餘佛刹中所有菩薩聞我名已, 若不應時修菩薩行,
약아성불 여불찰중소유보살문아명이 약불응시수보살행

清淨歡喜, 得平等住, 具諸善根, 不取正覺。
청정환희 득평등주 구제선근 불취정각

若我成佛, 他方菩薩聞我名已, 皆得平等三摩地門, 住是定
약아성불 타방보살문아명이 개득평등삼마지문 주시정

中, 常供無量無等諸佛, 乃至菩提, 終不退轉。若不爾者, 不
중 상공무량무등제불 내지보리 종불퇴전 약불이자 불

取正覺。
취정각

若我成佛, 國中菩薩隨其志願, 所欲聞法自然得聞。若不爾
약아성불 국중보살수기지원 소욕문법자연득문 약불이

者, 不取正覺。
자 불취정각

若我證得無上菩提, 餘佛刹中所有菩薩聞我名已, 於阿耨多
약아증득무상보리 여불찰중소유보살문아명이 어아뇩다

羅三藐三菩提有退轉者, 不取正覺。
라삼먁삼보리유퇴전자 불취정각

若我成佛, 餘佛國中所有菩薩若聞我名, 應時不獲一二三忍,
약아성불 여불국중소유보살약문아명 응시불획일이삼인

於諸佛法不能現證不退轉者, 不取菩提。
어제불법불능현증불퇴전자 불취보리

說頌自要 第八
설 송 자 요 제 팔

爾時佛告阿難, 彼法處比丘於世間自在王如來前, 發此願已,
이시불고아난 피법처비구어세간자재왕여래전 발차원이

承佛威神, 而說頌曰 :
승불위신 이설송왈

今對如來發弘誓　當證無上菩提日
금 대 여 래 발 홍 서　당 증 무 상 보 리 일

若不滿足諸上願　不取十力無等尊
약 불 만 족 제 상 원　불 취 십 력 무 등 존

心或不堪常行施　廣濟貧窮免諸苦
심 혹 불 감 상 행 시　광 제 빈 궁 면 제 고

利益世間使安樂　不成救世之法王
이 익 세 간 사 안 락　불 성 구 세 지 법 왕

我證菩提坐道場　名聞不遍十方界
아 증 보 리 좌 도 량　명 문 불 변 시 방 계

無量無邊異佛刹　不取十力世中尊
무 량 무 변 이 불 찰　불 취 십 력 세 중 존

方趣無上大菩提　出家為求於欲境
방 취 무 상 대 보 리　출 가 위 구 어 욕 경

於彼念慧行無有　不作調御天人師
어 피 염 혜 행 무 유　부 작 조 어 천 인 사

願獲如來無量光　普照十方諸佛土
원 획 여 래 무 량 광　보 조 시 방 제 불 토

能滅一切貪恚癡　亦斷世間諸惡趣
능 멸 일 체 탐 애 치　역 단 세 간 제 악 취

願得光開淨慧眼　於諸有中破冥暗
원 득 광 개 정 혜 안　어 제 유 중 파 명 암

除滅諸難使無餘　安處天人大威者
멸 제 제 난 사 무 여　안 처 천 인 대 위 자

修習本行已清淨　　獲得無量勝威光
수 습 본 행 이 청 정　　획 득 무 량 승 위 광

日月諸天摩尼火　　所有光暉皆映蔽
일 월 제 천 마 니 화　　소 유 광 휘 개 영 폐

最勝丈夫修行已　　於彼貧窮為伏藏
최 승 장 부 수 행 이　　어 피 빈 궁 위 복 장

圓滿善法無等倫　　於大眾中師子吼
원 만 선 법 무 등 륜　　어 대 중 중 사 자 후

往昔供養自然智　　多劫勤修諸苦行
왕 석 공 양 자 연 지　　다 겁 근 수 제 고 행

為求最勝諸慧蘊　　滿足本願天人尊
위 구 최 승 제 혜 온　　만 족 본 원 천 인 존

如來知見無所礙　　一切有為皆能了
여 래 지 견 무 소 애　　일 체 유 위 개 능 료

願我當成無與等　　最勝智者真導師
원 이 당 성 무 여 등　　최 승 지 자 진 도 사

我若當證大菩提　　如斯弘誓實圓滿
아 약 당 증 대 보 리　　여 사 홍 서 실 원 만

願動三千大千界　　天眾空中皆雨花
원 동 삼 천 대 천 계　　천 중 공 중 개 우 화

是時大地咸震動　　天花鼓樂滿虛空
시 시 대 지 함 진 동　　천 화 고 락 만 허 공

并雨栴檀細末香　　唱言未來當作佛
병 우 전 단 세 말 향　　창 언 미 래 당 작 불

修菩薩行 第九
수 보 살 행 제 구

佛告阿難：彼法處比丘, 於世間自在王如來及諸天·人·魔·
불 고 아 난　　피 법 처 비 구　　어 세 간 자 재 왕 여 래 급 제 천 인 마

梵·沙門·婆羅門等前, 廣發如是大弘誓願, 皆已成就, 世
범 사문 바라문등전 광발여시대홍서원 개이성취 세

間希有。發是願已, 如實安住種種功德, 具足莊嚴·威德·廣
간희유 발시원이 여실안주종종공덕 구족장엄 위덕 광

大淸淨佛土。修習如是菩薩行時, 經於無量無數不可思議,
대 청정불토 수습여시보살행시 경어무량무수불가사의

無有等等億那由他百千劫內, 初未曾起貪·瞋及癡·欲·害·
무유등등억나유타백천겁내 초미증기탐 진급치 욕 해

恚想, 不起色·聲·香·味·觸想。於諸衆生, 常樂愛敬, 猶如
애상 불기색 성 향 미 촉상 어제중생 상락애경 유여

親屬。其性溫和, 易可同處。有來求者, 不逆其意, 善言勸
친속 기성온화 역가동처 유래구자 불역기의 선언권

諭, 無不從心。資養所須, 趣支身命, 少欲知足, 常樂虛閑。
유 무불종심 자양소수 취지신명 소욕지족 상락허한

稟識聰明, 而無矯妄。其性調順, 無有暴惡。於諸有情, 常
품식총명 이무교망 기성조순 무유포악 어제유정 상

懷慈忍。心不詐諂, 亦無懈怠。善言策進, 求諸白法, 普爲
회자인 심불사첨 역무해태 선언책진 구제백법 보위

群生, 勇猛無退, 利益世間, 大願圓滿。奉事師長, 敬佛法
군생 용맹무퇴 세간이익 대원원만 봉사사장 경불법

僧。於菩薩行, 常被甲冑。志樂寂靜, 離諸染著。爲令衆生,
승 어보살행 상피갑주 지요적정 이제염착 위령중생

常修白法, 於善法中而爲上首。住空·無相·無願·無作·無生·
상수백법 어선법중이위상수 주공 무상 무원 무작 무생

不起·不滅, 無有憍慢。
불기 불멸 무유교만

而彼正士行菩薩道時, 常護語言, 不以語言害他及己, 常
이피정사행보살도시 상호어언 불이어언해타급기 상

以語業利己及人。若入王城及諸村落, 雖見諸色, 心無所
이어업이기급인 약입왕성급제촌락 수견제색 심무소

染, 以淸淨心, 不愛不恚。菩薩爾時, 於檀波羅蜜起自行已,
염 이청정심 불애불에 보살이시 어단바라밀기자행이

又能令他行於惠施。於尸波羅蜜乃至般若波羅蜜起前二
우 능 영 타 행 어 혜 시　어 시 바 라 밀 내 지 반 야 바 라 밀 기 전 이

行, 皆悉圓滿。由成如是諸善根故, 所生之處有無量億那
행　개 실 원 만　유 성 여 시 제 선 근 고　소 생 지 처 유 무 량 억 나

由他百千伏藏自然涌出, 復令無量無數不可思議無等無邊
유 타 백 천 복 장 자 연 용 출　부 령 무 량 무 수 불 가 사 의 무 등 무 변

諸眾生類, 安住阿耨多羅三藐三菩提。
제 중 생 류　안 주 아 뇩 다 라 삼 먁 삼 보 리

如是無邊諸菩薩眾起諸妙行, 供養奉事於諸世尊, 乃至成
여 시 무 변 제 보 살 중 기 제 묘 행　공 양 봉 사 어 제 세 존　내 지 성

佛, 皆不可以語言分別之所能知。或作輪王·帝釋·蘇焰摩
불　개 불 가 이 어 언 분 별 지 소 능 지　혹 작 윤 왕　제 석　소 염 마

天·兜率陀天·善化天·他化自在天·大梵天王, 皆能奉事供
천　도 솔 타 천　선 화 천　타 화 자 재 천　대 범 천 왕　개 능 봉 사 공

養諸佛, 及能請佛轉於法輪。若作閻浮提王及諸長者·宰
양 제 불　급 능 청 불 전 어 법 륜　약 작 염 부 제 왕 급 제 장 자　재

官·婆羅門·刹帝利等諸種姓中, 皆能尊重供養諸佛, 又能
관　바 라 문　찰 제 리 등 제 종 성 중　개 능 존 중 공 양 제 불　우 능

演說無量法門, 從此永棄世間, 成無上覺。然彼菩薩能以
연 설 무 량 법 문　종 차 영 기 세 간　성 무 상 각　연 피 보 살 능 이

上妙衣服·臥具·飲食·醫藥, 盡形供養一切如來, 得安樂住。
상 묘 의 복　와 구　음 식　의 약　진 형 공 양 일 체 여 래　득 안 락 주

如是種種圓滿善根, 非以語言能盡邊際。
여 시 종 종 원 만 선 근　비 이 어 언 능 진 변 제

口中常出栴檀妙香, 其香普熏無量無數乃至億那由他百千
구 중 상 출 전 단 묘 향　기 향 보 훈 무 량 무 수 내 지 억 나 유 타 백 천

世界。復從一切毛孔, 出過人天優鉢羅花上妙香氣。隨所生
세 계　부 종 일 체 모 공　출 과 인 천 우 발 라 화 상 묘 향 기　수 소 생

處, 相好端嚴, 殊勝圓滿。又得諸資具自在波羅蜜多, 一切
처　상 호 단 엄　수 승 원 만　우 득 제 자 구 자 재 바 라 밀 다　일 체

服用, 周遍無乏。所謂諸寶·香花·幢幡·繒蓋·上妙衣服·飲
복 용　주 변 무 핍　소 위 제 보　향 화　번 당　증 개　상 묘 의 복　음

食·湯藥, 及諸伏藏·珍玩所須, 皆從菩薩掌中自然流出, 身
식 탕 약 급 제 복 장 진 완 소 구 개 종 보 살 장 중 자 연 유 출 신

諸毛孔流出一切人天音樂。由是因緣, 能令無量無數不可
제 모 공 유 출 일 체 인 천 음 악 유 시 인 연 능 령 무 량 무 수 불 가

思議諸眾生等, 安住阿耨多羅三藐三菩提。阿難! 我今已
사 의 제 중 생 등 안 주 아 녹 다 라 삼 먁 삼 보 리 아 난 아 금 이

說法處菩薩本所修行。
설 법 처 보 살 본 소 수 행

成佛時處 第十
성 불 시 처 제 십

爾時阿難白佛言 : 世尊! 彼法處菩薩成菩提者, 為過去
이 시 아 난 백 불 언 세 존 피 법 처 보 살 성 보 리 자 위 과 거

耶? 為未來耶? 為今現在·他方世界耶? 佛告阿難 : 西方
야 위 미 래 야 위 금 현 재 타 방 세 계 야 불 고 아 난 서 방

去此十萬億佛刹, 彼有世界名曰極樂。法處比丘在彼成佛,
거 차 십 만 억 불 찰 피 유 세 계 명 왈 극 락 법 처 비 구 재 피 성 불

號無量壽, 今現在說法, 無量菩薩及聲聞眾恭敬圍繞。
호 무 량 수 금 현 재 설 법 무 량 보 살 급 성 문 중 공 경 위 요

光明無量 第十一
광 명 무 량 제 십 일

阿難! 彼佛光明普照佛刹, 無量無數不可思議。我今略說。
아 난 피 불 광 명 보 조 불 찰 무 량 무 수 불 가 사 의 아 금 약 설

光照東方如恒河沙等國土, 南西北方四維上下亦復如是,
광 조 동 방 여 항 하 사 등 국 토 남 서 북 방 사 유 상 하 역 부 여 시

唯除諸佛本願威神所加, 悉皆照燭。是諸佛光, 或有加一
유 제 제 불 본 원 위 신 소 가   실 개 조 촉   시 제 불 광   혹 유 가 일

尋者, 或有加一由旬乃至億那由他百千由旬光者, 或普照
심 자   혹 유 가 일 유 순 내 지 억 나 유 타 백 천 유 순 광 자   혹 보 조

佛刹者。
불 찰 자

阿難! 以是義故, 無量壽佛復有異名 : 謂無量光·無邊光·
아 난   이 시 의 고   무 량 수 불 부 유 이 명   위 무 량 광   무 변 광

無著光·無礙光·光照王端嚴光·愛光·喜光·可觀光·不思議
무 착 광   무 애 광   광 조 왕 단 엄 광   애 광   희 광   가 관 광   불 사 의

光·無等光·不可稱量光·映蔽日光·映蔽月光·掩奪日月光。
광   무 등 광   불 가 칭 량 광   영 폐 일 광   영 폐 월 광   엄 탈 일 월 광

彼之光明清淨廣大, 普令眾生身心悅樂, 復令一切餘佛刹
피 지 광 명 청 정 광 대   보 령 중 생 신 심 열 락   부 령 일 체 여 불 찰

中, 天龍·夜叉·阿修羅等皆得歡悅。阿難! 我今開示彼佛光
중   천 룡   야 차   아 수 라 등 개 득 환 열   아 난   아 금 개 시 피 불 광

明, 滿足一劫說不能盡。
명   만 족 일 겁 설 불 능 진

聖眾無量 第十二
성 중 무 량   제 십 이

復次, 阿難! 彼無量壽如來, 諸聲聞眾不可稱量知其邊際。
부 차   아 난   피 무 량 수 여 래   제 성 문 중 불 가 칭 량 지 기 변 제

假使比丘滿億那由他百千數量, 皆如大目揵連神通自在,
가 사 비 구 만 억 나 유 타 백 천 수 량   개 여 대 목 건 련 신 통 자 재

於晨朝時周歷大千世界, 須臾之頃還至本處, 彼經億那由
어 신 조 시 주 력 대 천 세 계   수 유 지 경 환 지 본 처   피 경 억 나 유

他百千歲數, 欲共計算無量壽佛初會之中諸聲聞眾, 盡其
타 백 천 세 수   욕 공 계 산 무 량 수 불 초 회 지 중 제 성 문 중   진 기

神力乃至滅度, 於百分中不知其一, 於千分百千分乃至鄔
신 력 내 지 멸 도　어 백 분 중 부 지 기 일　어 천 분 백 천 분 내 지 오

波尼殺曇分中, 亦不知其一。
파 니 살 담 분 중　역 불 기 지 일

阿難! 譬如大海深八萬四千由旬, 以目極觀不知邊際。若
아 난　비 여 대 해 심 팔 만 사 천 유 순　이 목 극 관 부 지 변 제　약

有丈夫, 析一毛端為五十分, 以其一分於大海中霑取一滴。
유 장 부　석 일 모 단 위 오 십 분　이 기 일 분 어 대 해 중 점 취 일 적

阿難! 彼之水滴比於大海, 何者為多?
아 난　피 지 수 적 비 어 대 해　하 자 위 다

阿難白言:假使取千由旬水, 猶以為少, 況以毛端一分而
아 난 백 언　가 사 취 천 유 순 수　유 이 위 소　황 이 모 단 일 분 이

可方之。
가 방 지

佛告阿難:假使比丘滿億那由他百千數量, 皆如大目揵連,
불 고 아 난　가 사 비 구 만 억 나 유 타 백 천 수 량　개 여 대 목 건 련

經百千億那由他歲, 皆共算數彼無量壽如來初會聲聞, 所
경 백 천 억 나 유 타 세　개 공 산 수 피 무 량 수 여 래 초 회 성 문　소

知數量如彼毛端一滴之水, 餘不測者猶如大海。諸菩薩摩
지 수 량 여 피 모 단 일 적 지 수　여 불 측 자 유 여 대 해　제 보 살 마

訶薩眾亦復如是, 非以算計之所能知。
하 살 중 역 부 여 시　비 이 산 계 지 소 능 지

壽命無量 第十三
수 명 무 량 제 십 삼

阿難! 彼佛壽命無量無邊, 不可知其劫數多少, 聲聞菩薩
아 난　피 불 수 명 무 량 무 변　불 가 지 기 겁 수 다 소　성 문 보 살

及諸天人壽量亦爾。
급 제 천 인 수 량 역 이

阿難白佛言：世尊! 彼佛出世, 于今幾時, 能得如是無量壽
아 난 백 불 언　세 존　피 불 출 세　우 금 기 시　능 득 여 시 무 량 수

命? 佛告阿難：彼佛受生, 經今十劫。
명　불 고 아 난　피 불 수 생　경 금 십 겁

國界嚴淨 第十四
국 계 엄 정 제 십 사

復次, 阿難! 彼極樂界無量功德具足莊嚴, 國土豐稔, 天人
부 차　아 난　피 극 락 계 무 량 공 덕 구 족 장 엄　국 토 풍 임　천 인

熾盛, 志意和適, 常得安隱。無有地獄·畜生及琰魔王界。
치 성　지 의 화 적　상 득 안 온　무 유 지 옥 축 생 급 염 마 왕 계

有種種香周遍芬馥, 種種妙花亦皆充滿, 有七寶幢周布行
유 종 종 향 주 변 분 복　종 종 묘 화 역 개 충 만　유 칠 보 당 주 포 항

列, 其寶幢上, 懸諸幡蓋及眾寶鈴, 具足百千諸妙雜色。
렬　기 보 당 상　현 제 번 개 급 중 보 령　구 족 백 천 제 묘 잡 색

寶樹莊嚴 第十五
보 수 장 엄 제 십 오

阿難! 彼如來國多諸寶樹, 或純黃金白銀琉璃頗梨, 赤珠
아 난　피 여 래 국 다 제 보 수　혹 순 황 금 백 은 유 리 파 려　적 주

馬瑙玉樹, 唯一寶成不雜餘寶, 或以二寶乃至七寶莊嚴。
마 노 옥 수　유 일 보 성 부 잡 여 보　혹 이 이 보 내 지 칠 보 장 엄

阿難! 彼金為樹者, 以金為根莖, 白銀為葉及以花果。白銀
아 난　피 금 위 수 자　이 금 위 근 경　백 은 위 엽 급 이 화 과　백 은

之樹, 銀為根莖, 黃金為葉及以花果。馬瑙之樹, 馬瑙根莖,
지 수　은 위 근 경　황 금 위 엽 급 이 화 과　마 노 지 수　마 노 근 경

美玉為葉及以花果。美玉樹者, 玉為根莖, 七寶為葉及諸
미 옥 위 엽 급 이 화 과　미 옥 수 자　옥 위 근 경　칠 보 위 엽 급 제

花果。
화 과

或有金樹, 黃金為根, 白銀為莖, 琉璃為枝, 頗梨為條, 赤
혹 유 금 수　황 금 위 근　백 은 위 경　유 리 위 지　파 려 위 조　적

珠為葉, 馬瑙為花, 美玉為果。或有銀樹, 以銀為根, 黃金
주 위 엽　마 노 위 화　미 옥 위 과　혹 유 은 수　이 은 위 근　황 금

為莖, 餘枝果等飾同金樹。琉璃樹者, 琉璃為根, 黃金為莖,
위 경　여 지 과 등 식 동 금 수　유 리 수 자　유 리 위 근　황 금 위 경

白銀為枝, 頗梨為條, 赤珠為葉, 馬瑙為花, 美玉為果。頗
백 은 위 지　파 려 위 조　적 주 위 엽　마 노 위 화　미 옥 위 과　파

梨真珠馬瑙等樹, 諸寶轉飾, 皆若琉璃。復有玉樹, 玉為其
려 진 주 마 노 등 수　제 보 전 식　개 약 유 리　부 유 옥 수　옥 위 기

根, 黃金為莖, 白銀為枝, 琉璃為條, 頗梨為葉, 赤珠為花,
근　황 금 위 경　백 은 위 지　유 리 위 지　파 려 위 엽　적 주 위 화

馬瑙為果。復有無量摩尼珠等寶莊嚴樹周遍其國, 是諸寶
마 노 위 과　부 유 무 량 마 니 주 등 보 장 엄 수 주 변 기 국　시 제 보

樹光輝赫奕, 世無能比, 以七寶羅網而覆其上, 其網柔軟
수 광 휘 혁 혁　세 무 능 비　이 칠 보 라 망 이 부 기 상　기 망 유 연

如兜羅綿。
여 도 라 면

佛菩提樹 第十六
불 보 리 수　제 십 육

復次, 阿難! 無量壽佛有菩提樹, 高十六億由旬, 枝葉垂布
부 차　아 난　무 량 수 불 유 보 리 수　고 십 육 억 유 순　지 엽 수 포

八億由旬。樹本隆起高五千由旬, 周圓亦爾。其條葉花果,
팔 억 유 순　수 본 융 기 고 오 천 유 순　주 원 역 이　기 조 엽 화 과

常有無量百千種種妙色, 及諸珍寶殊勝莊嚴。謂月光摩尼
상유무량백천종종묘색　급제진보수승장엄　위월광마니

寶·釋迦毘楞伽寶·心王摩尼寶·海乘流注摩尼寶, 光輝遍照
보　석가비릉가보　심왕마니보　해승유주마니보　광휘변조

超過人天。於其樹上有諸金鎖垂寶瓔珞周遍莊嚴, 謂盧遮
초과인천　어기수상유제금쇄수보영락주변장엄　위노차

迦寶·末瑳寶·及赤白青色真珠等寶, 以為瓔珞, 有師子雲
가보　말차보　급적백청색진주등보　이위영락　유사자운

聚寶等, 以為其鎖飾諸寶柱, 又以純金真珠雜寶鈴鐸以為
취보등　이위기쇄식제보주　우이순금진주잡보령탁이위

其網, 莊嚴寶鎖彌覆其上, 以頗梨萬字半月寶等互相映飾。
기망　장엄보쇄미부기상　이파려만자반월보등호상영식

微風吹動出種種聲, 令千世界諸眾生等隨樂差別, 於甚深
미풍취동출종종성　영천세계제중생등수요차별　어심심

法證無生忍。阿難! 彼千世界諸有情等, 聞此音已, 住不退
법증무생인　아난　피천세계제유정등　문차음이　주불퇴

轉無上菩提, 及無量無數有情得無生法忍。復次, 阿難! 若
전무상보리　급무량무수유정득무생법인　부차　아난　약

有眾生見菩提樹, 聞聲·嗅香·嘗其果味·觸其光影·念樹功
유중생견보리수　문성　후향　상기과미　촉기광영　염수공

德, 由此因緣乃至涅槃, 五根無患, 心無散亂, 皆於阿耨多
덕　유차인연내지열반　오근무환　심무산란　개어아뇩다

羅三藐三菩提得不退轉。復由見彼菩提樹故, 獲三種忍。何
라삼막삼보리득불퇴전　부유견피보리수고　획삼종인　하

等為三 : 一者隨聲忍, 二者隨順忍, 三者無生法忍。此皆無
등위삼　일자수성인　이자수순인　삼자무생법인　차개무

量壽佛本願威神見所加及, 往修靜慮, 無比喻故, 無缺減
량수불본원위신견소가급　왕수정려　무비유고　무결감

故, 善修習故, 善攝受故, 善成就故。
고　선수습고　선섭수고　선성취고

地平無山 第十七
지 평 무 산 제 십 칠

復次, 阿難! 彼極樂界, 無諸黑山·鐵圍山·大鐵圍山·妙高
부차 아난 피극락계 무제흑산 철위산 대철위산 묘고

山等。
산 등

阿難白佛言：世尊! 其四天王天·三十三天, 既無諸山, 依
아난백불언 세존 기사천왕천 삼십삼천 기무제산 의

何而住？ 佛告阿難：於汝意云何？ 妙高已上, 有夜摩天,
의하이주 불고아난 어여의운하 묘고이상 유야마천

乃至他化自在天及色界諸天等, 依何而住？ 阿難白佛言
내지타화자재천급색계제천등 의하이주 아난백불언

：世尊! 不可思議業力所致。佛語阿難：不思議業, 汝可知
세존 불가사의업력소치 불어아난 불사의업 여가지

耶？ 答言：不也。佛告阿難：諸佛及衆生, 善根業力, 汝可
야 답언 불야 불고아난 제불급중생 선근업력 여가

知耶？ 答言：不也。世尊! 我今於此法中實無所惑, 為破未
지야 답언 불야 세존 아금어차법중실무소혹 위파미

來疑網, 故發斯問。
래의망 고발사문

河流妙聲 第十八
하 류 묘 성 제 십 팔

佛告阿難：彼極樂界其地無海, 而有諸河。河之狹者, 滿
불고아난 피극락계기지무해 이유제하 하지협자 만

十由旬。水之淺者, 十二由旬。如是諸河深廣之量或二十·
십유순 수지천자 십이유순 여시제하심광지량혹이십

三十乃至百數, 或有極深廣者至千由旬。
삼십내지백수 혹유극심광자지천유순

其水清冷具八功德, 瀿流恒激出微妙音, 譬若諸天百千伎
기수청랭구팔공덕 준류항격출미묘음 비약제천백천기

樂, 安樂世界其聲普聞。有諸名花沿流而下, 和風微動出種
악 안락세계기성보문 유제명화연류이하 화풍미동출종

種香。
종 향

居兩岸邊多栴檀樹, 修條密葉交覆於河, 結實開花芳輝可
거양안변다전단수 수조밀엽교부어하 결실개화방휘가

玩。群生遊樂隨意往來, 或有涉河濯流嬉戲, 感諸天水善
완 군생유락수의왕래 혹유섭하탁류희희 감제천수선

順物宜, 深·淺·寒·溫, 曲從人好。阿難! 大河之下地布金砂,
순물의 심 천 한 온 곡종인호 아난 대하지하지포금사

有諸天香世無能喻, 隨風散馥雜水流馚, 天曼陀羅花·優鉢
유제천향세무능유 수풍산복잡수류분 천만다라화 우발

羅花·波頭摩花·拘物頭華·芬陀利花, 彌覆其上。
라화 파두마화 구물두화 분타리화 미부기상

復次, 阿難! 彼國人眾, 或時遊覽同萃河濱, 有不願聞激流
부차 아난 피국인중 혹시유람동췌하빈 유불원문격류

之響, 雖獲天耳終竟不聞。或有願聞, 即時領悟百千萬種
지향 수획천이종경불문 혹유원문 즉시영오백천만종

喜愛之聲。所謂佛法僧聲·止息之聲·無性聲·波羅蜜聲·十
희애지성 소위불법승성 지식지성 무성성 바라밀성 십

力四無所畏聲·神通聲·無作聲·無生無滅聲·寂靜聲·邊寂
력사무소외성 신통성 무작성 무생무멸성 적정성 변적

靜聲·極寂靜聲·大慈大悲聲·無生法忍聲·灌頂受位聲。得
정성 극적정성 대자대비성 무생법인성 관정수위성 득

聞如是種種聲已, 獲得廣大愛樂歡悅, 而與觀察相應·厭離
문여시종종성이 획득광대애락환열 이여관찰상응 염리

相應·滅壞相應·寂靜相應·邊寂靜相應·極寂靜相應·義味
상응 멸괴상응 적정상응 변적정상응 극적정상응 의미

相應·佛法僧相應·力無畏相應·神通相應·止息相應·菩提
상응 불법승상응 역무외상응 신통상응 지식상응 보리

相應·聲聞相應·涅槃相應。
상응 성문상응 열반상응

不聞惡名 第十九
불 문 악 명 제 십 구

復次, 阿難! 彼極樂世界不聞諸惡趣名, 邊無障礙煩惱覆蔽
부차 아난 피극락세계불문제악취명 변무장애번뇌복폐

名, 無有地獄·琰摩·畜生名, 邊無八難名, 亦無苦受·不苦不
명 무유지옥 염마 축생명 변무팔난명 역무고수 불고불

樂受名。尚無假設, 何況實苦, 是故彼國名為極樂。阿難! 我
락수명 상무가설 하황실고 시고피국명위극락 아난 아

今略說極樂因緣, 若廣說者, 窮劫不盡。
금약설극락인연 약광설자 궁겁부진

受用自然 第二十
수 용 자 연 제 이 십

復次, 阿難! 彼極樂世界所有眾生, 或已生·或現生·或當生,
부차 아난 피극락세계소유중생 혹이생 혹현생 혹당생

皆得如是諸妙色身, 形貌端正, 神通自在, 福力具足, 受用
개득여시제묘색신 형모단정 신통자재 복력구족 수용

種種宮殿·園林·衣服·飲食·香華·瓔珞, 隨意所須, 悉皆如
종종궁전 원림 의복 음식 향화 영락 수의소수 실개여

念, 譬如他化自在諸天。
념 비여타화자재제천

復次, 阿難! 彼佛國中有微細食, 諸有情類嘗無噉者, 如第
부차 아난 피불국중유미세식 제유정유상무담자 여제

六天, 隨所思念如是飮食, 卽同食已, 色力增長, 而無便穢。
육천 수소사념여시음식 즉동식이 색력증장 이무변예

復有無量如意妙香, 塗香·末香, 其香普熏彼佛國界。及散
부유무량여의묘향 도향 말향 기향보훈피불국계 급산

花幢幡亦皆遍滿, 其有欲聞香者, 隨願卽聞；或不樂者, 終
화당번역개변만 기유욕문향자 수원즉문 혹불요자 종

無所受。復有無量上妙衣服·寶冠·環釧·耳璫·瓔珞·花鬘·
무소수 부유무량상묘의복 보관 환천 이당 영락 화만

帶鎖, 諸寶莊嚴, 無量光明, 百千妙色, 悉皆具足, 自然在
대쇄 제보장엄 무량광명 백천묘색 실개구족 자연재

身。復有金·銀·眞珠·妙寶之網, 懸諸寶鈴, 周遍嚴飾。若諸
신 부유금 은 진주 묘보지망 현제보령 주변엄식 약제

有情所須宮殿·樓閣等, 隨所樂欲, 高下·長短·廣狹·方圓。
유정소수궁전 누가등 수소락욕 고하 장단 광협 방원

及諸床座, 妙衣敷上, 以種種寶而嚴飾之, 於衆生前自然
급제상좌 묘의부상 이종종보이엄식지 어중생전자연

出現, 人皆自謂各處其宮。
출현 인개자위각처기궁

人如六天 第二十一
인 여 육 천 제 이 십 일

復次, 阿難! 極樂國土所有衆生, 無差別相, 順餘方俗, 有
부차 아난 극락국토소유중생 무차별상 순여방속 유

天人名。
천인명

阿難! 譬如下賤半挓迦人, 對於輪王則無可諭, 威光德望
아난 비여하천반차가인 대어윤왕즉무가유 위광덕망

悉皆無有。又如帝釋方第六天, 威光等類皆所不及。園苑宮
실개무유　우여제석방제육천　위광등류개소불급　원원궁

殿·衣服雜飾, 尊貴自在, 階位·神通及以變化不可為比, 唯
전 의복잡식　존귀자재　계위 신통급이변화불가위비　유

受法樂則無差別。阿難應知 : 彼國有情猶如他化自在天王。
수법락즉무차별　아난응지　피국유정유여타화자재천왕

雨華布地 第二十二
우 화 포 지 제 이 십 이

阿難! 彼極樂界, 於晨朝時周遍四方, 和風微動不逆不亂,
아 난　피극락계　어신조시주변사방　화풍미동불역불란

吹諸雜花種種香氣, 其香普熏周遍國界。一切有情為風觸
취제잡화종종향기　기향보훈주변국계　일체유정위풍촉

身, 安和調適, 猶如比丘得滅盡定。其風吹動七寶樹林, 華
신　안화조적　유여비구득멸진정　기풍취동칠보수림　화

飄成聚高七人量, 種種色光照曜佛土。譬如有人以花布地,
표성취고칠인량　종종색광조요불토　비여유인이화포지

手按令平, 隨雜色花間錯分布, 彼諸花聚亦復如是。其花
수안영평　수잡색화간착분포　피제화취역부여시　기화

微妙, 廣大柔軟, 如兜羅綿。若諸有情足蹈彼花, 沒深四指,
미묘　광대유연　여도라면　약제유정족도피화　몰심사지

隨其舉足, 還復如初。過晨朝已, 其花自然沒入於地, 舊花
수기거족　환부여초　과신조이　기화자연몰입어지　구화

既沒, 大地清淨。更雨新花, 還復周遍。如是中時·晡時, 初·
기몰　대지청정　갱우신화　환부주변　여시중시 포시　초

中·後夜, 飄花成聚亦復如是。阿難! 一切廣大珍奇之寶, 無
중 후야　표화성취역부여시　아난　일체광대진기지보　무

有不生極樂界者。
유불생극락계자

華光出佛 第二十三
화 광 출 불 제 이 십 삼

阿難! 彼佛國中有七寶蓮花, 一一蓮花有無量百千億葉,
아 난 피 불 국 중 유 칠 보 연 화 일 일 연 화 유 무 량 백 천 억 엽

其葉有無量百千珍奇異色, 以百千摩尼妙寶莊嚴, 覆以
기 엽 유 무 량 백 천 진 기 이 색 이 백 천 마 니 묘 보 장 엄 부 이

寶網, 轉相映飾。阿難! 彼蓮花量或半由旬, 或一·二·三·
보 망 전 상 영 식 아 난 피 연 화 량 혹 반 유 순 혹 일 이 삼

四乃至百千由旬者。是一一花出三十六億那由他百千光
사 내 지 백 천 유 순 자 시 일 일 화 출 삼 십 육 억 나 유 타 백 천 광

明, 一一光中出三十六億那由他百千諸佛, 身如金色, 具
명 일 일 광 중 출 삼 십 육 억 나 유 타 백 천 제 불 신 여 금 색 구

三十二大丈夫相, 八十隨好, 殊勝莊嚴, 放百千光普照世
삼 십 이 대 장 부 상 팔 십 수 호 수 승 장 엄 방 백 천 광 부 조 세

界。是諸佛等現往東方, 為眾說法, 皆為安立無量有情於
계 시 제 불 등 현 왕 동 방 위 중 설 법 개 위 안 립 무 량 유 정 어

佛法中。南西北方, 四維上下, 亦復如是。
불 법 중 남 서 북 방 사 유 상 하 역 부 여 시

離分別相 第二十四
이 분 별 상 제 이 십 사

復次, 阿難! 極樂世界無有昏闇, 亦無火光。涌泉陂湖, 彼
부 차 아 난 극 락 세 계 무 유 혼 암 역 무 화 광 용 천 피 호 피

皆非有。亦無住著家室·林苑之名及表示之像·幼童色類。
개 비 유 역 무 주 착 가 실 임 원 지 명 급 표 시 지 상 유 동 색 류

亦無日月·晝夜之像。於一切處, 標式既無, 亦無名號, 唯除
역 무 일 월 주 야 지 상 어 일 체 처 표 식 기 무 역 무 명 호 유 제

如來所加威者。
여 래 소 가 위 자

究竟極果 第二十五
구 경 극 과 제 이 십 오

阿難！ 彼國眾生, 若當生者, 皆悉究竟無上菩提到涅槃處。
아 난　피 국 중 생　약 당 생 자　개 실 구 경 무 상 보 리 도 열 반 처

何以故？ 若邪定聚及不定聚, 不能了知建立彼因故。
하 이 고　약 사 정 취 급 부 정 취　불 능 료 지 건 립 피 인 고

十方讚佛 第二十六
시 방 찬 불 제 이 십 육

阿難！ 東方如恒沙界, 一一界中如恒沙佛, 彼諸佛等各各
아 난　동 방 여 항 사 계　일 일 계 중 여 항 사 불　피 제 불 등 각 각

稱歎阿彌陀佛無量功德。南西北方, 四維上下, 諸佛稱讚
칭 탄 아 미 타 불 무 량 공 덕　남 서 북 방　사 유 상 하　제 불 칭 찬

亦復如是。何以故？ 他方佛國所有眾生, 聞無量壽如來名
역 부 여 시　하 이 고　타 방 불 국 소 유 중 생　문 무 량 수 여 래 명

號, 乃至能發一念淨信, 歡喜愛樂, 所有善根迴向, 願生無
호　내 지 능 발 일 념 정 신　환 희 애 락　소 유 선 근 회 향　원 생 무

量壽國者, 隨願皆生, 得不退轉, 乃至無上正等菩提。除五
량 수 국 자　수 원 개 생　득 불 퇴 전　내 지 무 상 정 등 보 리　제 오

無間·誹毀正法及謗聖者。
무 간　비 훼 정 법 급 방 성 자

三輩往生 第二十七
삼 배 왕 생 제 이 십 칠

阿難! 若有眾生於他佛刹, 發菩提心, 專念無量壽佛, 及恒
아난 약유중생어타불찰 발보리심 전념무량수불 급항

種殖眾多善根, 發心迴向, 願生彼國, 是人臨命終時, 無量
종식중다선근 발심회향 원생피국 시인임명종시 무량

壽佛與比丘眾前後圍繞, 現其人前, 即隨如來往生彼國,
수불여비구중전후위요 현기인전 즉수여래왕생피국

得不退轉, 當證無上正等菩提。是故, 阿難! 若有善男子‧
득불퇴전 당증무상정등보리 시고 아난 약유선남자

善女人願生極樂世界, 欲見無量壽佛者, 應發無上菩提心,
선여인원생극락세계 욕견무량수불자 응발무상보리심

復當專念極樂國土, 積集善根, 應持迴向, 由此見佛, 生彼
부당전념극락국토 적집선근 응지회향 유차견불 생피

國中, 得不退轉乃至無上菩提。
국중 득불퇴전내지무상보리

阿難! 若他國眾生發菩提心, 雖不專念無量壽佛, 亦非恒
아난 약타국중생발보리심 수불전념무량수불 역비항

種眾多善根, 隨己修行諸善功德, 迴向彼佛, 願欲往生, 此
종중다선근 수기수행제선공덕 회향피불 원욕왕생 차

人臨命終時, 無量壽佛即遣化身與比丘眾前後圍繞。其所
인임명종시 무량수불즉견화신여비구중전후위요 기소

化佛光明相好, 與真無異, 現其人前, 攝受導引, 即隨化佛
화불광명상호 여진무이 현기인전 섭수도인 즉수화불

往生其國, 得不退轉無上菩提。
왕생기국 득불퇴전무상보리

阿難! 若有眾生住大乘者, 以清淨心向無量壽如來, 乃至
아난 약유중생주대승자 이청정심향무량수여래 내지

十念, 念無量壽佛, 願生其國。聞甚深法, 即生信解, 心無
십념 염무량수불 원생기국 문심심법 즉생신해 심무

疑惑, 乃至獲得一念淨心, 發一念心, 念無量壽佛。此人臨
의 혹　내 지 획 득 일 념 정 심　발 일 념 심　염 무 량 수 불　차 인 임

命終時。如在夢中見無量壽佛, 定生彼國, 得不退轉無上
명 종 시　여 재 몽 중 견 무 량 수 불　정 생 피 국　득 불 퇴 전 무 상

菩提。
보 리

阿難! 以此義利故, 無量無數不可思議無有等等無邊世界
아 난　이 차 의 이 고　무 량 무 수 불 가 사 의 무 유 등 등 무 변 세 계

諸佛如來, 皆共稱讚無量壽佛所有功德。
제 불 여 래　개 공 칭 찬 무 량 수 불 소 유 공 덕

十方禮覲 第二十八
시 방 예 근　제 이 십 팔

佛告阿難：東方如恒河沙界, 一一界中有如恒沙菩薩, 為欲
불 고 아 난　동 방 여 항 하 사 계　일 일 계 중 유 여 항 사 보 살　위 욕

瞻禮供養無量壽佛及諸聖眾, 來詣佛所。南西北方, 四維上
첨 례 공 양 무 량 수 불 급 제 성 중　내 예 불 소　남 서 북 방　사 유 상

下, 亦復如是。
하　역 부 여 시

爾時世尊而說頌曰：
이 시 세 존 이 설 송 왈

東方諸佛剎　數如恒河沙
동 방 제 불 찰　수 여 항 하 사

如是佛土中　恒沙菩薩眾
여 시 불 토 중　항 사 보 살 중

皆現神通來　禮無量壽佛
개 현 신 통 래　예 무 량 수 불

三方諸聖眾　禮覲亦同歸
삼 방 제 성 중　예 근 역 동 귀

彼於沙界中　道光諸辯論
피어사계중　도광제변론

住深禪定樂　四無所畏心
주심선정락　사무소외심

各齎眾妙花　名香皆可悅
각재중묘화　명향개가열

并奏諸天樂　百千和雅音
병주제천악　백천화아음

以獻天人師　名聞十方者
이헌천인사　명문시방자

究竟威神力　善學諸法門
구경위신력　선학제법문

種種供養中　勤修無懈倦
종종공양중　근수무해권

功德智慧景　能破諸幽冥
공덕지혜경　능파제유명

咸以尊重心　奉諸珍妙供
함이존중심　봉제진묘공

彼觀殊勝刹　菩薩眾無邊
피관수승찰　보살중무변

願速成菩提　淨界如安樂
원속성보리　정계여안락

世尊知欲樂　廣大不思議
세존지욕락　광대불사의

微笑現金容　告成如所願
미소현금용　고성여소원

了諸法如幻　佛國猶夢響
요제법여환　불국유몽향

恒發誓莊嚴　當成微妙土
항발서장엄　당성미묘토

菩薩以願力　修勝菩提行
보살이원력　수승보리행

知土如影像　發諸弘誓心
지 토 여 영 상　발 제 홍 서 심

若求遍清淨　殊勝無邊刹
약 구 변 청 정　수 승 무 변 찰

聞佛聖德名　願生安樂國
문 불 성 덕 명　원 생 안 락 국

若有諸菩薩　志求清淨土
약 유 제 보 살　지 구 청 정 토

了知法無我　願生安樂國
요 지 법 무 아　원 생 안 락 국

一生補處 第二十九
일 생 보 처　제 이 십 구

復次, 阿難! 極樂世界所有菩薩, 於無上菩提皆悉安住一
부 차　아 난　극 락 세 계 소 유 보 살　어 무 상 보 리 개 실 안 주 일

生補處, 唯除大願能師子吼, 擐大甲胄摩訶薩衆, 爲度群
생 보 처　유 제 대 원 능 사 자 후　환 대 갑 주 마 하 살 중　위 도 군

生修大涅槃者。
생 수 대 열 반 자

聖衆身光 第三十
성 중 신 광　제 삼 십

復次, 阿難! 彼佛刹中諸聲聞衆, 皆有身光能照一尋, 菩薩
부 차　아 난　피 불 찰 중 제 성 문 중　개 유 신 광 능 조 일 심　보 살

光照極百千尋, 除二菩薩光明常照三千大千世界。阿難白
광 조 극 백 천 심　제 이 보 살 광 명 상 조 삼 천 대 천 세 계　아 난 백

佛言：世尊！彼二菩薩名為何等？ 佛告阿難。汝今諦聽，
불언　세존　피이보살명위하등　　불고아난　여금체청

彼二菩薩, 一名觀自在, 二名大勢至。阿難！ 此二菩薩從娑
피이보살　일명관자재　이명대세지　아난　차이보살종사

婆世界捨壽量已, 往生彼國。
바세계사수량이　왕생피국

妙相聖德 第三十一
묘　상　성　덕　제　삼　십　일

阿難！ 彼極樂界所生菩薩, 皆具三十二相, 膚體柔軟, 諸根
아난　피극락계소생보살　개구삼십이상　부체유연　제근

聰利, 智慧善巧, 於差別法, 無不了知。禪定神通, 善能遊
총리　지혜선교　어차별법　무불료지　선정신통　선능유

戲, 皆非薄德鈍根之流。彼菩薩中有得初忍或第二忍者,
희　개비박덕둔근지류　피보살중유득초인혹제이인자

無量無邊, 或有證得無生法忍。
무량무변　혹유증득무생법인

常了宿命 第三十二
상　료　숙　명　제　삼　십　이

阿難！ 彼國菩薩乃至菩提, 不墮惡趣, 生生之處能了宿命。
아난　피국보살내지보리　불타악취　생생지처능료숙명

唯除五濁刹中, 出現於世。
유제오탁찰중　출현어세

供他方佛 第三十三
공 타 방 불 제 삼 십 삼

阿難! 彼國菩薩皆於晨朝, 供養他方無量百千諸佛, 隨所
아난 피국보살개어신조 공양타방무량백천제불 수소

希求種種花鬘·塗香·末香·幢幡·繪蓋及諸音樂, 以佛神力
희구종종화만 도향 말향 당번 증개급제음락 이불신력

皆現手中, 供養諸佛。
개현수중 공양제불

如是供具廣大甚多, 無數無邊不可思議。若復樂求種種名
여시공구광대심다 무수무변불가사의 약부요구종종명

花, 花有無量百千光色, 皆現手中, 奉散諸佛。阿難! 其所
화 화유무량백천광색 개현수중 봉산제불 아난 기소

散花, 即於空中變成花蓋, 蓋之小者滿十由旬。若不更以
산화 즉어공중변성화개 개지소자만십유순 약불갱이

新花重散, 前所散花終不墮落。阿難! 或有花蓋滿二十由
신화중산 전소산화종불타락 아난 혹유화개만이십유

旬, 如是三十四十乃至千由旬, 或等四洲或遍小千·中千乃
순 여시삼십사십내지천유순 혹등사주혹변소천 중천내

至三千大千世界。
지삼천대천세계

此諸菩薩生希有心, 得大喜愛。於晨朝時, 奉事·供養·尊
차제보살생희유심 득대희애 어신조시 봉사 공양 존

重·讚歎無量百千億那由他佛, 及種諸善根已, 即於晨朝還
중 찬탄무량백천억나유타불 급종제선근이 즉어신조환

到本國。此皆由無量壽佛本願加威, 及曾供如來, 善根相
도본국 차개유무량수불본원가위 급증공여래 선근상

續, 無缺減故, 善修習故, 善攝取故, 善成就故。
속 무결감고 선수습고 선섭취고 선성취고

菩薩功德 第三十四
보 살 공 덕 제 삼 십 사

復次, 阿難! 彼極樂界諸菩薩衆所說語言, 與一切智相應。
부차 아난 피극락계제보살중소설어언 여일체지상응

於所受用, 皆無攝取。遍遊佛刹, 無愛無厭, 亦無希求。不希
어소수용 개무섭취 변유불찰 무애무염 역무희구 불희

求想, 無自想, 無煩惱想, 無我想, 無鬥諍相違怨瞋之想。何
구상 무자상 무번뇌상 무아상 무투쟁상위원진지상 하

以故？ 彼諸菩薩於一切衆生, 有大慈悲利益心故。有柔軟
이고 피제보살어일체중생 유대자비이익심고 유유연

無障礙心, 不濁心, 無忿恨心, 有平等調伏寂靜之心, 忍心,
무장애심 불탁심 무분한심 유평등조복적정지심 인심

忍調伏心, 有等引澄淨無散亂心, 無覆蔽心, 淨心, 極淨心,
인조복심 유등인징정무산란심 무부폐심 정심 극정심

照曜心, 無塵心, 大威德心, 善心, 廣大心, 無比心, 甚深心,
조요심 무진심 대위덕심 선심 광대심 무비심 심심심

愛法心, 喜法心, 善意心, 捨離一切執著心, 斷一切衆生煩
애법심 희법심 선의심 사리일체집착심 단일체중생번

惱心, 閉一切惡趣心故。行智慧行已, 成就無量功德。於禪
뇌심 폐일체악취심고 행지혜행이 성취무량공덕 어선

定覺分, 善能演說, 而常遊戲無上菩提, 勤修敷演。
정각분 선능연설 이상유희무상보리 근수부연

肉眼發生, 能有簡擇；天眼出現, 鑒諸佛土；法眼清淨, 能
육안발생 능유간택 천안출현 감제불토 법안청정 능

離諸著；慧眼通達, 到於彼岸；佛眼成就, 覺悟開示。生無
리제착 혜안통달 도어피안 불안성취 각오개시 생무

礙慧, 為他廣說。於三界中平等勤修, 既自調伏, 亦能調伏
애혜 위타광설 어삼계중평등근수 기자조복 역능조복

一切有情, 能令獲得勝奢摩他。於一切法, 證無所得。善能
일체유정 능령획득승사마타 어일체법 증무소득 선능

說法, 言辭巧妙。勤修供養一切諸佛, 摧伏有情一切煩惱,
설법 언사교묘 근수공양일체제불 최복유정일체번뇌

為諸如來之所悅可而能如是。如是思惟, 作是思惟時, 能
위제여래지소열가이능여시 여시사유 작시사유시 능

集·能見一切諸法皆無所得。以方便智修行滅法, 善知取捨
집 능견일체제법개무소득 이방편지수행멸법 선지취사

理非理趣, 於理趣·非理趣中皆得善巧。於世語言, 心不愛
이비이취 어이취 비이취중개득선교 어세어언 심불애

樂 ; 出世經典, 誠信勤修。善巧尋求一切諸法, 求一切法,
락 출세경전 성신근수 선교심구일체제법 구일체법

增長了知。知法本無, 實不可得, 於所行處, 亦無取捨。解脫
증장요지 지법본무 실불가득 어소행처 역무취사 해탈

老病, 住諸功德。從本已來, 安住神通, 勤修深法。於甚深
노병 주제공덕 종본이래 안주신통 근수심법 어심심

法而無退轉, 於難解法悉能通達, 得一乘道, 無有疑惑, 於
법이무퇴전 어난해법실능통달 득일승도 무유의혹 어

佛教法, 不由他悟。
불교법 불유타오

其智宏深, 譬之巨海, 菩提高廣, 喻若須彌。自身威光, 超於
기지굉심 비지거해 보리고광 유약수미 자신위광 초어

日月, 凡所思擇, 與慧相應。猶如雪山, 其心潔白, 光明普
일월 범소사택 여혜상응 유여설산 기심결백 광명보

照, 無邊功德, 燒煩惱薪, 方之於火。不為善惡之所動搖, 心
조 무변공덕 소번뇌신 방지어화 불위선악지소동요 심

靜常安猶如大地, 洗滌煩惑如清淨水, 心無所主猶如火, 不
정상안유여대지 세척번혹여청정수 심무소주유여화 불

著世間猶如風, 養諸有情猶如地, 觀諸世界如虛空, 荷載眾
착세간유여풍 양제유정유여지 관제세계여허공 하재중

生猶如良乘, 不染世法譬之蓮花, 遠暢法音猶如雷震, 雨一
생유여양승 불염세법비지연화 원창법음유여뢰진 우일

切法方之大雨, 光蔽賢聖猶彼大仙, 善能調伏如大龍象, 勇
체법방지대우 광폐현성유피대선 선능조복여대용상 용

猛無畏如師子王, 覆護眾生如尼拘陀樹, 他論不動如鐵圍
맹무외여사자왕 부호중생여니구타수   타론부동여철위

山, 修慈無量如彼恒河。諸善法王, 能為前導, 如大梵天。無
산 수자무량여피항하 제선법왕 능위전도 여대범천 무

所聚積猶如飛鳥, 摧伏他論如金翅王, 難遇希有如優曇花。
소취적유여비조 최복타론여금시왕 난우희유여우담화

最勝丈夫, 其心正直。無有懈怠, 能善修行。於諸見中, 善
최승장부 기심정직 무유해태 능선수행 어제견중 선

巧決定。柔和忍辱, 無嫉妒心。論法無厭, 求法不倦。常勤演
교결정 유화인욕 무질투심 논법무염 구법불권 상근연

說, 利益眾生。戒若琉璃, 內外明潔。善聞諸法, 而為勝寶。
설 이익중생 계약유리 내외명결 선문제법 이위승보

其所說言, 令眾悅伏。以智慧力, 建大法幢, 吹大法螺, 擊
기소설언 영중열복 이지혜력 건대법당 취대법라 격

大法鼓, 常樂勤修, 建諸法表。由智慧光, 心無迷惑。遠眾過
대법고 상락근수 건제법표 유지혜광 심무미혹 원중과

失, 亦無損害。以淳淨心, 離諸穢染。常行惠施, 永捨慳貪。
실 역무손해 이순정심 이제예염 상행혜시 영사간탐

稟性溫和, 常懷慚恥。其心寂定, 智慧明察。作世間燈, 破
품성온화 상회참치 기심적정 지혜명찰 작세간등 파

眾生闇。堪受利養, 殊勝福田。為大導師, 周濟群物。遠離憎
중생암 감수이양 수승복전 위대도사 주제군물 원리증

愛, 心淨無憂。勇進無怖, 為大法將。了知地獄, 調伏自他。
애 심정무우 용진무포 위대법장 요지지옥 조복자타

利益有情, 拔諸毒箭。為世間解, 為世間師。引導群生, 捨諸
이익유정 발제독전 위세간해 위세간사 인도군생 사제

愛著。永離三垢, 遊戲神通。因力, 緣力, 願力, 發起力, 世
애착 영리삼구 유희신통 인력 연력 원력 발기력 세

俗力, 出生力, 善根力, 三摩地力, 聞力, 捨力, 戒力, 忍力,
속력 출생력 선근력 삼마지력 문력 사력 계력 인력

精進力, 定力, 慧力, 奢摩他力, 毘缽舍那力, 神通力, 念力,
정진력 정력 혜력 사마타력 비발사나력 신통력 염력

覺力, 摧伏一切大魔軍力, 并他論法力, 能破一切煩惱怨力
각력 최복일체대마군력 병타논법력 능파일체번뇌원력

及殊勝大力。威福具足, 相好端嚴。智慧辯才, 善根圓滿。目
급수승대력 위복구족 상호단엄 지혜변재 선근원만 목

淨脩廣, 人所愛樂。其身清潔, 遠離貢高。以尊重心, 奉事諸
정수광 인소애락 기신청결 원리공고 이존중심 봉사제

佛。於諸佛所, 植眾善本。拔除憍慢, 離貪瞋癡。殊勝吉祥,
불 어제불소 식중선본 발제교만 이탐진치 수승길상

應供中最。住勝智境, 赫奕慧光。心生歡喜, 雄猛無畏。福智
응공중최 주승지경 혁혁혜광 심생환희 웅맹무외 복지

具足, 無有滯限。但說所聞, 開示群物。隨所聞法, 皆能解
구족 무유체한 단설소문 개시군물 수소문법 개능해

了。於菩提分法, 勇猛勤修。空無相願, 而常安住, 及不生不
료 어보리분법 용맹근수 공무상원 이상안주 급불생불

滅諸三摩地。行遍道場, 遠二乘境。
멸제삼마지 행변도량 원이승경

阿難! 我今略說彼極樂界所生菩薩摩訶薩眾真實功德悉皆
아난 아금약설피극락계소생보살마하살중진실공덕실개

如是。阿難! 假令我身住壽百千億那由他劫, 以無礙辯, 欲
여시 아난 가령아신주수백천억나유타겁 이무애변 욕

具稱揚彼諸菩薩摩訶薩等真實功德, 不可窮盡。阿難! 彼諸
구칭양피제보살마하살등진실공덕 불가궁진 아난 피제

菩薩摩訶薩等, 盡其壽量, 亦不能知。
보살마하살등 진기수량 역불능지

極樂現前 第三十五
극락현전 제삼십오

爾時世尊告阿難言：此是無量壽佛極樂世界。汝應從坐而
이시세존고아난언 차시무량수불극락세계 여응종좌이

起, 合掌恭敬, 五體投地, 為佛作禮。彼佛名稱遍滿十方, 彼
기 합장공경 오체투지 위불작례 피불명칭변만시방 피

一一方恒沙諸佛皆共稱讚, 無礙無斷。是時阿難即從坐起,
일일방항사제불개공칭찬 무애무단 시시아난즉종좌기

偏袒右肩, 西面合掌, 五體投地。
편단우견 서면합장 오체투지

白佛言：世尊! 我今欲見極樂世界無量壽如來, 并供養奉
백불언 세존 아금욕견극락세계무량수여래 병공양봉

事無量百千億那由他佛及菩薩眾, 種諸善根。時無量壽佛
사무량백천억나유타불급보살중 종제선근 시무량수불

即於掌中放大光明, 遍照百千俱胝那由他剎。彼諸佛剎所
즉어장중방대광명 변조백천구지나유타찰 피제불찰소

有大小諸山, 黑山·寶山·須彌盧山·迷盧山·大迷盧山·目真
유대소제산 흑산 보산 수미노산 미노산 대미노산 목진

鄰陀山·摩訶目真鄰陀山·鐵圍山·大鐵圍山, 叢薄園林及諸
인타산 마하목진인타산 철위산 대철위산 총박원림급제

宮殿·天人等物, 以佛光明皆悉照見。
궁전 천인등물 이불광명개실조견

譬如有人以淨天眼觀一尋地, 見諸所有。又如日光出現, 萬
비여유인이정천안관일심지 견제소유 우여일광출현 만

物斯睹。彼諸國中比丘·比丘尼·優婆塞·優婆夷悉見無量壽
물사도 피제국중비구 비구니 우바새 우바이실견무량수

如來如須彌山王。照諸佛剎, 時諸佛國皆悉明現, 如處一尋。
여래여수미산왕 조제불찰 시제불국개실명현 여처일심

以無量壽如來殊勝光明極清淨故, 見彼高座及諸聲聞·菩薩
이무량수여래수승광명극청정고 견피고좌급제성문 보살

等眾。譬如大地, 洪水盈滿, 樹林·山河皆沒不現, 唯有大水。
등중 비여대지 홍수영만 수림 산하개몰불현 유유대수

如是, 阿難! 彼佛剎中無有他論及異形類, 唯除一切大聲聞
여시 아난 피불찰중무유타론급이형류 유제일체대성문

眾一尋光明, 及彼菩薩摩訶薩踰繕那等百千尋光, 彼無量
중일심광명 급피보살마하살유선나등백천심광 피무량

壽如來應正等覺光明，映蔽一切聲聞及諸菩薩，令諸有情
수 여래 응 정등각 광명　영폐 일체 성문 급 제 보살　영 제 유정

悉皆得見。彼極樂界菩薩·聲聞·人天眾等，一切皆睹娑婆世
실 개 득 견　피 극락계 보살 성문 인천 중등　일체 개 도 사바 세

界釋迦如來，及比丘眾圍繞說法。
계 석가 여래　급 비구 중 위요 설법

彌勒述見 第三十六
미 륵 술 견　제 삼 십 육

爾時，佛告彌勒菩薩言：汝頗見具足清淨·威德·莊嚴佛
이 시　불 고 미륵 보살 언　여 파 견 구족 청정 위덕 장엄 불

剎？及見空中樹林·園苑·涌泉·池沼不耶？汝見大地乃至
찰　급 견 공중 수림 원원 용천 지소 불야　여 견 대지 내지

色究竟天，於虛空中散花樹林以為莊嚴。復有眾鳥住虛空
색 구경 천　어 허공 중 산화 수림 이 위 장엄　부 유 중 조 주 허공

界，出種種音，猶如佛聲普聞世界，是諸眾鳥皆是化作，非
계　출 종종 음　유 여 불성 보문 세계　시 제 중 조 개 시 화작　비

實畜生。汝見是耶？彌勒白佛言：唯然已見。
실 축생　여 견 시야　미륵 백 불 언　유 연 이 견

佛復告彌勒菩薩言：汝見此諸眾生入踰繕那百千宮殿已，
불 부 고 미륵 보살 언　여 견 차 제 중생 입 유선나 백천 궁전 이

遊行虛空，無著無礙，遍諸剎土供養諸佛，及見彼有情於晝
유 행 허공　무 착 무 애　변 제 찰토 공양 제 불　급 견 피 유정 어 주

夜分念佛相續不耶？彌勒白言：唯然盡見。佛復告言：汝
야 분 염불 상속 불야　미륵 백 언　유 연 진 견　불 부 고 언　여

見他化自在天與極樂諸人受用資具有差別不？彌勒白言：
견 타화 자재 천 여 극락 제 인 수용 자구 유 차별 부　미륵 백 언

我不見彼有少差別。佛告彌勒：汝見極樂世界人住胎不？
아 불 견 피 유 소 차별　불 고 미륵　여 견 극락 세계 인 주 태 부

彌勒白言：世尊! 譬如三十三天夜摩天等，入百由旬·若
미륵백언　세존　비여삼십삼천야마천등　입백유순　약

五百由旬宮殿之內，遊戲歡樂。我見極樂世界人住胎者，如
오백유순궁전지내　유희환락　아견극락세계인주태자　여

夜摩天處於宮殿；又見眾生於蓮華內結加趺坐，自然化生。
야마천처어궁전　우견중생어연화내결가부좌　자연화생

疑悔處胎 第三十七
의　회　처　태　제　삼　십　칠

時彌勒菩薩復白佛言：世尊! 何因緣故，彼國眾生有胎生
시미륵보살부백불언　세존　하인연고　피국중생유태생

者？化生者？佛告彌勒：若有眾生墮於疑悔，積集善根，
자　화생자　불고미륵　약유중생타어의회　적집선근

希求佛智·普遍智·不思議智·無等智·威德智·廣大智，於自
희구불지　보변지　불사의지　무등지　위덕지　광대지　어자

善根不能生信。以此因緣，於五百歲住宮殿中，不見佛，不
선근불능생신　이차인연　어오백세주궁전중　불견불　불

聞法，不見菩薩及聲聞眾。若有眾生斷除疑悔，積集善根，
문법　불견보살급성문중　약유중생단제의회　적집선근

希求佛智乃至廣大智，信已善根，此人於蓮華內結加趺坐，
희구불지내지광대지　신이선근　차인어연화내결가부좌

忽然化生，瞬息而出。譬如他國有人來至，而此菩薩亦復
홀연화생　순식이출　비여타국유인래지　이차보살역부

如是。餘國發心來生極樂，見無量壽佛，奉事供養，及諸菩
여시　여국발심래생극락　견무량수불　봉사공양　급제보

薩·聲聞之眾。阿逸多! 汝觀殊勝智者，彼因廣慧力故，受彼
살　성문지중　아일다　여관수승지자　피인광혜력고　수피

化生，於蓮花中結加趺坐。汝觀下劣之輩，於五百歲中不見
화생　어연화중결가부좌　여관하열지배　어오백세중불견

佛, 不聞法, 不見菩薩及聲聞眾, 不知菩薩威儀法則, 不能
불 불문법 불견보살급성문중 부지보살위의법칙 불능

修習諸功德故, 無因奉事無量壽佛。是諸人等皆為昔緣疑
수습제공덕고 무인봉사무량수불 시제인등개위석연의

悔所致。譬如刹帝利王, 其子犯法, 幽之內宮處, 以花觀·層
회소치 비여찰제리왕 기자범법 유지내궁처 이화관 층

樓·綺殿·妙飾·奇珍·寶帳·金床·重敷茵褥·名花布地·燒大寶
루 기전 묘식 기진 보장 금상 중부인욕 명화포지 소대보

香, 服御所資悉皆豐備, 而以閻浮金鎖繫其兩足。佛告彌勒
향 복어소자실개풍비 이이염부금쇄계기양족 불고미륵

: 於意云何, 彼王子心寧樂此不? 答言 : 不也。世尊! 彼幽
어의운하 피왕자심영락차부 답언 불야 세존 피유

縶時常思解脫, 求諸親識·居士·宰官·長者·近臣。王之太子
칩시상사해탈 구제친식 거사 재관 장자 근신 왕지태자

雖希出離, 終不從心。乃至刹帝利王心生歡喜, 方得解脫。
수희출리 종부종심 내지찰제리왕심생환희 방득해탈

佛告彌勒 : 如是! 如是! 若有墮於疑悔, 種諸善根, 希求佛
불고미륵 여시 여시 약유타어의회 종제선근 희구불

智乃至廣大智, 於自善根不能生信, 由聞佛名起信心故, 雖
지내지광대지 어자선근불능생신 유문불명기신심고 수

生彼國, 於蓮花中不得出現。彼等眾生處花胎中, 猶如園
생피국 어연화중부득출현 피등중생처화태중 유여원

苑·宮殿之想。何以故? 彼中清淨, 無諸穢惡, 一切無有不
원 궁전지상 하이고 피중청정 무제예악 일체무유불

可樂者。然彼眾生於五百歲不見佛, 不聞法, 不見菩薩及聲
가락자 연피중생어오백세불견불 불문법 불견보살급성

聞眾, 不得供養奉事諸佛, 不得問於菩薩法藏, 遠離一切
문중 부득공양봉사제불 부득문어보살법장 원리일체

殊勝善根。彼等於中不生欣樂, 不能出現修習善法。往昔世
수승선근 피등어중불생흔락 불능출현수습선법 왕석세

中過失盡已, 然後乃出, 彼於出時, 心迷上下·四方之所。若
중과실진이 연후내출 피어출시 심미상하 사방지소 약

五百歲無疑惑者, 即當供養無量百千俱胝那由他佛, 并種
오 백 세 무 의 혹 자　즉 당 공 양 무 량 백 천 구 지 나 유 타 불　병 종

無量無邊善根。汝阿逸多! 當知疑惑與諸菩薩為大損害。
무 량 무 변 선 근　여 아 일 다　당 지 의 혹 여 제 보 살 위 대 손 해

菩薩當生 第三十八
보 살 당 생　제 삼 십 팔

爾時彌勒菩薩白佛言 : 世尊! 於此國界不退菩薩當生極樂
이 시 미 륵 보 살 백 불 언　세 존　어 차 국 계 불 퇴 보 살 당 생 극 락

國者, 其數幾何 ? 佛告彌勒 : 此佛土中有七十二億菩薩,
국 자　기 수 기 하　불 고 미 륵　차 불 토 중 유 칠 십 이 억 보 살

彼於無量億那由他百千佛所, 種諸善根, 成不退轉, 當生彼
피 어 무 량 억 나 유 타 백 천 불 소　종 제 선 근　성 불 퇴 전　당 생 피

國。況餘菩薩由少善根生彼國者, 不可稱計。阿逸多! 從難
국　황 여 보 살 유 소 선 근 생 피 국 자　불 가 칭 계　아 일 다　종 난

忍如來佛國, 有十八億不退菩薩當生極樂世界。東北方寶
인 여 래 불 국　유 십 팔 억 불 퇴 보 살 당 생 극 락 세 계　동 북 방 보

藏佛國中, 有九十億不退菩薩當生彼土。
장 불 국 중　유 구 십 억 불 퇴 보 살 당 생 피 토

從無量聲如來國中, 有二十二億不退菩薩當生彼土。從光
종 무 량 성 여 래 국 중　유 이 십 이 억 불 퇴 보 살 당 생 피 토　종 광

明如來國中, 有三十二億不退菩薩當生彼土。從龍天如來
명 여 래 국 중　유 삼 십 이 억 불 퇴 보 살 당 생 피 토　종 용 천 여 래

國中, 有十四億不退菩薩當生彼土。從勝天力如來國中, 有
국 중　유 십 사 억 불 퇴 보 살 당 생 피 토　종 승 천 력 여 래 국 중　유

十二千不退菩薩當生彼土。從師子如來國中, 有五百不退
십 이 천 불 퇴 보 살 당 생 피 토　종 사 자 여 래 국 중　유 오 백 불 퇴

菩薩當生彼土。從離塵如來國中, 有八十一億不退菩薩當
보 살 당 생 피 토　종 이 진 여 래 국 중　유 팔 십 일 억 불 퇴 보 살 당

生彼土。從世天如來國中, 有六十億不退菩薩當生彼土。從
생피토 종세천여래국중 유육십억불퇴보살당생피토 종

勝積如來國中, 有六十億不退菩薩當生彼土。
승적여래국중 유육십억불퇴보살당생피토

從人王如來國中, 有十俱胝不退菩薩當生彼土。從勝花如
종인왕여래국중 유십구지불퇴보살당생피토 종승화여

來國中, 有五百菩薩具大精進, 發趣一乘, 於七日中能令眾
래국중 유오백보살구대정진 발취일승 어칠일중능령중

生離百千億那由他劫生死流轉, 彼等亦當生極樂界。從發
생이백천억나유타겁생사유전 피등역당생극락계 종발

起精進如來國中, 有六十九億不退菩薩當生彼土。到彼國
기정진여래국중 유육십구억불퇴보살당생피토 도피국

已, 供養·禮拜無量壽如來及菩薩眾。阿逸多! 我若具說諸
이 공양 예배무량수여래급보살중 아일다 아약구설제

方菩薩生極樂界, 若已到·今到·當到, 為供養·禮拜·瞻仰無
방보살생극락계 약이도 금도 당도 위공양 예배 첨앙무

量壽佛等者, 但說其名, 窮劫不盡。
량수불등자 단설기명 궁겁부진

付囑彌勒 第三十九
부촉미륵 제삼십구

阿逸多! 汝觀彼諸菩薩摩訶薩善獲利益。若有聞彼佛名, 能
아일다 여관피제보살마하살선획이익 약유문피불명 능

生一念喜愛之心, 當獲如上所說功德。心無下劣, 亦不貢高,
생일념희애지심 당획여상소설공덕 심무하열 역불공고

成就善根, 悉皆增上。阿逸多! 是故告汝及天人世間阿修羅
성취선근 실개증상 아일다 시고고여급천인세간아수라

等, 今此法門付囑於汝, 應當愛樂修習, 乃至經一晝夜受持
등 금차법문부촉어여 응당애락수습 내지경일주야수지

讀誦, 生希望心。於大眾中為他開示, 當令書寫, 執持經卷,
독송 생희망심 어대중중위타개시 당령서사 집지경권

於此經中生導師想。阿逸多! 是故菩薩摩訶薩欲令無量諸眾
어차경중생도사상 아일다 시고보살마하살욕령무량제중

生等速疾安住, 不退轉於阿耨多羅三藐三菩提; 及欲見彼
생등속질안주 불퇴전어아뇩다라삼먁삼보리 급욕견피

廣大莊嚴·攝受殊勝佛刹圓滿功德者, 應當起精進力, 聽此
광대장엄 섭수수승불찰원만공덕자 응당기정진력 청차

法門。假使經過大千世界滿中猛火, 為求法故, 不生退屈·諂
법문 가사경과대천세계만중맹화 위구법고 불생퇴굴 첨

偽之心, 讀誦·受持·書寫經卷, 乃至於須臾頃為他開示, 勸
위지심 독송 수지 서사경권 내지어수유경위타개시 권

令聽聞, 不生憂惱。設入大火不應疑悔。何以故? 彼無量億
령청문 불생우뇌 설입대화불응의회 하이고 피무량억

諸菩薩等皆悉求此微妙法門, 尊重聽聞, 不生違背, 是故汝
제보살등개실구차미묘법문 존중청문 불생위배 시고여

等應求此法。
등응구차법

阿逸多! 彼諸眾生獲大善利。若於來世乃至正法滅時, 當有
아일다 피제중생획대선리 약어래세내지정법멸시 당유

眾生殖諸善本, 已曾供養無量諸佛, 由彼如來加威力故, 能
중생식제선본 이증공양무량제불 유피여래가위력고 능

得如是廣大法門, 一切如來稱讚悅可。若於彼法攝取受持,
득여시광대법문 일체여래칭찬열가 약어피법섭취수지

當獲廣大一切智智, 隨意所樂, 種諸善根。若善男子·善女
당획광대일체지지 수의소락 종제선근 약선남자 선여

人等, 於彼法中廣大勝解之者, 當能聽聞, 獲大歡喜, 受持
인등 어피법중광대승해지자 당능청문 획대환희 수지

讀誦, 廣為他說, 常樂修行。阿逸多! 無量億數諸菩薩等求
독송 광위타설 상락수행 아일다 무량억수제보살등구

請此法, 不曾厭背。是故汝等諸善男子及善女人, 於今來世,
청차법 부증염배 시고여등제선남자급선여인 어금내세

能於是法若已求·現求·當求者, 皆獲善利。阿逸多! 如來所
능 어 시 법 약 이 구 현 구 당 구 자 개 획 선 리 아 일 다 여 래 소

應作者, 皆已作之。汝等應當安住無疑, 種諸善本, 應常修
응 작 자 개 이 작 지 여 등 응 당 안 주 무 의 종 제 선 본 응 상 수

學, 使無疑滯, 不入一切種類珍寶成就牢獄。阿逸多! 如是
학 사 무 의 체 불 입 일 체 종 류 진 보 성 취 뇌 옥 아 일 다 여 시

等類大威德者, 能生廣大佛法異門。由於此法不聽聞故, 有
등 류 대 위 덕 자 능 생 광 대 불 법 이 문 유 어 차 법 불 청 문 고 유

一億菩薩退轉阿耨多羅三藐三菩提。阿逸多! 佛出世難, 離
일 억 보 살 퇴 전 아 뇩 다 라 삼 먁 삼 보 리 아 일 다 불 출 세 난 이

八難身亦為難得。諸佛如來無上之法, 十力無畏, 無礙無著,
팔 난 신 역 위 난 득 제 불 여 래 무 상 지 법 십 력 무 외 무 애 무 착

甚深之法及波羅蜜等菩薩之法, 能說法人亦難開示。阿逸
심 심 지 법 급 바 라 밀 등 보 살 지 법 능 설 법 인 역 난 개 시 아 일

多! 善說法人非易可遇, 堅固深信時亦難遭。是故我今如理
다 선 설 법 인 비 이 가 우 견 고 심 신 시 역 난 조 시 고 아 금 여 리

宣說, 汝等修習, 應如教住。汝阿逸多! 我以此法門及諸佛
선 설 여 등 수 습 응 여 교 주 여 아 일 다 아 이 차 법 문 급 제 불

法, 囑累於汝, 汝當修行, 無令滅沒。如是廣大微妙法門, 一
법 촉 루 어 여 여 당 수 행 무 령 멸 몰 여 시 광 대 미 묘 법 문 일

切諸佛之所稱讚, 勿違佛教而棄捨之, 當令汝等獲不善利,
체 제 불 지 소 칭 찬 물 위 불 교 이 기 사 지 당 령 여 등 획 불 선 리

淪沒長夜, 備眾危苦。是故我今為大囑累, 當令是法久住不
윤 몰 장 야 비 중 위 고 시 고 아 금 위 대 촉 루 당 령 시 법 구 주 불

滅, 應勤修行, 隨順我教。
멸 응 근 수 행 수 순 아 교

說頌諄囑 第四十
설 송 순 촉 제 사 십

爾時世尊而說頌曰：
이 시 세 존 이 설 송 왈

若於福德初未修　終不聞斯微妙法
약 어 복 덕 초 미 수　종 불 문 사 미 묘 법

勇猛能成諸善利　當聞如是甚深經
용 맹 능 성 제 선 리　당 문 여 시 심 심 경

彼人曾見諸世尊　能作大光拯濁世
피 인 증 견 제 세 존　능 작 대 광 증 탁 세

多聞總持如巨海　彼獲聖賢喜愛心
다 문 총 지 여 거 해　피 획 성 현 희 애 심

懈怠邪見下劣人　不信如來斯正法
해 태 사 견 하 열 인　불 신 여 래 사 정 법

若曾於佛殖眾善　救世之行彼能修
약 증 어 불 식 중 선　구 세 지 행 피 능 수

譬如盲人恒處闇　不能開導於他路
비 여 맹 인 항 처 암　불 능 개 도 어 타 로

聲聞於佛智亦然　況餘有情而悟解
성 문 어 불 지 역 연　황 여 유 정 이 오 해

如來功德佛自知　唯有世尊能開示
여 래 공 덕 불 자 지　유 유 세 존 능 개 시

天龍夜叉所不及　二乘自絕於名言
천 룡 야 차 소 불 급　이 승 자 절 어 명 언

若諸有情當作佛　行超普賢登彼岸
약 제 유 정 당 작 불　행 초 보 현 등 피 안

敷演一佛之功德　時逾多劫不思議
부 연 일 불 지 공 덕　시 유 다 겁 불 사 의

於是中間身滅度　佛之勝慧莫能量
어 시 중 간 신 멸 도　불 지 승 혜 막 능 량

是故具足於信聞　及諸善友之攝受
시 고 구 족 어 신 문　급 제 선 우 지 섭 수

得聞如是深妙法　當獲愛重諸聖尊
득 문 여 시 심 묘 법　당 획 애 중 제 성 존

如來勝智遍虛空　所說義言唯佛悟
여 래 승 지 변 허 공　소 설 의 언 유 불 오

是故博聞諸智士　應信我教如實言
시 고 박 문 제 지 사　응 신 아 교 여 실 언

人趣之身得甚難　如來出世遇亦難
인 취 지 신 득 심 난　여 래 출 세 우 역 난

信慧多時方乃獲　是故修者應精進
신 혜 다 시 방 내 획　시 고 수 자 응 정 진

如是妙法已聽聞　常念諸佛而生喜
여 시 묘 법 이 청 문　상 념 제 불 이 생 희

彼人往昔真吾友　善能樂欲佛菩提
피 인 왕 석 진 오 우　선 능 낙 욕 불 보 리

聞經獲益 第四十一
문 경 획 익　제 사 십 일

爾時世尊說是經已, 天人世間有萬二千那由他億眾生遠塵
이 시 세 존 설 시 경 이　천 인 세 간 유 만 이 천 나 유 타 억 중 생 원 진

離垢, 得法眼淨。二十億眾生得阿那含果。六千八百比丘諸
이 구　득 법 안 정　이 십 억 중 생 득 아 나 함 과　육 천 팔 백 비 구 제

漏已盡, 心得解脫。四十億菩薩於無上菩提住不退轉, 被大
루 이 진　심 득 해 탈　사 십 억 보 살 어 무 상 보 리 주 불 퇴 전　피 대

甲冑, 當成正覺。有二十五億眾生得不退忍。有四萬億那由
갑 주　당 성 정 각　유 이 십 오 억 중 생 득 불 퇴 인　유 사 만 억 나 유

他百千眾生於無上菩提未曾發意, 今始初發, 種諸善根, 願
타 백 천 중 생 어 무 상 보 리 미 증 발 의　금 시 초 발　종 제 선 근　원

生極樂世界見阿彌陀佛, 皆當往生彼如來土, 各於異方次
생 극 락 세 계 견 아 미 타 불　개 당 왕 생 피 여 래 토　각 어 이 방 차

第成佛, 同名妙音。有八萬億那由他眾生得授記法忍, 成無
제 성 불　동 명 묘 음　유 팔 만 억 나 유 타 중 생 득 수 기 법 인　성 무

上菩提。彼無量壽佛昔行菩薩道時, 成熟有情, 悉皆當生極
상 보 리　피 무 량 수 불 석 행 보 살 도 시　성 숙 유 정　실 개 당 생 극

樂世界, 憶念儔昔所發思願, 皆得成滿。
락 세 계　억 념 주 석 소 발 사 원　개 득 성 만

地動現瑞 第四十二
지 동 현 서　제 사 십 이

爾時三千大千世界六種震動, 并現種種希有神變, 放大光
이 시 삼 천 대 천 세 계 육 종 진 동　병 현 종 종 희 유 신 변　방 대 광

明, 普照世界。無量億那由他百千天人, 同時音樂不鼓自鳴,
명　보 조 세 계　무 량 억 나 유 타 백 천 천 인　동 시 음 악 불 고 자 명

雨天曼陀羅花, 沒至于膝, 乃至阿迦膩吒天, 皆作種種殊妙
우 천 만 다 라 화　몰 지 우 슬　내 지 아 가 이 타 천　개 작 종 종 수 묘

供養。佛說經已, 彌勒菩薩等及尊者阿難·一切大眾聞佛所
공 양　불 설 경 이　미 륵 보 살 등 급 존 자 아 난　일 체 대 중 문 불 소

說, 皆大歡喜。
설　개 대 환 희

拔一切業障根本得生淨土陀羅尼
발 일 체 업 장 근 본 득 생 정 토 다 라 니

나모 아미다바야 다타가다야 다지야타 아미리 도바비 아미
리다 싣담바비 아미리다 비가란제 아미리다 비가란다 가미
니 가가나 깃다가례 사바하.

讚佛偈
찬 불 게

阿彌陀佛身金色
아 미 타 불 신 금 색

相好光明無等倫
상 호 광 명 무 등 륜

白毫宛轉五須彌
백 호 완 전 오 수 미

紺目澄淸四大海
감 목 징 청 사 대 해

光中化佛無數億
광 중 화 불 무 수 억

化菩薩衆亦無邊
화 보 살 중 역 무 변

四十八願度衆生
사 십 팔 원 도 중 생

九品咸令登彼岸
구 품 함 령 등 피 안

나무아미타불 나무아미타불 나무아미타불 나무아미타불
(집중하여, 끊임없이, 간절하게)

한글 대보적경·무량수여래회

대한민국 서정西定 박병규 한글 역주

원조圓照 각성 큰스님 감수

정구업진언
淨口業眞言

수리수리 마하수리 수수리 사바하 (3번)

오방내외안위제신진언
五方內外安慰諸神眞言

나무 사만다 못다남 옴 도로도로 지미

사바하 (3번)

개경게
開經偈

無上甚深微妙法 무 상 심 심 미 묘 법	위없고 매우 깊은 미묘 법문
百千萬劫難遭遇 백 천 만 겁 난 조 우	백천만겁에 만나기 어렵사온대
我今聞見得受持 아 금 문 견 득 수 지	제가 지금 받아 지니오니
願解如來眞實意 원 해 여 래 진 실 의	원컨대 여래의 진실의 뜻 깨쳐지이다.

개법장진언
開法藏眞言

옴 아라남 아라다 (3번)

제1품 법회의 성중

나는 이와 같이 들었다. 한때 부처님께서 왕사성 기사굴산에서 큰 비구 대중 1만 2천인과 함께 계셨는데, 이들은 모두 큰 성문으로서 대중에게 널리 알려진 이들이었다.

그들의 이름은 존자尊者 아야교진여阿若憍陳如[1]·마승馬勝·대명大名·유현有賢·무구無垢·수발타라須跋陀羅·선칭善稱·원만圓滿·교범발제憍梵鉢提·우루빈나가섭優樓頻蠡迦葉·나제가섭那提迦葉·가야가섭伽耶迦葉·마하가섭摩訶迦葉[2]·사리불舍利弗·대목건련大目犍連·마하가전연摩訶迦旃延·마하겁빈나摩訶劫賓那·마하주나摩訶注那·만자자滿慈子·아니루타阿尼樓馱·이바다離波多·상수왕上首王·주피안住彼岸·마구라摩俱羅·난타難陀·유광有光·선래善來·라후라羅睺羅·아난타阿難陀 등이었으며, 이들은 으뜸가는 제자들이었다.

또 다시 보살마하살의 대중이 있었는데, 말하자면 보현보살普賢菩薩,[3] 문수사리보살文殊師利菩薩,[4] 미륵보살彌勒菩薩[5] 및 현겁賢劫[6] 중에 성불할 모든 보살마하살의 대중이 앞뒤로 둘러싸고 있었다.

79

또한 현호賢護 등 16장부 대중도 함께 있었는데, 말하자면 선사유의보살善思惟義菩薩·혜변재보살慧辯才菩薩·관무주보살觀無住菩薩·선화신통보살善化神通菩薩·광당보살光幢菩薩·지상보살智上菩薩·적근보살寂根菩薩·혜원보살慧願菩薩·향상보살香象菩薩·보당보살寶幢菩薩 등이 으뜸가는 장부 대중이었다.

이 16장부 대중은 모두 보현행원普賢行願의 도道[7]를 받들어 닦아서 보살의 일체 행원을 만족하게 갖추었고, 보살의 일체 공덕법 가운데 편히 머물러 이미 모든 불법佛法의 구경 피안에 도달하였으며, 일체 세계에서 등정각等正覺 성취하기를 발원한다.

또한 발원하길, "제가 저 도솔타천에 상생上生하여 그곳의 수명이 다하여 이 땅에 내려와 모친의 오른 옆구리로 태어나서, 사방으로 일곱 걸음 걸어 보이고 큰 광명을 놓아 널리 부처님 세계가 여섯 가지로 진동하고, 스스로 '나는 일체 세간에서 가장 존귀하다.'

라고 외쳐 말하면,[8] 제석천帝釋天과 범천梵天 등 모든 하늘 사람이 함께 와서 직접 받들고, 또한 서계書計, 역수曆數, 성명聲明, 기교伎巧, 의방醫方, 양생養生, 부인符印, 무공武功 등을 배우고 익혀서 세상의 명성을 독차지하여 필적할 사람이 없고, 몸은 왕궁에 처하여 있지만 모든 욕망 경계를 싫어하며, 사람들이 늙고 병들어 죽는 것을 보고 무상無常을 깨달아, 태자의 지위를 버리고 왕성王城을 뛰어넘어 위없는 도를 배우기 위하여 귀중한 목걸이와 미묘하게 장식된 옷을 벗어 버린 다음 가사 입고 6년 동안 고행함으로써 오탁의 세계에서 이렇게 잘 시현하시고, 세간의 뜻에 따라 니련선 강에 목욕하고 도량에 나아가매, 용왕龍王이 환영·찬탄하고, 모든 보살 대중이 보살의 오른쪽으로 돌며 칭양稱揚한다. 이때 보살은 길상초를 공양받아 스스로 보리수 아래 깔고 결가부좌한다.

또한 마군의 무리가 합세하여 보살을 해치려 하매 보살은 선정과 지혜의 힘으로 마원魔怨 항복받음을 보이고, 마침내 무상정등정각無上正等正覺을 성취하기에 이르자 대범천왕大梵天王이 세존께 법륜 굴리시길 권청하네.

이에 부처님께서 용맹勇猛과 무외無畏로 불음佛音을 크게 진동시키시나니, 법의 북을 치고 법의 나팔을 불며, 큰 법의 깃발을 세우고 정법正法의 횃불을 밝혀서, 정법正法과 모든 선정禪定을 거두어들이고, 큰 법의 비를 뿌려서 중생을 윤택하게 하며, 큰 법의 우레를 진동시켜 일체중생을 깨닫게 한다.

부처님의 법륜의 큰 광명이 널리 모든 불찰 국토를 비춤에 일체 세계의 대지가 모두 진동하고, 마군의 궁전이 부서져서 마왕 파순이 놀라 두려움에 떨며, 번뇌의 성城이 부서지고, 모든 그릇된 견해의 그물이 찢어지며, 일체 어두운 법을 멀리 떠나 모든 백법白法[9]을 발생시키므로 중생이 공양올리는 음식을 잘 받아 소화하시고,[10] 중생을 길들여 교화하기 위하여 묘리妙理[11]를 알리고 드날리는데, 혹은 파안미소破顏微笑를 보이기도 하고,[12] 혹은 백천 광명을 놓기도 하며, 혹은 무량한 보살로 하여금 관정위灌頂位[13]에 올라 보리기菩提記를 받도록 하고, 혹은 끝내 부처를 이루게 하며, 최후에는 스스로 열반에 듦을 보여서[14] 무량한 유정有情으로 하여금 모두 누진漏盡을 획득하여 보살로서의 가없는 선근을 성숙케 하시나니, 이와 같이 모든 불찰에서 12가지 상相을 잘 시현하여 지이다."라고 서원한다.

비유하자면 환술사幻術師가 환술을 잘 알아서 남, 녀 등 모습들을 잘 나타내지만 그 나타난 허깨비 모습들은 실체가 없어서 얻을 수 없는 것과 같다. 이와 마찬가지로 이 보살들은 가없는 환술幻術의 공덕을 잘 배워서 중생의 근기와 기호에 상응하여 갖가지로 변화된 허깨비를 잘 나타내나니, 이는 그들이 이러한 변화變化의 도道를 철저히 깨쳤기 때문이다.[15]

이 보살들이 모든 불국토에 시현하여 대자비를 보이고 일체 군생에게 널리 풍요한 이익 베풂은 이 보살들의 큰 원행이며, 무량무변한 법문法門을 성취하고 법문의 평등平等을 통달通達하여 일체 선법善法을 모두 갖추어 만족하게 닦아 성취하며,[16] 모든 부처님의 찰토刹土에 평등平等하게 나아가서 언제나 모든 부처님으로부터 정진 권유하심과 위신력威神力의 가호加護를 받는다.

이 보살들은 일체 여래께 알려지고 인가印可를 받아서, 다른 보살들을 가르치기 위하여 그들의 아사리阿闍梨[17]가 되고, 언제나 중생의 근기와 상응하는 끝없는 수행 법문을 닦아 익히며, 일체법계一切法界와 일체행一切行을 통달하였다.[18]

시방의 유정과 국토를 매우 잘 알고, 또한 언제나 모든 여래께 공양 올리러 나아가지만, 시현하는 갖가지 몸이 마치 거울에 비친 영상影像과 같고, 훌륭하게 인드라 그물의 대지혜[19]를 배워서 마군의 그물을 잘 부수며, 모든 잘못된 견해를 무너트리고, 대비심으로 유정有情의 그물에 들어가되, 번뇌의 권속과 마군의 동료 및 마군인 사람을 훌륭하게 뛰어넘고, 성문과 벽지불의 경계를 멀리 떠났다.

공空·무상無相·무원無願[20]의 세 가지 해탈문에 들어가서 중생교화를 위한 선교방편에 잘 머무르기에 애초부터 이승二乘의 열반에 들어가길 즐기지 않고, 이미 무생무멸無生無滅의 모든 삼마지[21]를 얻었다.

또한 일체의 다라니문[22]을 얻었고, 오근五根[23]이 광대청정廣大淸淨하며, 변재辯才가 원만히 결정되어 있고, 보살菩薩의 법장法藏을 매우 잘 알아서 수시로 「불화엄삼매佛華嚴三昧」[24]에 깨달아 들어간다.

갖가지 매우 깊은 모든 선정禪定을 갖추어 일체 모든 부처님 앞에 나타나고, 한 생각 사이에 모든 불국토에 두루 노닐며 다녀옴이 다른 때가 아니며,[25] 어려운 것[26]과 어렵지 않은 것[27] 등 모든 것을 걸림 없이 통달하여 널리 중생에게 일체법의 실제實際[28]를 자세히 연설하고, 일체의 차별법差別法도 매우 잘 알며,[29] 부처의 변재辯才를 얻어 보현행원普賢行願에 머문다.

또한 중생의 갖가지 언어를 잘 분별하되 세간의 일체법을 뛰어넘어 일체의 출세간법出世間法을 매우 잘 알고, 자구資具의 자재바라밀다自在波羅蜜多[30]를 얻어서 일체유정을 짊어지고, 그들의 청하지 않은 벗이 된다.[31]

일체 여래의 법장法藏을 잘 받아 지니고,[32] 일체의 불종佛種을 이어 끊지 않는 곳에 편히 머물러서, 유정들을 가엾게 여겨 그들의 법안法眼을 잘 열어주고, 모든 악취惡趣의 문을 닫고 모든 선취善趣의 문을 열어주며, 널리 유정에 대하여 부모·형제와 같다고 생각하거나 자신과 같다고 생각하고, 일체 찬탄공덕바라밀다一切讚歎功德波羅蜜多를 증득하여 여래의 일체 공덕 찬탄하는 법[33]과 그 외의 모든 공덕 찬탄하는 법을 잘 알고 있다.

이와 같이 무량무변한 보살마하살의 대중이 모두 와서 법회에 모였다.[34]

제2품 아난존자의 청법

이때 아난존자가 자리에서 일어나 의복을 가지런히 하고 나서, 오른 어깨를 드러내고 오른 무릎을 땅에 꿇어 합장하며 부처님께 여쭈었다.

"큰 덕을 갖추신 세존이시여! 오늘 여래의 신체의 모양과 모든 감관이 모두 청정하고, 여래의 위신력威神力의 광명光明이 혁혁하게 빛남은 금金 무더기를 녹인 것과 같으며, 또한 밝은 거울에 햇빛이 응축되어 눈부시게 반사됨과 같은 장엄은 제가 일찍이 보지 못하였기에 매우 기쁘게 우러러보며 희유한 마음이 생겼나이다. 세존께서는 지금 대적정大寂定 삼매행三昧行35)에 드시어, 여래의 행行36)을 모두 원만히 갖추시고, 대장부大丈夫37)의 행行을 훌륭하게 세워 보이시며, 과거·현재·미래의 모든 부처님을 생각하시는 것이옵니까? 세존께서는 무슨 이유로 그러한 경계에 머물며 그러한 생각을 하시나이까?"

그때 부처님께서 아난존자에게 말씀하셨다.

"그대는 어떻게 나의 뜻을 알았는가? 모든 하늘 사람이 와서 그대에게 알려 주었는가? 아니면 그대가 나의 신체의 모습을 보고 스스로 판단하여 아는 것인가?"

이에 아난존자가 부처님께 말씀드렸다.

"세존이시여! 저는 여래의 광명의 상서祥瑞가 희유稀有하시기에 이와 같이 생각하게 된 것이며, 하늘 사람이 알려 준 것은 아니옵니다."

제3품 부처님의 설법 허락

부처님께서 아난존자에게 말씀하셨다.

"훌륭하고 훌륭하도다. 그대는 지금 정말 좋은 질문을 했도다. 그대는 매우 뛰어난 관찰력과 미묘한 변재를 갖추었기에 여래에게 그와 같은 뜻을 질문할 수 있는 것이로다. 그대는 일체 여래如來·응공應供·정등각正等覺과 대자비大慈悲에 편히 머물러서 모든 중생에게 이익을 줌이 우담발라 꽃같이 희유한 대사大士[38]가 세간에 나타남을 위하여 이러한 뜻을 질문한 것이고, 그대가 또한 일체중생을 가엾게 여겨서 그들에게 이익과 즐거움을 주려고 여래에게 이러한 뜻을 질문하였도다.

아난이여! 여래·응공·정등각은 중생에게 무량한 지견知見을 훌륭하게 열어 보이나니, 왜냐하면 여래의 지견에는 장애가 없기 때문이다.[39]

아난이여! 여래·응공·정등각은 세간에 머물고자 하면 식

사 마칠 시간에도 무량무수 백천 나유타 겁 동안 세간에 머물 수 있으며,[40] 만약 세간에 머무는 시간을 더 연장하더라도 여래의 신체와 모든 감관은 조금도 늘거나 줄지 않는다.[41] 왜냐하면 여래는 삼매의 자재함을 얻어서 대열반大涅槃의 피안에 도달하여 일체법에 가장 수승하게 자재할 수 있기 때문이다. 그러므로 아난이여! 주의 깊게 듣고 잘 생각하도록 하라. 내가 그대들을 위하여 분별하여 해설하겠노라."

아난존자가 부처님께 말씀드렸다.

"예, 그렇습니다. 세존이시여! 원컨대 즐겨 듣고자 하나이다."[42]

제4품 옛 부처님의 출세

이때 부처님께서 아난존자에게 말씀하셨다. 과거 무량 아승지겁 전에 부처님께서 세상에 출현하셨으니, 명호를 연등불燃燈佛이라 하였으며, 저 부처님께서 출세하신 무수겁 전에 고행불苦行佛께서 세상에 출현하셨고, 고행불苦行佛 전에 다시 부처님이 계셨으니 명호를 월면불月面佛이라 하였으며, 월면불

月面佛의 무수겁 전에는 전단향불旃檀香佛이 계셨고, 전단향불旃檀香佛 전에는 소미노적불蘇迷盧積佛이 계셨으며, 소미노적불蘇迷盧積佛 전에는 다시 묘고겁불妙高劫佛이 계셨고, 이와 같이 거듭하여 이구면불離垢面佛, 불염오불不染污佛, 용천불龍天佛, 산성왕불山聲王佛, 소미노적불蘇迷盧積佛, 금장불金藏佛, 조요광불照曜光佛, 광제불光帝佛, 대지종성불大地種姓佛, 광명치성유리금광불光明熾盛琉璃金光佛, 월상불月像佛, 개부화장엄광불開敷花莊嚴光佛, 묘해승각유희신통불妙海勝覺遊戲神通佛, 금강광불金剛光佛, 대아가타향광불大阿伽陀香光佛, 사리번뇌심불捨離煩惱心佛, 보증장불寶增長佛, 용맹적불勇猛積佛, 승적불勝積佛, 지대공덕법시신통불持大功德法施神通佛, 영폐일월광불映蔽日月光佛, 조요유리불照曜琉璃佛, 심각화불心覺花佛, 월광불月光佛, 일광불日光佛, 화영락색왕개부신통불花瓔珞色王開敷神通佛, 수월광불水月光佛, 파무명암불破無明暗佛, 진주산호개불眞珠珊瑚蓋佛, 저사불底沙佛, 승화불勝花佛, 법혜후불法慧吼佛, 사자후아안성불師子吼鵝鴈聲佛, 범음용후불梵音龍吼佛과 같은 부처님이 세상에 출현하셨고, 각 부처님 출세의 간격이 무수겁수였는데, 저 범음용후불梵音龍吼佛 출세 무앙수겁 전에 세주불世主佛께서 출세하셨고, 세주불世主佛 출세 무변겁 수 전에 부처님이 출세하셨으니, 명호를 세간자재왕世間自在王여래[43]·응공·정등각·명행원만·선서·세간해·무상장부·조어사·천인사·불세존이라 하였느니라.

제5품 법처 비구의 부처님 찬탄

아난이여! 저 부처님의 교법 가운데 한 비구가 있었으니, 그 이름을 법처法處[44]라 하였고, 그는 수승한 행원行願을 갖추고, 정념正念과 지혜智慧의 힘이 매우 뛰어났으며, 그 마음이 견고하여 동요가 없었고, 복과 지혜가 수승하고 상호가 단엄端嚴하였다.

아난이여! 저 법처 비구는 세간자재왕世間自在王 여래의 처소에 나아가서 오른 어깨를 드러내어 부처님 발에 절한 다음 부처님을 향하여 합장하고 게송으로 부처님을 찬탄하였다.

"여래의 무량무변한 광명은

일체 세간에서 비교될 광명이 없어서,

일체의 해와 달과 마니보배도

부처님의 위신 광명에 모두 그 빛 숨기네.

세존께선 한 음성으로 연설하지만

일체유정이 각기 근기 따라 이해케 하시고,

또 한 가지 미묘색신微妙色身을 보이지만

널리 중생에게 근기 따라 달리 보게 하시네.[45]

부처님의 계·정·혜·정진력과 다문多聞하심은[46]

일체유정 그 누구도 필적할 수 없으며,

부처님의 마음에서 흘러나온

깨달음과 지혜는 큰 바다와 같고,

세간·출세간의 매우 깊은 법을 철저하게 깨치셨네.

모든 미혹과 허물 다 소멸되었기에

세간에서 응당 공양받으시나니

이 같은 성덕聖德 갖추신 분은 오직 세존뿐이옵니다.

부처님의 수승하고 크나큰 위신 광명은

널리 시방의 무량한 찰토를 비추시니,

저는 지금 여래의 모든 공덕 찬탄하오며

복과 지혜가 여래와 같아지길 희구하나이다.

제가 일체 세간의 생로병사의

많은 고통과 번뇌를 구제하여

여래의 삼마지에 편히 머물게 하고

보시·지계·인욕·정진·선정·

지혜의 모든 법문을 연설함으로써

모두 성불케 하여 군생을 건지고자 하나이다.

제가 무상의 대보리를 구하기 위하여

시방의 모든 묘각妙覺께 공양올리되

그 수량이 백천 구지 나유타

항하의 모래알 수에 이르겠나이다.

또 원컨대 제가 크나큰 신통의 광명을 획득하여

백천만억 항하 모래알 수 불찰을 비추고,

더불어 무변하고 수승한 정진의 힘으로

광대 청정 수승한 찰토를 얻고자 하나이다.

이와 같이 가장 수승한 불찰 가운데서

군생이 편히 머물러 가없는 이익을 누리고,

시방의 가장 수승한 큰 보살들도

모두 저 국토에 왕생하여서는

모두 비할 수 없이 기뻐할 것입니다.

원하오니 성지聖智로써

저의 서원誓願 잘 아시는 부처님께서는,

지금 저의 서원의 힘을 견고케 하시어,

설령 제가 무간지옥에 들어가더라도

이와 같은 서원의 마음

끝내 물러나지 않게 되길 희구하옵니다.

일체 세간 무애지無礙智[47]께서는

응당 저의 이와 같은 발심發心[48]을

잘 알아주시길 오직 발원하나이다."

제6품 청정 불찰을 거두어들임

또 아난이여! 법처法處 비구는 세간자재왕 부처님의 공덕을 찬탄하고 나서 말씀드렸다.

"세존이시여! 제가 지금 아뇩다라삼먁삼보리 얻으려는 마음을 펼쳐서 오직 원하옵니다. 여래께서는 저를 위하여 이와 같은 법을 연설하시어 제가 세간에서 무등등無等等[49]의 크나큰 보리를 성취하고 청정 장엄한 불국토를 갖출 수 있도록 하여 주옵소서."

이에 세간자재왕 부처님은 법처 비구에게 말씀하셨다. "그대는 마땅히 스스로 청정한 불국토를 갖추게 될 것이니라."

이에 법처 비구가 부처님께 말씀드렸다.

"세존이시여! 제가 아직은 위신력이 없어서 청정 불국토 거두어들임을 감당할 수 없나이다. 오직 원하오니 여래께서는 다른 불국토의 청정 장엄을 말씀하여 주시어 저희들이 경청한 다음 스스로의 서원이 마땅히 원만 성취되도록 이끌어 주옵소서."

그때 세간자재왕 여래가 그를 위하여 널리 21억 청정 불국토의 만족하게 갖춘 장엄을 설하셨는데, 이 법을 설하실 동안 1억년이 경과되었다.

아난이여! 법처 비구는 21억 불국토의 모든 장엄과 청정한 일을 모두 거두어들였고, 이미 거두어들인 다음에는 5겁이 차도록 이를 사유하고 닦아 익혔다. 이때 아난존자가 부처님께 여쭈었다.

"저 세간자재왕여래의 수량壽量은 얼마나 되나이까?"

이에 세존께서 말씀하셨다.

"저 부처님의 수량壽量은 40겁이니라."

이어 부처님께서 말씀하셨다. 아난이여! 법처 비구가 저 21구지 불찰에서 거두어들인 불국토의 장엄공덕은 저 모든 불찰을 뛰어넘는 것이었다.[50] 법처 비구는 이미 그 모든 장엄공덕을 거두어들인 다음 세간자재왕 여래께 나아가 정례하고 오른쪽으로 일곱 번 부처님 주위를 돈 다음 한 쪽에 서서 세존께 말씀드렸다.

"저는 이미 공덕을 만족하게 갖춘 청정하고 장엄한 불국토를 거두어들였나이다."

이에 세간자재왕 부처님은 법처 비구에게 말씀하셨다.

"지금 그대가 마땅히 자세하게 말하여 중생을 환희하게 하고, 또한 대중으로 하여금 모두 원만한 불국토의 장엄을 거두어 받아들이도록 할 것이니라."

제7품 홍서弘誓를 펼침

이에 법처 비구가 부처님께 말씀드렸다.

"오직 원하오니 세존이시여! 대자비로 들어 주소서. 제가 지금 수승한 홍원弘願을 말씀드리고자 하나이다.

제가 무상보리를 증득할 때 국토에 지옥, 아귀, 축생의 악취가 있다면, 저는 끝내 무상정각을 얻지 않겠나이다.(제1 국무악취원國無惡趣願)

제가 부처될 때 국토의 중생이 삼악취에 떨어진다면, 저는 끝내 정각을 얻지 않겠나이다.(제2 불타악취원不墮惡趣願)

제가 부처될 때 국토의 유정이 만약 모두 똑같이 진금색眞金色의 몸을 갖추지 못한다면, 저는 정각을 얻지 않겠나이다. (제3 개득금신원皆得金身願)

제가 부처될 때 국토 유정의 생김새가 달라서 아름답거나 추한 차별이 있다면, 저는 정각을 얻지 않겠나이다.(제4 무유호추원無有好醜願)

제가 부처될 때 국토의 유정이 숙명통宿命通을 얻지 못하여 억 나유타 백천 겁 전의 일을 기억하여 알지 못한다면, 저는 정각을 얻지 않겠나이다.(제5 득숙명통원得宿命通願)

제가 부처될 때 국토의 유정이 만약 천안통天眼通이 없어서 억 나유타 백천 불국토까지 볼 수 없다면, 저는 정각을 얻지 않겠나이다.(제6 득천안통원得天眼通願)

제가 부처될 때 국토의 유정이 천이통天耳通을 획득하지 못하여 억 나유타 백천 유선나 밖의 부처님의 설법까지 다 듣지 못한다면, 저는 정각을 얻지 않겠나이다.(제7 득천이통원得天耳通願)

제가 부처될 때 국토의 유정이 타심통他心通이 없어서 억 나유타 백천 불국토의 유정의 마음을 다 알지 못한다면, 저는 정각을 얻지 않겠나이다.(제8 득타심통원得他心通願)

제가 부처될 때 국토의 유정이 신통자재바라밀다神通自在波羅密多를 획득하지 못하여 한 생각 사이에 억 나유타 백천 불찰을 뛰어넘지 못한다면, 저는 정각을 얻지 않겠나이다.(제9 득신족통원得神足通願)

제가 부처될 때 국토의 유정이 조금이라도 아我와 아소我所의 생각을 일으킨다면, 저는 무상보리를 얻지 않겠나이다.[51](제10 무유아집원無有我執願)

제가 부처될 때 국토의 유정이 만약 결정코 등정각等正覺을 성취하여 대열반大涅槃을 증득하지 못한다면, 저는 무상보리를 얻지 않겠나이다.[52](제11 결정성불원決定成佛願)

제가 부처될 때 만약 저의 광명이 유한하여 아래로 백천억 나유타 불찰에 이르기까지 모두 다 비추지 못한다면, 저는 무상보리를 얻지 않겠나이다.(제12 광명무량원光明無量願)

제가 부처될 때 저의 수명壽命이 유한하여 백천 구지 나유타 겁에 미치는 숫자로 헤아릴 수 있다면, 저는 무상보리를 얻지 않겠나이다.(제13 불수무량원佛壽無量願)

제가 부처될 때 국토의 성문聲聞의 수를 알 수 없을 것인데, 가사 삼천대천세계에 가득 찬 유정과 모든 연각이 백천 년 동안 지혜를 다하여 헤아려도 역시 알지 못할 것입니다.[53] 만약 그 수를 알 수 있다면, 저는 정각을 얻지 않겠나이다.(제14 성문무량원聲聞無量願)

제가 부처될 때 국토 유정의 수명壽命에 일정한 한계가 있다면, 저는 무상보리를 얻지 않겠나이다. 다만 수승한 원력으로 다른 국토에서 생을 받는 중생은 제외하나이다.(제15 유정수명무량원有情壽命無量願)

제가 부처될 때 국토의 중생에게 만약 조금이라도 좋지 않은 명칭이 있다면, 저는 정각을 얻지 않겠나이다.(제16 무불선명원無不善名願)

제가 부처될 때 저 무량한 찰토의 헤아릴 수 없는 모든 부처님께서 이구동성으로 저의 국토를 찬탄하지 않으신다면, 저는 정각을 얻지 않겠나이다.(제17 제불찬탄원諸佛讚歎願)

제가 무상정등각을 증득할 때 다른 불찰의 모든 유정이 저의 명호를 듣고서 자신의 선근을 마음 마음 회향하여 저의 국토에 왕생하기를 발원하거나 십념十念에 이르고서도[54] 저의 국토에 왕생하지 못한다면, 저는 무상보리를 얻지 않겠나이다. 다만 무간 악업을 지었거나 정법 및 많은 성인을 비방한 자는 제외하나이다.[55](제18 십념왕생원十念往生願)

제가 부처될 때 타방 찰토의 모든 중생이 보리심을 펼쳐서 저에 대하여 청정한 생각을 일으키고 다시 선근을 회향하여 극락에 왕생하고자 발원하면, 그 사람의 임종 시 저와 여러 비구 대중은 그 사람의 앞에 나타날 것입니다. 만약 그렇게 되지 않는다면, 저는 정각을 얻지 않겠나이다.[56](제19 임종접인원臨終接引願)

제가 부처될 때 무량한 국토의 중생이 저의 명호 설함을 듣고 자신의 모든 선근으로 극락왕생을 위하여 회향하고서도 왕생하지 못한다면, 저는 무상보리를 얻지 않겠나이다.[57](제20 대비섭수원大悲攝受願)

제가 부처될 때 국토의 보살들이 모두 32상을 성취하지 못한다면, 저는 무상보리를 얻지 않겠나이다.(제21 구족묘상원具足妙相願)

제가 부처될 때 저 국토의 보살들은 모두 무상보리를 향하여 일생보처一生補處[58]의 지위에 있을 것입니다. 다만 큰 원력을 품은 보살들이 무량 중생을 제도하기 위하여 예토穢土에 들어가서 정진精進의 갑옷을 입고 부지런히 중생에게 이익을 주어 대열반을 닦으며, 널리 모든 불국토에서 무량한 보살행을 행하고, 일체 모든 부처님 여래께 공양올리며, 항하 모래알 수 중생으로 하여금 안전하게 무상각無上覺에 머물게 하고, 그 중생들의 모든 수행이 종전보다 더욱 수승하게 하며, 보현행원普賢行願의 도道를 실행하여 출리出離를 얻게 하는 경우는 제외합니다. 만약 이와 같이 되지 않는다면, 저는 무상보리를 얻지 않겠나이다.[59](제22 일생보처원一生補處願)

제가 부처될 때 국토의 보살들은 매일 이른 아침에 타방의 무량 백천억 나유타 모든 부처님께 공양올리고, 부처[60]의 위신력으로 곧바로 식사 시간 전에 본국에 돌아올 것입니다. 만약 이렇게 되지 않는다면, 저는 무상보리를 얻지 않겠나이

다.(제23 공양제불원供養諸佛願)

제가 부처될 때 그 국토의 모든 보살대중은 필요한 갖가지 공양구供養具를 갖추어서 모든 부처님 계신 곳에 나아가 모든 선근을 심을 것이온데, 이와 같은 공양구의 색상과 종류가 원만하지 않는다면, 저는 무상보리를 얻지 않겠나이다.(제24 공구여의원供具如意願)

제가 부처될 때 국토의 보살이 설한 여러 가지 법요法要를 들은 이가 훌륭하게 일체지一切智[61]에 들어가지 못한다면, 저는 무상보리를 얻지 않겠나이다.(제25 선설불법원善說佛法願)

제가 부처될 때 저 국토에 왕생한 모든 보살들이 똑같이 나라연那羅延[62]의 견고한 힘을 갖추지 못한다면, 저는 정각을 얻지 않겠나이다.(제26 득금강신원得金剛身願)

제가 부처될 때 국토에 두루 갖춘 모든 장엄을 중생이 다 말할 수 없으며 내지 천안으로도 여러 가지 장엄의 종류, 모양, 색상 및 광채를 다 알지 못할 것입니다. 만약 이를 다 알고 모두 설명할 수 있다면, 저는 무상보리를 얻지 않겠나이다.(제27 장엄무진원莊嚴無盡願)

제가 부처될 때 국토에 무량한 색상을 갖추고 높이가 백천 유순인 무량한 보리수가 있는데, 보살들 중 선근이 하열한 사람이라도 이를 다 알지 못한다면, 저는 정각을 얻지 않겠나이다.(제28 무량색수원無量色樹願)

제가 부처될 때 국토의 중생이 경전을 독송하고 그 가르침을 받으며 연설을 들었음에도 수승한 변재辯才를 획득하지 못한다면, 저는 무상보리를 얻지 않겠나이다.(제29 득승변재원得勝辯才願)

제가 부처될 때 국토의 어떤 보살이라도 무한변재無限辯才를 성취하지 못한다면, 저는 무상보리를 얻지 않겠나이다.(제30 무변변재원無邊辯才願)

제가 부처될 때 국토의 광명이 청정하고 두루함이 비할 데가 없어서 무량무수 불가사의 모든 부처님 세계를 꿰뚫어 비춤이 마치 밝은 거울에 그 얼굴이 나타나는 것과 같을 것입니다. 만약 그와 같이 되지 않는다면, 저는 무상보리를 얻지 않겠나이다.[63](제31 철조제찰원徹照諸刹願)

제가 부처될 때 국토 안의 대지와 허공 가운데 무량한 종류의 미묘한 향香이 있고, 또한 갖가지 많은 보물로 이루어진 백천 나유타 수의 향로香爐가 있어서 그 사루어진 향기香氣가 널리 허공계를 가득 채우는데, 지극히 수승하고 인간세계와 하늘의 진귀한 보물을 뛰어넘는 이 향기가 여래와 보살대중을 받들 것입니다. 만약 이와 같이 되지 않는다면, 저는 무상보리를 얻지 않겠나이다.[64](제32 묘향보훈원妙香普薰願)

제가 부처될 때 두루한 시방의 무량무수 불가사의 무등 세계 중생의 무리가 부처[65]의 위신력威神力의 광명光明에 비추어지면, 몸과 마음이 안락하게 됨이 인간과 천상을 뛰어넘을 것입니다. 만약 이와 같이 되지 않다면, 저는 정각을 얻지 않겠나이다.(제33 촉광안락원觸光安樂願)[66]

제가 부처될 때 무량불가사의 무등세계 모든 불찰의 보살 무리가 저의 명호를 듣고서도 만약 이생離生[67]을 증득하지 못하거나 다라니陀羅尼[68]를 획득하지 못한다면, 저는 정각을 얻지 않겠나이다.(제34 득다라니원得陀羅尼願)

제가 부처될 때 널리 시방에 두루한 무량무수 불가사의 모든 불찰의 여인이 저의 명호를 듣고 청정한 믿음으로 보리심을 펼쳐서 여인의 몸을 싫어하였음에도 다음 세상에서 여인의 몸을 버리지 못하게 된다면, 저는 무상보리를 얻지 않겠나이다.(제35 문명전남원聞名轉男願)

제가 부처될 때 무량무수 불가사의 무등 불찰의 보살 대중이 저의 명호를 듣고 이미 이생법離生法[69]을 얻고서도 수승한 청정범행淸淨梵行을 닦지 않아서 가장 큰 보리에 도달하지 못한다면, 저는 정각을 얻지 않겠나이다.[70](제36 수범정행원修梵淨行願)

제가 부처될 때 널리 두루한 시방의 무량한 모든 불찰의 보살이 저의 명호를 듣고 모두 오체를 땅에 던져 저와 저의 국토에 정례하고, 청정한 마음으로 보살의 육도만행을 닦음에도 불구하고 모든 사람과 하늘 사람이 그 보살을 예경하지 않는다면, 저는 정각을 얻지 않겠나이다.(제37 인천경례원人天敬禮願)

제가 부처될 때 국토의 중생에게 필요한 의복이 중생의 생각 따라 바로 갖추어짐이 마치 부처님께서 '잘 왔도다. 비구여!'라고 말씀하시면 출가하고자 하는 비구의 몸에 자연스레 법복이 입혀지는 것과 같을 것입니다.[71] 만약 이와 같이 되지 않는다면, 저는 무상보리를 얻지 않겠나이다.(제38 묘의재체원妙衣在體願)

제가 부처될 때 모든 중생의 부류가 비로소 저의 국토에 왕생하고도 모두 필요한 물자物資를 만족하게 획득하지 못하거나, 마음의 청정淸淨과 안락安樂이 누진통漏盡通[72]을 얻은 모든 비구와 같지 않다면, 저는 무상보리를 얻지 않겠나이다.(제39 낙여누진원樂如漏盡願)

제가 부처될 때 국토의 군생이 모든 부처님 정토의 수승한 장엄을 보고자 하면, 보배 나무에 그 모든 장엄 나타남이 마치 밝은 거울에 얼굴이 나타는 것과 같을 것입니다. 만약 그렇지 않다면, 저는 무상보리를 얻지 않겠나이다.(제40 수현제찰원樹現諸刹願)

제가 부처될 때 다른 불찰의 중생이 저의 명호를 들은 때부터 무상보리를 얻을 때까지 모든 감관에 조금이라도 결함이 있거나 그 작용과 능력이 광대하지 못하다면, 저는 무상보리를 얻지 않겠나이다.(제41 제근무결원諸根無缺願)

제가 부처될 때 다른 불찰의 보살이 저의 명호를 듣고서도 만약 모두 수승한 삼마지를 표현한 글과 말을 잘 분별하지 못하여, 보살이 저 삼마지에 머물면서 한 찰라 말할 사이에 무량무수 불가사의 무등의 모든 부처님께 공양 올리지 못하거나 또한 현재의 몸으로 여섯 가지 삼마지를 증득하지 못한다

면, 저는 정각을 얻지 않겠나이다.(제42 득정선정원得淨禪定願)

제가 부처될 때 다른 불토의 모든 보살이 저의 명호를 듣고 목숨을 마친 후 부호富豪의 집에 태어나지 못한다면, 저는 정각을 얻지 않겠나이다.(제43 문명부귀원聞名富貴願)

제가 부처될 때 다른 불찰의 보살이 저의 명호를 듣고서도 만약 즉시 광대한 보살행을 닦으면서 청정하고 환희로운 마음으로 평등주平等住[73]를 획득하여 모든 선근을 다 갖추지 못한다면, 저는 정각을 얻지 않겠나이다.(제44 증상선근원增上善根願)

제가 부처될 때 타방의 보살이 저의 명호를 듣고 모두 평등 삼마지문三摩地門을 얻어서 이 정定 가운데서 언제나 무량 무등의 모든 부처님께 공양 올리고 끝내 무상보리에서 퇴전하지 않게 될 것입니다. 만약 그와 같이 되지 않는다면 저는 정각을 얻지 않겠나이다.(제45 득삼마지원得三摩地願)

제가 부처될 때 국토의 보살이 자신의 뜻과 원에 따라 듣고자 하는 법문을 자연스레 들을 것입니다. 만약 이와 같이 되지 않는다면, 저는 정각을 얻지 않겠나이다.(제46 수원문법원隨願聞法願)

제가 무상보리를 증득할 때 다른 불찰의 보살이 저의 명호를 듣고서도 아뇩다라삼먁삼보리에서 퇴전한다면 저는 정각을 얻지 않겠나이다.(제47 문명불퇴원聞名不退願)

제가 부처될 때 다른 불국토의 보살이 저의 명호를 듣고서 곧바로 1, 2, 3인忍[74]을 획득하지 못하거나 현재의 몸으로 모든 불법佛法에 대하여 불퇴전不退轉을 증득하지 못한다면, 저는 무상보리를 얻지 않겠나이다.(제48 문명득인원聞名得忍願)"

라고 서원하였다.[75]

제8품 게송으로 서원의 요체를 사룀

이때 부처님께서 아난존자에게 말씀하셨다. 저 법처 비구는 세간자재왕 여래 앞에서 이 48대원을 일으킨 다음 부처님의 위신력을 받아 게송으로 사뢰었다.

제가 지금 여래 앞에서 홍원을 일으켰사오니

장차 무상보리를 증득할 때

만약 위의 모든 서원을 만족히 갖추지 못한다면,

십력十力[76]을 갖춘 무등존無等尊이 되지 않겠나이다.

마음에 항상 베풀어 널리 빈궁한 이들 구제하여

모든 고통을 면하게 함으로써,

세간에 이익을 주어 안락케 하지 못한다면,

구세의 법왕이 되지 않겠나이다.

제가 무상보리를 증득하고 도량에 앉아 있을 때

저의 명호가 널리 시방세계 무량무변 다른 불찰에

들리지 않는다면 십력十力을 갖춘 세존이 되지 않겠나이다.

무상의 대보리를 향하여 나아감에

언제나 청정한 출가의 모습을 유지할 것이며,

만약 세간의 오욕경계를 구하여

선정과 지혜의 수행에서 물러난다면,

조어장부調御丈夫, 천인사天人師가 되지 않겠나이다.

원하오니 제가 여래의 무량광을 획득하여

널리 시방의 모든 불국토를 비추어서

일체의 탐·진·치를 소멸하고

또한 세간의 모든 악취를 끊어지이다.

원하오니 저의 광명으로

중생에게 청정한 지혜의 안목을 열어 주고,

삼유三有[77]의 무명 암흑을 깨트리며,

모든 어려움 소멸시켜 남음이 없게 하여,

제가 끝내 하늘과 사람 가운데서 큰 위신덕威神德을 갖춘

불타佛陀의 과위果位에 편히 머물러지이다.

원하오니 제가 본지本地의 보살행을 닦고 익혀서

청정원만淸淨圓滿을 얻은 다음

무량 수승한 위신광명威神光明을 획득하게 되면,

해와 달과 모든 하늘의 마니주 및 화염의 광명이

모두 저의 광명에 가리어지이다.

가장 수승한 대장부의 수행을 원만히 한 후에는

빈궁한 중생의 다함 없는 보배의 곳간이 되고,

일체의 선법善法을 원만히 함에 필적할 이 없으며,

인천人天 대중 가운데서 사자후를 하여지이다.

제가 오랜 과거에 자연지自然智[78]께 공양 올리고,

많은 겁 동안 부지런히 모든 고행 닦음은

오직 가장 수승한 모든 지혜 쌓고

본원本願을 가득 채워서

하늘과 사람의 존경을 받고자 함입니다.

여래의 지견은 걸림 없어서 일체 유위법을 모두 잘 아시기에

원하오니 제가 비할 데 없는 가장 수승한 지혜 갖춘

참다운 도사導師가 되어지이다.

제가 장차 가장 큰 보리를 증득하여

이와 같은 큰 서원을 정말 원만히 성취하게 되면,

삼천대천세계가 진동하고

하늘 중생 모두가 허공에 꽃비 뿌리길 원하옵니다.

라고 하였다.

이때 대지는 함께 진동하고 하늘 꽃과 하늘 북소리가 허공에 가득하며 전단향과 말향이 함께 내려 법처 비구가 장래에 반드시 부처됨을 노래하였다.

제9품 법처비구의 보살행 닦음

부처님께서 아난존자에게 말씀하셨다.

"저 법처 비구는 세간자재왕 여래와 모든 하늘 사람·마군의 부류·범천·사문·바라문 등 대중 앞에서 광대하게 이와 같은 홍서弘誓의 대원大願을 펼쳤나니, 이 모든 서원들은 일

체 세간에서 가장 희유稀有한 발원이었느니라.

법처 비구는 이 모든 서원을 펼친 다음 진실眞實을 다하여 갖가지 공덕 닦아 지님에 편히 머물러서 장엄莊嚴과 위신덕威神德이 광대한 청정 불국토를 만족하게 갖추고자 하였다.

이와 같은 보살행을 닦아 익힐 때, 무량무수 불가사의 백천억 나유타 겁이 경과하였는데, 법처 보살은 애초부터 탐·진·치와 남을 해치려는 생각이 없었고, 물질·소리·냄새·맛·촉감에 대한 분별심이 전혀 없었다. 모든 중생을 대함에 언제나 아끼고 존경함이 가족과 같았고, 성품이 온화하여 다른 사람들이 함께 있기 쉬웠다. 어떤 사람이 찾아와서 어떤 요구를 하든 그 뜻을 거스르지 않았으며, 그에게 좋은 말로 타이르고, 남의 말을 경청하지 않은 적이 없었으며, 생활에 필요한 물품과 음식은 근근이 목숨을 유지하는 정도였고, 적은 것으로 만족을 삼고 언제나 청허淸虛와 고요를 즐겼으며, 천부적 식견이 총명하였고, 교만하거나 허망하지 않았으며, 그 성품이 조화롭고 유순柔順하여 거칠거나 포악하지 않았고, 모든 유정에게 언제나 대자비를 품고 갖가지 어려움을 잘 인내하였으며,[79] 마음에 속임과 아첨이 없었고 게으름 또한 없었다.

훌륭한 말로 중생을 경책하여 모든 백법白法을 구하게 하고, 널리 군생群生에게 이익을 주기 위하여 용맹스럽게 정진하여 물러나지 않았으며, 세간의 무량 중생에게 이익을 주어 대원大願을 원만히 실천하고, 스승과 연장자를 받들어 공양하며, 불법승 삼보를 공경하였느니라.

언제나 정진의 갑옷과 투구로 무장하고 보살의 육도만행을 닦아 나아갔으며, 고요한 곳에 머물기를 좋아하고 마음속에 모든 오염과 집착을 떠났으며, 중생으로 하여금 언제나 백법白法을 닦도록 하고, 일체의 선법善法을 닦아 나아감에 솔선수범하였다.

법처보살은 공空·무상無相·무원無願의 해탈삼매解脫三昧와 무작무생無作無生·불기불멸不起不滅의 경계에 머물되 교만한 마음이 없었고, 저 정사正士가 보살도를 행하여 지닐 때 언제나 말을 조심하여 말로써 타인과 자신을 해롭게 하지 않았으며, 언제나 훌륭한 언행으로 자신과 남을 이롭게 하였고, 만약 왕궁과 번화한 시가지 및 모든 촌락에 들어가서 비록 알록달록한 많은 것을 보더라도 마음이 조금도 물들지 않고 청정한 마음 그대로여서 탐애하거나 성내지 않았다.[80]

법처 보살이 이렇게 보살행을 닦을 때 스스로 보시바라밀을 닦고 남에게도 닦게 하였으며, 지계바라밀 내지 반야바라밀도 앞과 같이 스스로 닦고 남에게도 닦게 함의 두 가지 행을 모두 원만하게 하였다.

법처 보살은 이 모든 선근 인연을 성취한 연유로 태어나는 곳마다 무량 억 나유타 백천의 복장伏藏[81]이 자연스럽게 솟아났으며, 또한 무량무수 불가사의 무등 무변의 모든 중생 부류로 하여금 아뇩다라삼먁삼보리에 편히 머물게 하였고, 이와 같이 무변한 모든 보살대중이 훌륭한 묘행妙行을 일으켜서 모든 세존을 받들어 모시고 공양 올림으로부터 성불함에 이르기까지 그 모든 선행善行의 수량과 종류는 언어로 다 표현할 수 없으며 분별의 생각으로도 알 수 없다.

법처 보살은 이 기간 중에 혹은 전륜성왕·제석천왕·소염마천왕[82]·도솔타천왕·선화천왕[83]·타화자재천왕·대범천왕으로 나타나서 모든 부처님께 공양올리고 받들어 모셨으며, 모든 부처님께 법륜 굴려주실 것을 권청하였다.

또 저 보살이 염부제閻浮提[84]의 국왕, 모든 장자長子, 재관宰官, 바라문波羅門, 찰제리刹帝利 등 모든 종성種姓으로 나타난

때에도 모두 일체의 부처님을 존중·공양하고, 부처님께 권청하여 부처님께서 모든 중생을 위하여 무량한 법문을 연설하시게 하여 중생이 법문 듣고 영원히 번뇌의 세간世間을 버리고 무상각無上覺을 성취하게 하였다.

저 보살은 일체 여래께 최상의 미묘한 의복, 침구, 음식, 의약을 목숨이 다하도록 공양 올려 안락하게 머물게 하였나니, 이와 같은 갖가지 원만圓滿한 선근은 언어로 다 설명할 수 없느니라.

법처보살의 입에서는 언제나 미묘한 전단향栴檀香이 흘러나와서 널리 무량무수 내지 억 나유타 백천 세계에 이르도록 퍼졌으며, 또한 법처보살 신체의 모든 모공毛孔에서는 인간세계와 하늘의 가장 미묘한 우발라화를 훨씬 뛰어넘는 향기가 뿜어져 나왔고, 저 보살은 태어나는 곳마다 상호가 단엄端嚴하고 신체의 모습이 수승·원만하였다.

또한 모든 자구資具의 자재바라밀다自在波羅蜜多를 얻어서 일체의 의복衣服과 장식裝飾 및 수용受用이 두루 원만하여 조금도 결핍되지 않았다. 말하자면 모든 보물, 미묘한 향, 아름다운 꽃, 깃발, 산개傘蓋, 가장 미묘한 의복, 음식, 탕약湯藥,

모든 복장伏藏, 진귀한 노리개 등 필요한 것들이 모두 보살의 손바닥에서 자연스럽게 흘러나왔으며, 신체의 모든 모공毛孔에서는 일체 사람과 하늘 음악이 흘러나왔나니, 이와 같은 인연으로 말미암아 능히 무량무수 불가사의 모든 중생으로 하여금 아뇩다라삼먁삼보리에 편히 머물게 하였다.

아난이여! 나는 지금 법처 보살이 본지本地에서 닦은 수행을 설하여 마쳤느니라.[85]"

제10품 성불한 때와 국토

그때 아난존자가 부처님께 여쭈었다.

"세존이시여! 저 법처 보살의 무상보리 성취는 과거의 일입니까? 미래의 일입니까, 현재 타방세계의 일입니까?"

이에 부처님께서 아난존자에게 말씀하셨다.

"여기에서 서쪽으로 십 만억 불찰을 지난 곳에 한 세계가 있으니, 이를 '극락'이라 이름한다. 법처 비구는 그곳에서 부처를 이루어서 명호를 '무량수불無量壽佛'[86]라고 하며, 지금 설법하고 계시고, 무량한 보살과 성문 대중이 무량수불無量壽佛을 공경하며 둘러싸고 있느니라.

제11품 아미타불의 무량 광명

아난이여! 저 부처님의 광명은 널리 무량무수 불가사의 불찰을 비추는데, 내가 지금 간략하게 말하자면, 그 광명이 동방의 항하 모래알 수와 같은 국토를 비추고, 남·서·북방·사유·상하의 항하 모래알 수와 같은 국토도 마찬가지로 비추느니라. 다만 이 모든 부처님께서 본원의 위신력으로 가지加持하여 각기 비추는 경우는 제외하는데, 이 모든 부처님의 광명은 혹은 일심一尋[87]인 것도 있고, 혹은 일유순 내지 억 나유타 백천 유순 광명인 경우도 있으며, 혹은 널리 불찰을 비추는 경우도 있다.

아난이여! 이와 같은 뜻으로 말미암아 무량수불無量壽佛은 또한 다른 이름으로 무량광불無量光佛, 무변광불無邊光佛, 무착광불無著光佛, 무애광불無礙光佛, 광조왕단엄광불光照王端嚴光佛, 애광불愛光佛, 희광불喜光佛, 가관광불可觀光佛, 부사의광불不思議光佛, 무등광불無等光佛, 불가칭량광불不可稱量光佛,

영폐일광불映蔽日光佛, 영폐월광불映蔽月光佛, 엄탈일월광불掩奪日月光佛이라고도 말하느니라.

저 부처님의 광명은 청정광대淸淨廣大하여 널리 중생의 몸과 마음을 기쁘고 즐겁게 하고, 또한 일체 다른 불찰의 하늘 사람, 용, 야차, 아수라 등을 모두 환희하게 한다.

아난이여! 내가 지금 저 아미타불의 광명을 대략 펼쳐 설명하였는데, 만약 상세하게 말하자면 일대겁一大劫을 채운다 하더라도 다할 수 없느니라.

제12품 극락의 무량한 성중

또한 아난이여! 저 무량수여래 국토의 모든 성문 대중은 셀수 없어서 그 끝을 알 수 없나니, 가사 억 나유타 백천 수량을 가득 채울 정도로 많은 비구가 모두 대목건련과 같이 이른 아침에 대천세계를 두루 거쳐 잠깐 사이에 본래 있던 곳으로 되돌아 올 정도의 신통자재를 갖추어서 그들이 억 나유타 백천 년이 지나도록 함께 힘을 합하여 무량수불의 첫 법회의 모든 성문의 수를 헤아림에 있어서 신통력을 다하고 내지 멸도滅度에 이르더라도 백분의 일도 알 수 없음은 물론 천분, 백천분 내지 오파니살담분[88]의 일도 역시 알 수 없느니라.

아난이여! 비유하자면 팔만사천 유순 깊이의 큰 바닷물 끝까지 눈으로 다 볼 수 없는 것과 같다. 만약 사람이 털끝을 5등분하여 그중 하나를 큰 바다에 적셔서 물방울을 취한다고 하자. 아난이여! 저 물방울과 큰 바다의 물 중 어느 것이 많겠느냐?"

아난존자가 부처님께 말씀드렸다.

"가사 천 유순의 물을 취하더라도 오히려 큰 바다의 물 보다 적을 것인데, 하물며 털끝 일부분에 적셔진 물과 비교할 수 있겠습니까?"

부처님께서 아난존자에게 말씀하셨다.

"가사 억 나유타 백천 수량이 넘도록 많은 비구가 모두 대목건련과 같은 신통자재를 갖추어서 백천 나유타의 해가 지나도록 모두 힘을 모아 저 무량수여래의 첫 법회의 성문의 수를 헤아리더라도, 그 알 수 있는 것은 저 털끝 일부에 적셔진 물과 같고, 나머지 헤아리지 못한 것은 큰 바닷의 물과 같다. 극락의 모든 보살마하살의 대중도 이와 마찬가지여서 숫자로 헤아려서 알 수 있는 것이 아니니라.

제13품 부처님과 중생의 수명 무량

아난이여! 저 부처님의 수명壽命은 무량무변無量無邊하여 그 겁수劫數의 많고 적음을 알 수 없으며, 극락의 성문, 보살, 모든 하늘 사람 및 사람의 수명도 이와 같느니라.

아난존자가 부처님께 여쭈었다.

"세존이시여! 저 부처님의 출세하심이 지금까지 얼마나 되었기에 이와 같이 무량한 수명을 얻었습니까?"

부처님께서 아난존자에게 말씀하셨다.

"저 부처님께서 극락에서 생生을 받으신 지는 지금까지 열 겁이 되었느니라."

제14품 극락세계의 청정장엄

또 아난이여! 저 극락세계에는 무량한 공덕功德과 장엄莊嚴이 만족하게 갖추어져 있나니, 국토에 만물이 풍족하고, 하늘 사람이 충만하며, 서로 간의 뜻이 조화되어 언제나 안온하고, 지옥·축생·아귀세계가 없으며, 갖가지 향기가 국토에 널리 널리 가득하고, 갖가지 미묘한 꽃 또한 모든 곳에 충만하며, 칠보 깃대가 두루 줄지어 서 있고, 칠보 깃대 위에는 많은 번개幡蓋[89]와 많은 보배 방울이 달려 있으며, 이들은 백천 가지 미묘한 여러 가지 색상을 만족하게 갖추었느니라.

제15품 보배나무의 장엄

아난이여! 저 여래의 국토에는 많은 보배나무가 있는데, 혹은 순황금·백은·유리·파려·적주·마노·옥으로 된 나무들은 오직 한 가지 보물로만 이루어져서 다른 보물은 섞이지 않았고, 혹은 두 가지 내지 일곱 가지 보물로 함께 장엄된 나무도 있느니라.

아난이여! 저 황금 나무는 뿌리와 줄기가 황금으로 되어 있고, 잎과 꽃 및 열매는 백은으로 되어 있으며, 백은 나무는 뿌리와 줄기가 백은으로 되어 있고, 잎과 꽃 및 열매는 황금으로 되어 있으며, 마노 나무는 뿌리와 줄기가 마노로 되어 있고, 잎과 꽃 및 열매는 미옥美玉으로 되어 있으며, 미옥나무는 뿌리와 줄기가 미옥으로 되어 있고, 잎과 모든 꽃 및 열매는 칠보로 되어 있다.

　혹은 황금 나무는 뿌리가 황금으로 되어 있고, 줄기는 백은으로 되어 있으며, 큰 가지는 유리로 되어 있고, 잔가지는 파려로 되어 있으며, 잎은 적주赤珠로 되어 있고, 꽃은 마노로 되어 있으며, 열매는 미옥으로 되어 있다. 혹은 백은 나무는 뿌리가 백은으로 되어 있고, 줄기는 황금으로 되어 있으며 그밖에 큰 가지, 열매 등은 황금 나무와 같이 장식되어 있고, 유리 나무는 뿌리가 유리로 되어 있고, 줄기는 황금으로 되어 있으며, 큰 가지는 백은으로 되어 있고, 잔가지는 파려로 되어 있으며, 잎은 적주로 되어 있고, 꽃은 마노로 되어 있으며, 열매는 미옥으로 되어 있고, 파려·진주·마노 등의 나무에 장식된 모든 보물은 모두 유리 나무와 같다. 또한 다른 미옥 나무가 있어서, 뿌리는 미옥으로 되어 있고, 줄기는 황금으로 되어 있으며, 큰 가지는 백은으로 되어 있고, 잔가지는 유리로 되어 있으며, 잎은 파려로 되어 있고, 꽃은 적주赤珠로 되어 있으며, 열매는 마노로 되어 있다. 그 밖에도 무량한 마니주 등 보물로 장엄된 나무들이 그 국토에 두루 펼쳐져 있고, 이러한 모든 보배 나무의 눈부신 광명은 세간에서 비교될 것이 없고, 칠보의 그물이 보배나무 위를 덮고 있으며, 그물은 부드럽기가 도라면兜羅綿[90] 과 같느니라.

제16품 아미타불의 보리수

또한 아난이여! 무량수불에게는 보리수가 있나니, 높이는 16억 유순이며, 가지와 잎들이 8억 유순 드리워 펼쳐져 있고, 나무의 밑동이 지면에서 5천 유순 융기되어 있으며, 밑동의 둘레는 5천 유순에 이르고, 작은 가지·잎·꽃·열매는 언제나 무량 백천 가지 미묘한 색상을 띤 모든 진귀하고 수승한 보물로 장엄되어 있느니라.

말하자면 보리수에 장식된 월광마니보·석가비릉가보·심왕마니보·해승유주마니보가 인간과 천상의 일체의 광명을 뛰어넘어 널리 눈부시게 비추고, 나무 위에는 진귀한 영락瓔珞으로 이루어진 금사슬이 드리워져 두루 장엄되어 있나니, 말하자면 그 영락瓔珞은 노차가보·말차보 및 붉은색·흰색·푸른색의 진주 등 보물로 이루어져 있고, 또한 사자운취보師子雲聚寶 등으로 이루어진 사슬로 장식된 많은 보배 기둥이 있으며, 또한 보배 기둥 위에는 순금·진주 및 여러 가지 보물로 이루어진 보배 방울 달린 그물이 덮여 있고, 다시 그물위에는 장엄한 보배 사슬이 덮여 있으며, 이와 더불어 파리만자婆梨萬字와 반월半月 보배 등이 서로 비추어 장식한다. 이렇게 진귀한 보물로 장식된 보리수에 산들바람이 불어오면 갖가지 소리가 흘러나와 이 소리를 듣는 천세계千世界의 모든 중생으로 하여금 매우 깊은 법에 대한 근기와 취향에 따라 무생법인無生法忍[91]을 증득하게 하느니라.

아난이여! 저 천세계千世界의 모든 유정들이 이 소리를 들으면 무상보리無上菩提에서 퇴전하지 않는 지위에 머무르게 되고, 또한 무량무수의 유정이 무생법인을 얻느니라.

또한 아난이여! 만약 중생이 보리수를 보고 미묘한 소리를 듣거나, 신이神異한 향을 맡고 열매를 맛보며, 그 광명과 그림자에 접촉되어 보리수의 공덕을 생각하면 이와 같은 인연으로 곧 열반涅槃을 얻고, 다섯 가지 감관에 고환苦患이 없고, 마음에 산란散亂이 없나니, 이 모든 것들은 중생으로 하여금 아뇩다라삼먁삼보리에서 물러나지 않게 하느니라.[92]

또한 중생이 이 보리수를 봄으로 말미암아 세 가지 인忍을 얻나니, 어떤 것이 세 가지 인忍인가? 첫째는 수성인隨聲忍[93] 이요, 둘째는 수순인隨順忍[94]이며, 셋째는 무생법인無生法忍이 니라.

이 모두는 무량수불의 본원력과 위신력에 의하여 나타난 가피와 과거에 정려靜慮[95] 닦음에 의한 것이니, 아미타불의 발 원은 비유할 수 없기 때문이며, 모자라거나 감소하지 않기 때 문이고, 가장 훌륭하게 이를 닦아 익혔기 때문이며, 가장 훌 륭하게 이를 거두어들였기 때문이고, 가장 훌륭하게 이를 성 취하였기 때문이니라.

제17품 극락의 땅은 평평하고 산이 없음

또한 아난이여! 저 극락세계에는 모든 흑산, 철위산, 대철 위산, 묘고산 등이 없느니라. 아난존자가 부처님께 여쭈었다.

"세존이시여! 극락세계에 이미 그와 같은 산이 없다면, 사천 왕천과 33천은 무엇에 의지하여 존립하나이까?"

부처님께서 아난존자에게 물으셨다.

"그대는 어떻게 생각하는가? 묘고산 위에 야마천 내지 타화자재천 및 색계의 모든 하늘이 있는데, 이들은 무엇에 의지하여 존립하겠는가?"

아난존자가 부처님께 말씀드렸다.

"세존이시여! 불가사의不可思議 업력業力의 소치라고 생각합니다."

다시 부처님께서 아난존자에게 물으셨다.

"그대는 불가사의 업력을 아는가?"

아난존자가 말씀드렸다. "모르겠습니다."

부처님께서 다시 아난존자에게 물으셨다.

"그대는 모든 부처님과 중생의 선근업력善根業力을 아는가?"

아난존자가 대답하였다.

"모르겠나이다."

"세존이시여! 저는 이 법 가운데 정말 의혹疑惑이 없지만 미래 중생의 의혹의 그물을 깨트리기 위하여 이렇게 질문하는 것입니다."[96]

제18품 강물의 미묘한 음성

부처님께서 아난존자에게 말씀하셨다.

저 극락세계에는 바다가 없고 강이 많이 있느니라. 좁은 강의 폭은 10유순이며, 얕은 물의 깊이는 12유순인데, 이렇게 많은 강의 깊이와 넓이는 20, 30 유순 내지 100유순에 이르며, 지극히 깊고 넓은 강은 1, 000유순에 이른다. 강물은 맑고 시원함 등 여덟 가지 공덕[97]을 갖추었고, 깊은 강물은 세차게 굽이쳐서 미묘한 소리를 내는데, 비유하자면 모든 하늘세계의 백천 가지 악기가 연주하는 음악이 안락세계에 널리 들리는 것과 같다.

강변에 이름난 꽃들이 피어 강물 따라 흘러가고, 강물에 산들바람이 불어오면 갖가지 향이 퍼져 나가며, 양쪽 강변에 수많은 전단수栴檀樹가 있어서 훤칠한 가지들과 빽빽한 잎들이 서로 교차되어 강을 뒤덮고, 전단수의 꽃이 피고 열매가 맺혀서 짙은 향과 눈 부신 빛은 즐기기에 좋으니라.

군생은 언제나 강변을 노닐며 즐기고 자유로이 왕래하며, 혹은 강에 들어가서 미역을 감거나 헤엄치고 장난치며 즐긴다. 극락의 중생은 모든 하늘의 물이 하늘 사람의 뜻을 가장 잘 따르는 것과 같은 복을 감득하여 강물의 깊고 얕음, 차고 따뜻함은 모두 극락 중생의 기호에 따른다.

아난이여! 큰 강의 바닥에는 순금모래가 깔려 있고, 세간에서 비유할 수 없는 모든 하늘의 향이 바람 따라 흩날려 강물에 스며들어 강물도 향기를 머금고 흐르며, 강물 위에는 하늘의 만다라화·우발라화·파두마화·구물두화·분타리화[98]로 덮여 있다.

또 아난이여! 저 국토의 중생이 혹은 강가에 모여 유람할 때 강이 세차게 흐르는 소리를 듣지 않고자 한다면, 비록 그가 천이통을 얻었더라도 끝내 어떠한 소리도 듣지 않으며, 혹은 강물 흐르는 소리를 듣고자 하면 즉시에 백 천만 가지 기쁘고 즐거운 소리를 들을 수 있느니라.

소위 불법승佛法僧의 음성, 지식止息의 음성,[99] 무성無性의 음성, 바라밀波羅蜜의 음성,[100] 십력十力 사무소외四無所畏의 음성, 신통神通의 음성,[101] 무작無作의 음성, 무생무멸無生無滅의 음성,[102] 적정寂靜의 음성, 변적정邊寂靜의 음성, 극적정極寂靜의 음성,[103] 대자대비大慈大悲의 음성, 무생법인無生法忍의 음성,[104] 관정수위灌頂受位의 음성 등과 같은 갖가지 음성을 [105)106)] 듣고 나면 광대한 즐거움과 환희를 획득하게 되며, 나아가 관찰觀察과 상응하게 되고, 염리厭離와 상응하게 되며, 멸괴滅壞와 상응하게 되고, 적정寂靜과 상응하게 되며, 변적정邊寂靜과 상응하게 되고, 극적정極寂靜과 상응하게 되며, 의미義味와 상응하게 되고, 불법승佛法僧과 상응하게 되며, 십력十力 사무소외四無所畏와 상응하게 되고, 신통神通과 상응하게 되며, 지식止息과 상응하게 되고, 보리菩提와 상응하게 되며, 성문聲聞과 상응하게 되고, 열반涅槃과 상응하게 되느니라.

제19품 나쁜 이름조차 들을 수 없음

또 아난이여! 저 극락세계에서는 모든 악취惡趣의 이름을 들을 수 없나니, 장애와 번뇌로 뒤덮인 이름이 없으며, 지옥·아귀·축생의 이름이 없고, 팔난八難[107]의 이름이 없으며, 괴로운 것(苦受)과 괴롭지도 즐겁지도 않은 것(不苦不樂受)이란 이름이 없고, 이러한 것들을 임시로 설정한 것조차 없는데 하물며 실지로 그런 것이 있겠는가! 그러므로 저 국토를 '극락極

樂'이라 이름하느니라.

아난이여! 내가 지금 대략 극락세계의 무량한 공덕과 장엄을 말했나니, 자세하게 말하자면 겁이 다하여도 마칠 수 없느니라.

제20품 장엄과 법락의 자연스런 수용

또한 아난이여! 저 극락세계의 중생이 이미 왕생했거나, 지금 왕생하거나, 앞으로 왕생하는 모든 이들은 많은 미묘한 모양의 몸을 갖추고, 외모가 단정하며, 신통神通이 자재自在하고, 복력福力을 만족하게 갖추며, 갖가지 궁전, 정원, 숲, 의복, 음식, 향화香華, 영락瓔珞을 필요하다고 생각하는 그대로 얻을 수 있다. 비유하자면 타화자재천의 모든 하늘 사람이 생각하는 그대로 필요한 것을 얻는 것과 같도다.

또한 아난이여! 저 불국토에서는 미세식微細食을 하는데, 이는 모든 유정들이 일찍이 맛보지 못했던 것으로서 욕계 제6천에서와 같이 먹고자 하는 생각을 내면 생각한 대로 바로 먹을 수 있고, 먹은 후에는 신체의 힘이 증장되고 대·소변을

보는 일이 없다.[108]

　다시 무량한 여의묘향·도향·말향이 있어서 그 향기가 널리 저 불국세계에 널리 퍼져 있고, 또한 대지에 뿌려진 꽃들, 보배 깃발과 번개幡蓋에도 모두 향기가 가득하다. 향기를 맡고자 하면 바로 맡을 수 있고, 맡기를 원치 않으면 끝내 어떤 향도 맡지 않는다. 또한 무량한 최상의 미묘한 의복, 보배 관冠, 팔찌, 귀걸이, 목걸이, 꽃다발, 허리 띠 등 모든 보배 장엄들이 무량한 광명을 뿜어 백천 가지 미묘한 색상을 모두 만족하게 갖춤으로써 저 국토 중생의 몸을 자연스럽게 장엄한다.

　또한 금·은·진주 등의 미묘한 보물로 이루어진 그물과 그물에 달린 많은 보배 방울이 저 국토를 두루 장엄하고, 만약 모든 유정이 궁전과 누각 등을 필요로 하면, 그들이 좋아하는 바에 따라 궁전 등은 길고 짧음, 넓고 좁음, 둥글고 모남 등 여러 모양으로 나타나고, 그곳에 마련된 모든 평상과 좌석 위에는 좌복이 깔려 있으며, 또한 궁전은 갖가지 보물로 장엄되어 중생 앞에 자연스럽게 나타나므로 사람들은 모두 스스로 그 궁전에 머문다고 말하느니라.

제21품 육천과 같은 법락 누림

또한 아난이여! 극락국토의 중생은 모두 차별상이 없지만, 다만 다른 국토의 관습에 따라 하늘 사람과 사람의 명칭이 있을 뿐이니라.

아난이여! 비유하자면 남근男根이 손상損傷된 비천한 사람이 전륜왕과 비유될 수 없어서 위신광명威神光明과 덕망德望이 모두 없는 것과 같고, 또 제석천이 욕계 제6천왕에 비하여 위신광명 등이 모두 미치지 못하여 정원, 궁전, 의복, 갖가지 장식, 존귀尊貴, 자재自在, 계위階位, 신통변화神通變化가 비교될 수 없는 것과 같지만, 오직 법락 누림만은 모두 전혀 차별이 없느니라.

아난이여! 마땅히 알라. 저 극락 국토의 유정들은 타화자재천왕과 같은 법락을 누리느니라.

제22품 꽃비가 땅을 덮음

아난이여! 저 극락국토의 이른 아침에 사방에서 시원한 바람이 잔잔하게 불어오면 거스르거나 어지럽지 않으며, 갖가지 많은 꽃에 바람이 불면 갖가지 꽃향기가 널리 국토에 가득 퍼지고, 일체유정에게 바람이 스치면 평안하고 쾌적함이 마치 비구가 멸진정滅盡定을[109] 획득한 것과 같도다. 또한 그 바람이 불어 칠보 나무숲을 흔들면 꽃잎이 떨어져 쌓인 높이가 일곱 길이나 되고, 그 갖가지 색상과 빛깔이 온 국토를 비추어 눈부심은 비유하자면 마치 사람이 꽃을 땅에 뿌려 이를 평평하게 한 다음 갖가지 빛깔의 꽃들을 사이사이 섞어 배열함과 같아서 저 꽃의 무더기들도 이와 마찬가지이니라.

그 꽃무더기들의 미묘 광대하고 유연하기는 도라면과 같고, 만약 유정들이 저 꽃들을 밟으면 발이 네 마디 정도 빠졌다가 발을 들면 도로 처음과 같게 된다. 이른 아침이 지나면 그 꽃들은 자연히 대지로 스며들고, 그 꽃들이 사라지면 대지는 처음과 같이 말끔해졌다가 다시 새로운 꽃들이 국토에 두루 내리는데, 이와 같이 정오·오후·초저녁·한밤·새벽에 떨어진 꽃들이 무더기를 이루었다가 사라짐도 마찬가지이니라.

아난이여! 일체의 광대廣大하고 진기珍奇한 보물로서 극락세계에 생겨나지 않는 것은 없도다.

제23품 연꽃 광명에서 부처님 출현

아난이여! 저 불국토에는 일곱 가지 보물로 이루어진 연꽃이 있는데, 낱낱의 연꽃 송이는 무량 백천억百千億의 꽃잎으로 이루어져 있고, 그 낱낱의 꽃잎들은 무량 백천百千의 진기珍奇한 색깔을 띠고 있으며, 백천百千의 마니보배로 미묘하게 장엄되어 있고, 연꽃 위에는 보배 그물이 덮여 있어서 연꽃 송이, 꽃잎, 마니보배, 보배 그물이 서로 비추어 장식한다.

아난이여! 저 연꽃의 크기는 혹은 반 유순 혹은 1, 2, 3, 4 내지 백천 유순에 이르며, 낱낱의 연꽃 송이는 각기 36억 나유타 백천 광명을 내뿜고, 낱낱의 빛줄기에는 36억 나유타 백천의 부처님이 나타나시는데, 이 모든 부처님의 몸은 황금색과 같고 32 대장부상과 80수형호의 수승한 장엄을 갖추어 백천 광명을 놓아 널리 일체 세계를 비춘다. 이 모든 부처님들께서 동방으로 가서서 중생을 위하여 설법하심은 모두 무량한 유정을 불법 가운데 안전하게 세우기 위함이며, 남·서·북방·사유·상하에 가서서 설법하심도 그와 마찬가지이니라.[110]

제24품 분별상을 떠남

또한 아난이여! 극락세계에는 어두운 곳이 없고, 타오르는 불, 샘물, 호수 이러한 모든 것이 없으며, 또한 머물러 사는 주택과 방, 정원 및 어린 아이의 명칭과 표지가 없으며, 해와 달, 밤과 낮의 표지가 없고, 일체 모든 곳에 표식標式이 이미 없으며 그 명칭도 없다.[111] 다만 여래의 가피를 받는 경우는 예외이다.

제25품 극락중생은 반드시 극과極果 얻음

아난이여! 저 극락국토에 왕생하는 모든 중생은 모두 구경의 무상보리를 획득하여 대열반에 이른다. 왜냐하면 사정취邪定聚[112]와 부정취不定聚[113]와 같은 부류는 저 홍인弘因의 건립建立을 철저히 알 수 없기 때문이니라.[114]

제26품 시방제불의 아미타불 찬탄

아난이여! 동방에 항하 모래알 수 세계가 있고, 낱낱의 세계 가운데 항하 모래알 수 부처님이 계셔서 저 모든 부처님은 모두 아미타불의 무량공덕을 찬탄하시고, 남·서·북방·사유·상하에 계신 모든 부처님도 마찬가지로 아미타불의 무량공덕을 찬탄하신다.

왜냐하면 타방 불국토의 중생이 무량수여래의 명호를 듣고 일념一念으로 청정淸淨한 믿음을 펼쳐서 환희하고 매우 즐거워하면서(歡喜愛樂)[115] 자신의 모든 선근善根을 회향하여 무량수 불국토에 왕생을 발원한다면, 그 발원한 대로 모두 왕생하여 불퇴전을 획득하고 무상정등보리無上正等菩提에 이르되 다만 다섯 가지 무간無間 악업惡業을 지었거나 정법正法 및 성자聖者를 비방·훼손한 자는 제외하기 때문이니라.

제27품 삼배왕생

아난이여! 만약 타방불찰의 중생이 보리심을 펼쳐서[116] 오직 무량수불만을 생각하고專念無量壽佛 언제나 많은 선근을 심어서 저 불국토에 왕생을 간절히 서원誓願하여 발심회향發心廻向한다면, 이 사람의 임종 시 무량수불께서 비구 대중의 앞뒤로 둘러싸여 그 사람의 앞에 나타나면 곧바로 무량수여래를 따라 저 국토에 왕생하여[117] 불퇴전을 획득하고 반드시 무상 정등보리를 곧 증득하게 되느니라.

그러므로 아난이여! 만약 선남자 선여인이 극락세계에 왕생하여 무량수불을 뵈옵고자 발원한다면, 마땅히 무상보리의 마음을 펼침과 더불어 오직 극락국토만을 생각하고, 많은 선근을 심어 마땅히 저 국토에 왕생을 위하여 회향한다면 이로 말미암아 무량수불을 뵈옵고 저 국토에 왕생하여 불퇴전을 획득하고 끝내 무상보리에 이른다.[118]

아난이여! 만약 타방 국토의 중생이 무상보리의 마음을 펼쳤으되, 오직 무량수불만을 생각하지 못하고 언제나 많은 선근을 심지 못하였더라도, 자신의 능력에 따라 닦은 모든 선근 공덕을 저 부처님께 회향하고 그 국토에 왕생하기를 발원한다면, 이 사람의 임종 시 무량수불은 화신 부처님을 보내서 비구대중에 둘러싸여 그의 앞에 나타나는데, 그 화신 부처님의 광명과 상호는 본래의 부처님[119]의 그것과 다름없으며, 화신 부처님과 대중들이 그 사람을 껴 잡아 인도하면 그 사람은 곧바로 화신 부처님을 따라 그 국토에 왕생하여 무상보리

에서 퇴전하지 않는 지위를 획득한다.[120]

아난이여! 만약 중생이 대승법大乘法에 머물러서 청정한 마음으로 무량수여래를 향하거나 내지 십념十念으로 무량수불을 생각하면서 그 불국토에 왕생하기를 발원하거나,[121] 매우 깊은 법문[122]을 듣고서 곧바로 믿고 이해하여 그 마음에 한 점 의혹 없거나 일념정심一念淨心[123]을 획득하여 그 일념정심으로 무량수불을 생각하면, 이런 사람들은 임종 시 꿈속에서 무량수불을 뵈옴과 같아서 결정코 저 불국토에 왕생하여 무상보리에서 퇴전하지 않는 지위를 획득한다.[124]

아난이여! 이와 같은 큰 뜻과 이익이 있기 때문에 무량무수 불가사의 무유등등 무변세계의 모든 부처님 여래께서는 이구동성으로 무량수불의 불가사의 공덕을 찬탄하시느니라."

제28품 시방 보살의 예배 공양

부처님께서 아난존자에게 말씀하셨다.

"동방에 항하 모래알 수 세계가 있고, 그 낱낱의 세계에 항하 모래알 수 보살이 있는데, 이들은 모두 무량수 부처님과 극락의 모든 성인 대중께 우러러 공양 올리기 위하여 극락으로 온다. 남·서·북방·사유·상하의 보살들도 마찬가지이다.

이때 세존께서 게송으로 말씀하셨다.

동방의 모든 불찰이 항하 모래알 수와 같고,

이 낱낱의 불국토에 항하 모래알 수 보살대중이 있는데,

이들 모두 신통으로 극락에 와서 무량수불께 예배올리고,

남·서·북방의 모든 성중聖衆도 모두 와서 예배하고 함께 귀의하네.

저 항하 모래알 수 세계에서 지혜의 빛과 무량한 변재로 중생을 껴잡고,

깊은 선정의 즐거움에 머물러 네 가지 무외無畏의 마음 갖추었으며,

각자 사람들이 기뻐하는 갖가지 미묘한 꽃과 이름난 향을 지니고,

아울러 백천 가지 우아하고 조화로운 하늘 음악을 동시에 연주하네.

이로써 인간과 하늘의 대도사이시며 그 명성이 널리 시방에 들리고,

가장 높은 위신력으로 일체의 깊은 법문을 훌륭하게 가르치시는 무량수불께 바치네.

법처 비구는 과거에 갖가지 공양 부지런히 닦아 게으름이 없었고,

무량수불의 공덕과 지혜 광명은 세간의 모든 암흑을 훌륭히 깨트렸도다.

모든 보살들은 존중하는 마음으로 아미타불께 진귀하고 미묘한 모든 공양올리고,

저 수승한 불찰의 무량한 보살대중을 관찰하고서 무상보리 및 극락 같은 청정세계를 신속하게 성취하길 발원하네.

무량수 세존께서 이 보살들의 광대하고 불가사의한 서원 아시고,

파안 미소를 지으시며,

'그대들의 서원은 이루어질 것인데, 일체법이 허깨비요, 불국토도 꿈, 메아리와 같음을 깨닫되 오히려 언제나 불국토 장엄을 발원하여 마땅히 미묘한 불국토를 성취토록 하라.'[125]

고 말씀하시네.

그 말씀을 경청한 보살들은 견고한 원력으로 수승한 보리행을 닦고자 하기에 불국토가 거울에 나타난 영상과 같이 실질 없음을 잘 알지만 모든 홍서弘誓의 마음 펼치네.

보살이 만약 두루 청정하고 수승한 무변 찰토를 성취하려고 한다면,

무량수불의 성덕명호聖德名號를 듣고서 안락국토에 왕생하기를 발원하라.

만약 모든 보살이 청정 불국토를 성취하고자 한다면,

마땅히 일체법一切法 무아無我를 철저히 깨친 다음 안락국토에 왕생하기를 발원하라.[126]

제29품 일생보처에 머묾

또한 아난이여! 극락세계의 보살들은 무상보리를 향하여 모두 일생보처에 편히 머물러 있지만, 다만 중생제도의 큰 서원을 펼쳐 세간에 나아가서 훌륭하게 사자후를 토하고, 정진의 큰 갑옷과 투구로 무장한 마하보살摩訶菩薩 대중이 중생을 건지기 위하여 부지런히 대열반을 닦는 경우는 예외이다.

제30품 극락성중의 광명

또한 아난이여! 저 불찰의 모든 성문 대중의 몸에서는 일심一尋의 광명이 비추고, 보살 대중의 몸에서는 백천심百千尋에 이르는 광명이 비추며, 두 보살의 광명은 언제나 삼천대천세계를 비춘다. 아난존자가 부처님께 여쭈었다.

"세존이시여! 저 두 보살의 명호는 무엇입니까?"

세존께서 아난존자에게 말씀하셨다.

그대들은 잘 들을지니, 저 두 보살 중 한 보살의 명호는 관자재보살觀自在菩薩[127]이고, 한 보살의 명호는 대세지보살大勢至菩薩[128]이다.

아난이여! 이 두 보살은 사바세계에서 목숨을 마치고 이미 저 국토에 왕생하였느니라.

제31품 극락보살의 묘상妙相과 성덕聖德

아난이여! 저 극락세계에 왕생한 보살들은 모두 32대장부상을 갖추었고, 피부와 몸은 유연하며, 모든 감관은 총명·예리하고, 지혜는 매우 훌륭하며, 일체의 차별법에 대하여 알지 못함이 없고, 선정禪定과 신통神通에 훌륭하게 유희하나니, 이와 같이 이 모든 보살들은 덕이 엷거나 둔한 근기의 부류가 아니다. 저 보살들 가운데 초인初忍 혹은 제2인第二忍을 얻은 사람이 무량무변하고, 혹은 무생법인無生法忍을 증득한 보살도 있다.

제32품 언제나 숙명통을 얻음

아난이여! 저 국토의 보살들은 무상보리에 이르기까지 악취에 떨어지는 일이 없으며, 나는 곳마다 숙명통을 얻되, 다만 중생제도를 위하여 오탁악세에 출현하는 경우에는 예외이다.[129]

제33품 타방 부처님께 공양 올림

아난이여! 저 국토의 보살들은 모두 이른 아침에 타방의 무량 백천 모든 부처님께 공양 올리는데, 각자 공양 올리기를 원하는 갖가지 꽃다발, 도향, 말향, 당기幢旗, 번개幡蓋, 일산日傘과 모든 음악을 무량수불의 위신력으로 자연히 수중에 지녀서 모든 부처님께 공양 올리나니, 이와 같이 공양구供養具가 광대하고 매우 많으며, 무수무변無數無邊이며 불가사의不可思議이다. 만약 다시 갖가지 이름난 꽃들을 즐겨 구한다면, 무량 백천의 광명과 색채를 갖춘 꽃들이 자연히 모두 손에 들려져 이를 모든 부처님께 받들어 흩는다.

아난이여! 그 흩은 꽃들은 곧 허공중에서 화개花蓋로 변하여 그 작은 것은 10유순을 채우고, 만약 다시 새로운 꽃을 다시 흩지 않더라도 먼저 흩은 꽃은 끝내 떨어지지 않느니라.

아난이여! 혹은 20유순을 채우는 화개花蓋가 있고, 이와 같이 하여 30, 40 유순 내지 천 유순에 이르며 혹은 4대부주와 같이 큰 것도 있고, 혹은 소천·중천 내지 삼천대천세계에 두루할 정도로 큰 것도 있기에, 이 모든 보살들은 이러한 화개를 보고 희유한 마음이 생겨서 크게 환희하느니라.

이 보살들은 이른 아침에 무량 백천억 나유타 부처님을 받들어 모시고, 존중·찬탄함과 아울러 갖가지 선근을 심고서 곧바로 이른 아침에 극락 본국으로 돌아온다.

이 보살들이 이렇게 할 수 있는 것은 무량수불의 본원력本願力과 위신력威神力에 가지加持되기 때문이며, 또한 이 보살들이 일찍이 여래께 끊임없이 공양 올린 선근에 결함이 없기 때문이고, 그 선근을 훌륭하게 닦아 익혔기 때문이며, 그 선근을 훌륭하게 섭취하였기 때문이고, 그 선근을 훌륭하게 성취하였기 때문이니라.

제34품 극락보살의 공덕

또한 아난이여! 극락세계 모든 보살 대중의 언설言說은 모두 일체지一切智와 상응하고, 보살들은 스스로 사용하는 모든 것에 대하여 집착이 없으며, 일체 불찰에 노닐더라도 아예 애착하거나 싫어하지 아니함은 물론 애써 구하지도 않느니라. 애써 구하려는 생각이 없고, 자상自想[130]·번뇌의 생각·아상我想[131] 및 서로 투쟁하며 엇갈려 원한을 품거나 성내는 생각이 모두 없다. 왜냐하면 저 모든 보살들은 일체중생에게 이익을 주려는 대자비의 마음이 있기 때문이니라.

그리고 유연柔軟하여 장애가 없는 마음, 혼탁하지 않은 마음, 원한을 품지 않는 마음을 갖추고 있다.

또한 저 모든 보살들은 평등조복 적정심平等調伏 寂靜心, 인심인심忍心, 인조복심忍調伏心, 등인징정 무산란심等引澄淨 無散亂心, 무부폐심無覆蔽心,[132] 정심淨心, 극정심極淨心, 조요심照曜心,[133] 무진심無塵心,[134] 대위덕심大威德心,[135] 선심善心, 광대심廣大心,[136] 무비심無比心,[137] 심심심甚深心,[138] 애법심愛法心, 희법심喜法心, 선의심善意心, 사리일체집착심捨離一切執著心, 단일체중생번뇌심斷一切衆生煩惱心, 폐일체악취심閉一切惡趣心이 있기 때문이니라.

이 보살들은 지혜의 행을 닦아 지녀 무량공덕을 성취하였고, 선정禪定과 보리분법菩提分法을 훌륭하게 연설하며, 언제나 무상보리의 도道에 노닐면서 부지런히 이를 닦아 지니고 아울러 중생을 위하여 무상보리의 도道를 자세히 연설한다.

또한 이 보살들은 무구無垢 육안肉眼으로 만법萬法의 차별을 잘 간별·선택하고, 무루無漏 천안天眼으로 모든 불국토를 잘 비추어 보며, 청정淸淨 법안法眼으로 일체의 집착을 떠나고, 혜안慧眼을 통달通達하여 저 피안에 잘 도달하며, 불안佛眼을 성취成就하여 깨달음을 열어 보이느니라.[139]

이 보살들은 걸림 없는 지혜를 일으켜 널리 타인을 위하여 불법을 연설하고, 삼계 가운데서 평등하게 일체 불법을 부지런히 닦느니라.

이미 스스로를 조복調伏 받았기에 일체유정 또한 조복調伏하여 그들로 하여금 수승한 사마타奢摩他를 획득하게 하고, 일체법에 대하여 무소득無所得을[140] 증득하며, 교묘巧妙한 언설로 훌륭하게 불법을 연설하고, 일체 모든 부처님께 공양올림을 부지런히 닦으며, 유정들의 일체 번뇌를 부수어 항복받느니라. 이 보살들이 이와 같이 할 수 있기에 모든 여래께서 환희하느니라.

이 보살들은 이와 같이 사유하기에, 이렇게 사유할 때 일체 모든 법에 대하여 얻을 것이 전혀 없음을 잘 깨달아서 방편지혜方便智慧로써 적멸법寂滅法[141]을 수행하여 이취理趣와 비이취非理趣를 환히 알아 취사取捨하므로 이취理趣와 비이취非理趣 가운데서 모두 선교善巧를 얻느니라.[142]

또한 세간사世間事에 관한 말들을 좋아하지 않고 출세간의 경전을 정성을 다해 믿고 부지런히 닦으며, 훌륭한 방편으로 일체의 바른 법을 찾아 구하고, 더욱더 철저히 일체법 알기를 구하되 일체법은 본래 실체가 없어서 얻을 바 없음을 잘 알기에 그들의 일체 행처行處에서 취사심取捨心이 없고, 생로병사를 해탈하여 일체의 공덕에 머무르며, 본래부터 신통경계神通境界에 편히 머물러서 매우 깊은 불법을 부지런히 닦는다.

매우 깊은 불법에서 물러나지 않으며, 해득하기 어려운 모든 법을 걸림 없이 통달하고, 그들은 얻은바 구경의 일승묘법一乘妙法의 도道[143]에 대하여 한 점 의혹도 없으며, 부처님의 교법教法을 다른 사람에 의지하지 않고 스스로 깨닫는다.[144]

이 보살들의 매우 깊은 지혜는 거대한 바다에 비유되고, 보리심의 지극히 높고 광대함은 수미산과 같으며, 보살들의 신체에서 나오는 위신광명威神光明은 해와 달을 뛰어넘고, 그들이 생각하고 선택한 것들은 모두 불법의 지혜와 상응하며, 그 보살들의 마음이 정결淨潔하기는 설산雪山과 같다.

이 보살들이 갖춘 끝없는 공덕은 광명이 널리 시방을 비추는 것과 같고, 그들이 갖춘 지혜는 맹렬한 불길과 같아서 일체 번뇌의 가시덤불을 다 태워 버리며, 선악善惡의 분별에 동요되지 않아서 마음의 고요함과 언제나 평안함이 마치 대지大地와 같다.

그들이 지혜로 중생의 번뇌를 씻어줌은 깨끗한 물과 같고, 마음에 치우침이 없음은 들불이 모든 것을 다 태워 버림과 같으며, 세간의 어떠한 것에도 집착하지 않음은 마치 허공에 부는 바람과 같고, 일체유정의 몸과 지혜를 살려 키움은 대지가 만물을 살려 키움과 같으니라.

이 보살들은 모든 세계가 허공과 같다고 관찰하고, 중생을 해탈의 성城으로 데려다 줌은 일체 승객에게 훌륭한 탈 것을 제공함과 같으며, 세간법에 물들지 않음은 연꽃이 더러움에 물들지 않는 것과 같다.

이 보살들이 법음을 널리 펼침은 천둥과 벼락이 멀리까지 미치는 것과 같으며, 일체 정법正法의 비를 뿌림은 하늘에서 큰 비가 내림과 같고, 보살들의 광명이 다른 성현의 광명을 엄폐함은 큰 선인仙人[145]의 광명과 같으며, 일체중생을 훌륭하게 조복받음은 큰 용과 코끼리[146] 같고, 용맹하고 두려움 없이 홍법弘法함은 사자왕과 같도다.

이 보살들이 일체중생을 치우치지 않게 두루 보호함은 니구타尼拘陀 나무가[147] 널리 주위를 덮어줌과 같고, 타인의 논박함에 동요되지 않음은 철위산鐵圍山[148]과 같고, 언제나 자비의 무량심無量心을 닦음은 저 항하의 강물이 끊임없이 흐르는 것과 같다.

　모든 선법善法 가운데 첫머리를 차지함은 대범천왕大梵天王이 모든 범천梵天의 으뜸인 것과 같고, 어떠한 재물도 쌓아 두지 않음은 새가 허공을 걸림 없이 날아다니는 것과 같으며, 세간의 논란과 삿된 말을 부수어 항복받음은 금시조왕金翅鳥王이 용龍들을 항복받음과 같고, 이 보살들을 만나기 지극히 어려움은 우담발라화가 세간에 피어나는 것과 같다.

　이 보살들은 가장 수승한 대장부이기에 그 마음은 정직하여 치우침이 없고, 조금도 게으르지 않아서 모든 선법善法을 훌륭하게 수행하며, 세간과 출세간의 모든 견해 가운데서 바른 견해를 가장 훌륭하게 결정하고, 마음이 온유溫柔하고 욕됨을 잘 참으며, 시기 질투심이 없고, 불법佛法을 논함에 싫증을 내지 않고 정법正法을 구함에 권태를 느끼지 않으며, 언제나 부지런히 불법佛法을 연설함으로써 중생에게 이익을 준다.

　이 보살들의 계율 지님은 매우 청정하여 유리의 안팎이 모두 밝고 정결淨潔한 것과 같으며, 모든 불법을 훌륭하게 청문

聽聞하여 이를 수승한 보배로 삼고, 그들이 하는 말들은 모두 중생으로 하여금 기쁘게 승복케 하며, 지혜의 힘으로 큰 법의 깃발을 세우고 큰 법의 나팔을 불며, 언제나 기쁘고 부지런히 불법을 닦아서 모든 정법正法의 격률格率을 세운다.

이 보살들은 지혜 광명을 만족하게 갖추어서 마음에 무명의 미혹이 없고, 일체의 과실過失을 멀리 떠났기에 중생에게 손해를 입히지 않으며, 마음이 순후淳厚·청정淸淨하여 모든 더러움과 오염을 떠났고, 언제나 보시布施를 행하여 영원히 간탐하는 마음을 버린다.

이 보살들은 성품이 온화溫和하고 언제나 참괴慚愧와 수치羞恥의 마음을 품고 있으며, 그 마음은 고요히 안정되어 지혜로 만법을 밝게 관찰하고, 세간의 등불이 되어 중생의 암흑을 깨트려 주며, 하늘과 사람들의 공양을 받기에 충분하므로 세간의 수승한 복전福田이 되느니라.

이 보살들은 대도사大導師가 되어 널리 군물群物[149]을 건져 내고, 증오와 애착을 멀리 떠나 마음이 청정하여 걱정이 없으며, 용맹 정진으로 공포심이 없어져서 정법을 널리 펼치는 대법장大法將이 된다.

또한 지옥의 고통과 원인을 잘 알기에 정법正法으로 자타自他를 모두 조복받으며, 일체유정에게 이익을 주기 위하여 그들에게 박힌 모든 번뇌의 독화살을 뽑아주고, 세간해世間解[150]와 세간사世間師[151]가 되어 중생으로 하여금 모든 애착을 버리고 영원히 세 가지 더러움을 떠나 갖가지 신통경계에 노닐도록 이끈다.

이 보살들은 인력因力,[152] 연력緣力,[153] 원력願力,[154] 발기력發起力,[155] 세속력世俗力,[156] 출생력出生力, 선근력善根力,[157] 삼마지력三摩地力,[158] 문력聞力,[159] 사력捨力,[160] 계력戒力, 인력忍力, 정진력精進力, 정력定力, 혜력慧力, 사마타력奢摩他力, 비발사나력毘鉢舍那力,[161] 신통력神通力, 염력念力,[162] 각력覺力,[163] 최복일체대마군력摧伏一切大魔軍力,[164] 병타논법력拼他論法力,[165] 능파일체번뇌원력能破一切煩惱怨力[166] 및 수승대력殊勝大力[167]을 갖추었다.

또한 위신덕威神德과 복보福報를 만족하게 갖추고 상호가 단엄하며, 지혜와 변재辯才 및 선근善根이 원만圓滿하고, 눈동자가 맑고 몸매가 훤칠하여 사람들의 흠모를 받으며, 신체는 매우 청결하고 아만심我慢心을 멀리 떠났다.

이 보살들은 존중하는 마음으로 모든 부처님을 받들어 모시고, 모든 부처님의 처소에서 많은 선근善根을 심었으며, 교만한 마음을 제거하고 탐·진·치를 멀리 떠났기에 그들은 가장 수승하고 길상吉祥스런 대사大士로서 공양받을 이 가운데 최고이다.

이 보살들은 수승한 지혜의 경계에 머물러서 크고 힘찬 지혜의 광명을 뿜어 중생의 마음을 환희롭게 하고, 웅맹雄猛하고 두려움 없는 변재를 만족하게 갖추었으며, 복덕과 지혜를 만족하게 갖추었기에 말을 함에 있어서 어떠한 장애도 없다.

자신들이 이미 들은 법요法要를 모두 중생에게 열어 보여서 각기 들은 바를 모두 잘 깨닫게 하고, 스스로 37보리분법[168]을 용맹스럽고 부지런히 닦아서 언제나 공空·무상無相·무원無願의 세 가지 해탈경계 및 불생불멸不生不滅의 모든 삼마지에 편히 머물고, 널리 도량에 나아가 이승二乘의 경계를 멀리 떠났다.

아난이여! 내가 지금 간략하게 저 극락세계 보살마하살 대중의 진실공덕眞實功德에 대하여 설명했나니, 그들은 모두 이와 같은 공덕을 만족하게 갖추었느니라.

아난이여! 가사 내가 지금 백천 나유타 겁을 세간에 머물면서 걸림 없는 변재로 저 모든 보살마하살들의 진실한 공덕을 칭양하고자 하더라도 끝내 다할 수 없다.

아난이여! 저 모든 보살마하살들의 수명이 다하도록 설명하더라도 역시 극락세계 보살들의 진실공덕을 다 알 수 없느니라.[169]"

제35품 극락이 나타남

그때 세존께서 아난존자에게 말씀하셨다.

"이것이 무량수불의 극락세계이니라. 그대는 마땅히 자리에서 일어나서 공경을 다하여 합장하고 오체투지하여 무량수불께 정례頂禮를 올리도록 하라. 저 부처님의 명호는 시방에 두루 가득하여 저 낱낱 처소의 항하 모래알 수 모든 부처님께서는 다 함께 끊임없이 무량수여래의 불가시의 공덕을 찬탄하시느니라."[170]

그때 아난존자가 곧바로 자리에서 일어나 오른쪽 어깨를 드러내고 서쪽을 향하여 합장하고 오체투지하여 정례頂禮를 올린 다음 부처님께 말씀드렸다.

"세존이시여! 저는 지금 극락세계의 무량수여래를 뵈옵고자 하오며 더불어 무량 백천 억 나유타 부처님과 보살대중께 공양올리고 받들어서 많은 선근을 심고자 하나이다."

이때 무량수불께서 곧 손바닥에서 큰 광명을 놓아 널리 백천 구지 나유타 불찰을 비추시자, 저 모든 불찰의 크고 작은 모든 산, 흑산, 보산, 수미노산, 미노산, 대미노산, 목진인타산, 마하목진인타산, 철위산, 대철위산, 총림, 원림 및 모든 궁전 등 천상계의 사물이 모두 부처님의 광명에 의하여 비추어졌다. 비유하자면 사람이 청정한 천안天眼으로 일심一尋 앞에 있는 사물을 보는 것과 같고, 또 햇빛이 나타나서 만물을 모두 명백하게 보는 것과 같이 저 모든 국토의 비구, 비구니, 우바새, 우바이 모두는 무량수여래를 보았는데, 무량수여래의 신체의 장엄은 수미산왕 처럼 높고 큰 모양이었고, 무량수불의 광명이 모든 불찰을 비추어 모두 명백하게 나타남이 일심一尋 안에 함께 있는 것과 같았다.

무량수여래의 수승한 광명은 지극히 청정하기 때문에 저 중생들 또한 무량수여래의 저 높은 좌대와 극락의 성문과 보살 대중을 볼 수 있었는데, 비유하자면 대지에 홍수가 가득하면 숲과 산, 하천이 모두 잠겨서 오직 큰물만 보이는 것과 같았다.

이와 같이 아난이여! 저 무량수불의 불찰에는 다른 부류의 중생 및 다른 종류의 물질은 없고, 오직 일체의 큰 성문의 신체에서 나오는 일심一尋의 광명과 저 보살마하살의 신체에 나오는 백천百千 유선나踰繕那의 광명만 있는데,[171] 저 성문과 보살들의 광명마저도 무량수여래·응공·정등각의 광명에 가리어지고,[172] 모든 유정은 무량수불의 가지加持에 의하여 무량수불의 모든 광명光明을 보고, 저 극락세계의 보살·성문·인천 대중도 모두 사바세계에서 석가여래가 비구대중에 둘러싸여 설법하는 것을 보느니라."

제36품 미륵보살이 본 경계를 말함

이때 부처님께서 미륵보살에게 물으셨다.

"그대는 청정淸淨한 위신공덕威神功德의 장엄이 만족하게 갖추어진 무량수불의 불찰을 보았는가? 또 허공虛空에 떠 있는

숲, 정원, 샘물, 연못 등의 장엄을 보았는가? 그대는 대지大地로부터 색구경천色究竟天에 이르기까지의 허공에서 흩날리는 꽃과 숲으로 이루어진 장엄을 보았는가? 또 많은 새들이 허공에서 갖가지 소리로 지저귐이 마치 부처님의 음성이 널리 세계에 들리는 것과 같나니, 이 많은 새들은 모두 무량수불께서 변화시켜 나타낸 것이고 실제의 축생이 아니다. 그대는 이것들을 보았는가?"

미륵보살이 부처님께 말씀드렸다.

"그러하옵니다. 모두 보았습니다."

부처님께서 다시 미륵보살에게 물으셨다.

"그대는 이 모든 중생들이 백천 유선나의 광대한 궁전에 들어가서 허공을 걸림 없이 다니면서 모든 찰토에 두루 나아가 모든 부처님께 공양 올리고 또한 저 유정들이 밤낮으로 끊임없이 염불하는 것을 보았는가?"[173]

미륵보살이 부처님께 말씀드렸다.

"그러하옵니다. 모두 보았습니다."

부처님께서 다시 미륵보살에게 물으셨다.

"그대는 타화자재천의 사람과 극락세계의 모든 사람들이

받아쓰는 물자와 도구에 차이가 있는 것을 보았는가?"

미륵보살이 말씀드렸다.

"저는 조금의 차이도 보지 못하였습니다."[174]

이에 부처님께서 미륵보살에게 물으셨다.

"극락세계의 사람이 태胎[175]에 머무는 것을 보았는가?"

이에 미륵보살이 말씀드렸다.

"세존이시여! 비유하자면 33천[176]과 야마천 등 하늘 사람이 백 내지 오백 유순의 궁전 안에서 유희하며 즐기는 것과 같습니다. 저는 극락세계의 사람 중 태에 머무는 사람은 야마천의 하늘 사람이 궁전에 머무는 것과 같음을 보았고 또한 극락세계의 중생이 연꽃 가운데서 결가부좌하고 자연스럽게 화化하여 생을 받는 것도 보았습니다."

제37품 의혹을 가지면 연태에 듦

이때 미륵보살이 다시 부처님께 여쭈었다. "세존이시여! 무슨 인연으로 저 국토의 중생은 태胎로 나기도 하고 화化하여 나기도 하는지요?"

부처님께서 미륵보살에게 말씀하셨다.

"만약 중생이 불법에 대한 의구심을 가지고 선근을 쌓아 모으면서 불지佛智,[177] 보편지普遍智,[178] 불사의지不思議智,[179] 무등지無等智,[180] 위덕지威德智,[181] 광대지廣大智[182]를 간절히 구하지만, 자신의 선근으로는 믿음을 내지 못하나니, 이러한 인연으로 5백 년 동안 연꽃 궁전에 머물면서 무량수불을 뵙지 못하고, 불법을 듣지 못하며 보살과 성문 대중을 보지 못하느니라.

그런데 만약 그러한 중생이라도 불법佛法에 대한 의구심을 끊고 선근善根을 쌓아 모으며 불지佛智 내지 광대지廣大智를 간절히 구求하면서, 자신의 이러한 선근善根을 믿고 나면 이 사람은 연꽃 안에서 결가부좌하고 홀연히 화化하여 순식간에 출생한다. 비유하자면 어떤 중생이 다른 나라에서 이 국토로 오는 것과 같나니, 이 보살들도 이와 같아서, 다른 국토에서 발심하여 극락에 왕생하여 무량수불과 보살 및 성문의 대중을 뵈옵고 받들어 공양올린다.

아일다여![183] 그대가 본 수승한 지혜를 갖춘 이러한 사람들은 광대한 지혜의 힘을 갖추었기 때문에 수승한 화생化生을 감득하여 연꽃 가운데서 결가부좌한다.

그대가 본 열등한 부류의 사람들은 5백 년 동안 부처님을 뵈옵지 못하고, 불법을 듣지 못하며, 보살과 성문의 대중을 만나지 못하고, 보살의 위의威儀와 법칙法則을 알지 못하여 모든 공덕을 닦아 익히지 못하기 때문에 무량수불을 받들어 모실 인연도 없느니라.

이 모든 사람들은 모두 과거에 불법에 대하여 의구심을 가진 탓이니라. 비유하자면 찰제리왕[184]의 왕자가 국법을 위반하여 깊은 궁속에 갇히게 되었는데, 그 궁에는 아름다운 꽃으로 장엄된 누관樓觀, 진기하고 미묘한 보배로 장식된 층루層樓와 화려한 궁전, 진기한 보배로 이루어진 휘장과 황금평상黃金平床이 설치되어 있고, 그 평상 위에는 겹겹이 방석이 깔려 있으며, 땅에는 이름난 꽃들이 뿌려져 있고, 도처에서 대보향이 사루어지며, 일체의 의복과 수레 등 필요한 물자가 모두 풍족하게 갖추어져 있으나 염부금으로 만들어진 사슬에 왕자의 두 발이 묶여 있는 것과 같으니라.

부처님께서 다시 미륵보살에게 물으셨다.

"그대는 어떻게 생각하는가, 저 왕자의 마음이 즐겁겠는가?"

이에 미륵보살이 답변하였다.

"아니옵니다. 세존이시여! 왕자는 깊은 궁속에 갇혀 있으면서 언제나 어떻게든 여기에서 벗어나려고 생각할 것이며 모든 친족, 거사, 재관, 장자 및 국왕의 가까운 신하에게 간절히 구원을 요청하는 등으로 왕자가 비록 벗어나기를 간절히 희망하지만 마음대로 되지 않을 것이고, 오직 찰제리왕의 마음이 기쁠때에만 비로소 여기에서 벗어나게 될 것입니다."

부처님께서 미륵보살에게 말씀하셨다.

"그렇다. 그렇다. 만약 중생이 부처님의 지혜에 대한 의혹을 가진 채로 갖가지 선근을 심으면서 불지佛智 내지 광대지廣大智를 간절히 구하고자 하나, 자신의 선근으로는 확고한 믿음을 일으킬 수 없는데, 부처님의 명호를 들음으로 말미암아 신심을 일으켜서 비록 저 국토에 왕생하지만 연꽃은 열리지 않는다. 그러한 중생들은 연꽃의 태 안에 있는 것을 마치 큰 정원이 갖추어진 궁전 안에 있는 것과 같다고 생각한다. 왜냐하면 저곳은 매우 청정하여 모든 더럽고 나쁜 것이 없고, 일체 즐겁지 않은 것이 없기 때문이다. 그러나 저 중생들은 5백 년 동안 부처님을 뵙지 못하고, 불법을 듣지 못하며, 보살과 성문 대중을 만나지 못하고, 모든 부처님께 공양 올리고 받들어 모시지 못하며, 보살대중에게 법장法藏을 묻지 못하는 등으로 일체의 수승한 선근을 멀리 떠났고, 일체의 선법善法을 닦아 익힐 수 없으므로 연꽃의 태안에서는 전혀 즐거움을 누리지 못하느니라.

다만 저 중생들의 지난 과오過誤가 모두 소멸되면 비로소 연꽃이 열리는데, 그들이 연꽃에서 나오더라도 사방과 상하의 방위方位를 알지 못한다. 그런데 만약 5백 년 중에 자신의 죄과를 알고 부처님의 지혜에 대한 의혹을 끊으면 곧바로 연태蓮胎에서 나와 무량 백천 구지 나유타 부처님께 공양 올리고 이와 더불어 무량무변한 선근을 심게 된다.

아일다여! 그대는 마땅히 알라. 어떠한 보살이라도 부처님의 지혜에 대하여 의혹을 품으면 막대한 손해를 입느니라."[185]

제38품 장차 극락에 왕생할 보살들

이때 미륵보살이 부처님께 여쭈었다.

"세존이시여! 이 사바국토의 불퇴전 보살 가운데 장차 극락에 왕생할 사람의 수는 얼마나 되겠습니까?"

부처님께서 미륵보살에게 말씀하셨다.

이 사바 불국토의 72억 보살은[186] 무량 백천 나유타 부처님의 처소에서 갖가지 모든 선근을 심어 불퇴전을 성취하였기 때문에 장차 저 국토에 왕생한다. 하물며 그 외에 적은 선근으로도 저 국토에 왕생하는 보살들이 있는데, 그들의 수는 다 헤아릴 수 없느니라.

아일다여! 난인難忍 여래의 불국토에서 18억의 불퇴전 보살이 장차 극락세계에 왕생하고, 동북방의 보장불寶藏佛의 국토에서 90억의 불퇴전 보살이 장차 저 국토에 왕생하며, 무량성無量聲 여래의 국토에서 22억의 불퇴전 보살이 장차 저 국토에 왕생하고, 광명光明 여래의 국토에서 32억의 불퇴전 보살이 장차 저 국토에 왕생한다.

용천龍天 여래의 국토에서 40억의 불퇴전 보살이 장차 저 국토에 왕생하고, 승천력勝天力 여래의 국토에서 1만 2천의 불퇴전 보살이 장차 저 국토에 왕생하며, 사자師子 여래의 국토에서 500명의 불퇴전 보살이 장차 저 국토에 왕생하고, 이진離塵 여래의 국토에서 81억의 불퇴전 보살이 장차 저 국토에 왕생한다.

세천世天 여래의 국토에서 60억의 불퇴전 보살이 장차 저 국토에 왕생하고, 승적勝積 여래의 국토에서 60억의 불퇴전 보살이 장차 저 국토에 왕생하며, 인왕人王 여래의 국토에서 10구지의 불퇴전 보살이 장차 저 국토에 왕생하고, 승화勝花 여래의 국토에서 500명의 보살이 대정진력을 갖추고 일승一乘에 나아가서 7일 동안 무량 중생으로 하여금 백천억 나유타 겁 동안의 생사유전(輪轉)을 떠나게 하여 그들과 함께 저 극락세계에 왕생하며, 발기정진發起精進 여래의 국토에서 69억의 불퇴전 보살이 장차 저 국토에 왕생하나니,[187] 이 모든 보살들은 장차 극락에 왕생하 다음 무량수여래와 보살 대중에게 예배·공양 올린다.

아일다여! 내가 지금 모든 국토의 보살들이 극락세계에 왕생하되, 이미 당도하였거나 지금 당도하거나 장차 당도하여 무량수불을 우러러 예배하며 공양 올리는 모든 보살의 수를 다 말하자면, 겁이 다하도록 그 보살들이 머문 국토의 이름만 말하더라도 다할 수 없느니라.[188]

제39품 미륵보살에게 부촉함

아일다여! 그대는 저 모든 보살들이 장차 얻을 무궁한 이익을 관찰할 수 있겠느냐? 만약 사람이 저 무량수불의 명호를 듣고 일념으로 환희하는 마음이 생긴다면, 이 사람은 마땅히 위에서 말한 바와 같은 공덕을 얻을 것이며, 이 사람은 열등감과 뽐내는 마음이 모두 없어서 많은 선근을 성취하고, 그 선근은 매우 높고 크다.

아일다여! 그러므로 나는 그대와 일체의 천인, 사람 및 아수라 등에게 알리노라. 지금 이 법문을 그대 아일다에게 부촉하나니, 마땅히 이 법문을 매우 즐겁게 닦아 익혀야 하며, 만약 장기간 닦을 수 없다면 하루 밤낮 동안만이라도 이 경을 받아 지녀 독송讀誦하여야 하고, 이 경에 대하여 간절하게 구하는 마음을 내야 한다. 많은 사람들에게 이 경을 설명하여 줄 것이고, 사람들로 하여금 사경寫經하게 하며, 이 경을 굳게 지녀 독송讀誦하게 하고, 이 경에 대하여 도사導師라는 생각을 갖도록 해야 한다.[189]

아일다여! 그러므로 보살마하살이 무량한 모든 중생으로

하여금 신속하게 아뇩다라삼먁삼보리에서 물러서지 않는 자리에 확실하게 서게 하고 또한 자신도 저 아미타불 국토의 광대한 장엄을 보고 그 수승한 불찰의 원만한 공덕을 만족하게 성취하고자 한다면 마땅히 정진력을 일으켜서 이 경의 법문을 경청하여야 한다.

가사 대천세계가 맹렬한 불길에 뒤덮이더라도 그대들은 이 법문을 간절히 구求해야 하기 때문에 물러나려는 마음, 아첨하는 마음, 거짓말하는 마음을 내지 말 것이며, 이 경을 받아지녀 독송讀誦·사경寫經하거나 잠깐만이라도 다른 사람에게 설명하여 주고, 사람들로 하여금 이 경을 듣도록 권하여 걱정과 번뇌에 시달리지 않게 하라.

설사 그대들이 큰 불구덩이에 들어가더라도 마땅히 이 경의 말씀에 대하여 조금도 의심하지 말라. 왜냐하면 저 무량만억의 모든 보살들은 모두 이 미묘 법문을 간절히 구하여 존중하는 마음으로 이경을 경청하고, 그 가르침을 위배하지 않기 때문이다. 그러므로 그대들은 마땅히 이 법문을 간절히 구하여야 하느니라.

아일다여! 이 법문을 간절히 구하는 저 모든 중생들은 장차 반드시 크고 훌륭한 이익을 얻는다. 만약 미래세에 정법正法이 멸진滅盡하려 할 때 만약 어떤 중생이 과거세에 무량한 모든 부처님께 공양 올렸고, 현생에서도 많은 선근을 심는다면, 이 모든 여래의 가지加持와 위신력威神力으로 말미암아 그들은 능히 이와 같은 광대한 법문을 획득하게 되고, 일체 여래의 칭찬·환희·인가를 받게 된다. 만약 그들이 이 법문을 받아 지니고 수행한다면 장차 반드시 광대한 일체지지一切智智[190]를 획득하게 되고 마음먹은 대로 갖가지 선근을 심을 수 있느니라.

만약 선남자 선여인이 이 경의 법문에 대하여 광대하고 수승한 이해를 하게 된다면, 이 사람들은 곧 이 경의 법문을 잘 들을 수 있고, 이 경의 법문에 대하여 크게 환희할 것이며, 이 경의 법문을 받아 지녀 독송하고 널리 다른 사람들에게 설명하여 주고, 언제나 즐겁게 수행할 것이니라.

아일다여! 무량억無量億의 모든 보살들이 일찍이 이 법을 부지런하고 정성스럽게 구하여 싫증내거나 위배하지 않았다. 그러므로 그대들 모든 선남자와 선여인이 지금과 미래세에 이 법을 이미 구했거나 지금 구하거나 장차 구한다면, 그들은 모두 크나 큰 이익을 얻는다.

아일다여! 여래는 이제 마땅히 해야 할 바를 다해 마쳤나니,[191] 그대들은 마땅히 의심 없는 자리에 확실히 머물러서 갖가지 선근을 심어야 하고, 마땅히 언제나 이《무량수경》의 법을 닦고 배워서 불법에 대한 의심을 끊어서 일체의 진귀한 보배가 갖추어진 감옥 안으로 들어가지 않도록 하라.[192]

아일다여! 이와 같이 언제나 이《무량수경》을 의심 없이 받아 지니고 수행하는 큰 위신덕威神德을 갖춘 사람은 광대무변한 불법佛法의 신이神異한 공덕을 잘 발생시키지만, 이《무량수경》을 듣지 못한 일억一億 명의 보살은 아뇩다라삼먁삼보리에서 퇴전한다.

아일다여! 부처님께서 세상에 오시기 어렵고, 여덟 가지 결함을 멀리 떠난 사람의 몸을 얻기 어려우며, 모든 부처님 여래의 십력十力, 사무소외四無所畏, 무애무착無礙無著 등 위없고 매우 깊은 법과 바라밀波羅蜜 등 보살의 법요法要를 훌륭하게 설법하는 사람을 만나는 것 또한 어렵다.

아일다여! 이 법을 훌륭하게 설법하는 사람을 만나기 어렵고, 불법에 대하여 견고하고 깊은 믿음을 가진 사람 만나는 것 역시 어렵다. 그러므로 나는 지금 도리에 맞게 불법을 펼쳐 말했나니, 그대들은 마땅히 이 가르침에 의거하여 실답게 닦아 익혀야 하느니라.

그대 아일다여! 나는 이 법문과 모든 부처님의 법문을 그대에게 부촉하나니, 그대는 마땅히 도리에 맞게 이 법을 수행하여 이 법보法寶가 세간에서 소멸하지 않도록 하라. 이 경의 광대 미묘한 법문은 일체 모든 부처님께서 찬탄하는 바이니, 부처님의 가르침을 위배하여 이를 버려서는 아니된다. 그렇지 않으면 그대들은 장차 좋지 않은 업을 짓게 되며 기나긴 밤의 갖가지 위험과 고통에 빠지게 된다. 그러므로 나는 지금 그대에게 특별히 부촉하나니, 마땅히 이 법보法寶가 세간에 영구히 머물러 소멸하지 않도록 할 것이며, 마땅히 나의 이 가르침에 의거하여 부지런히 수행하여야 하느니라."

제40품 게송으로 간곡하게 부촉하심

이때 세존께서 게송으로 말씀하셨다.

"만약 과거부터 광대한 복덕 닦지 않았다면 끝내 이 미묘한 법문을 듣지 못하리라.

숙세와 금생에서 용맹스럽게 정진하여 많은 선과 이익을 성취하였기에 비로소 이와 같이 매우 깊은 경을 듣게 되었네.

저 같은 사람은, 큰 광명을 일으켜 오탁 세간의 중생을 건지는 모든 세존을 일찍이 뵈옵고,

다문多聞과 총지總持의 공덕은 거대한 바다 같아서

모든 성현聖賢이 기뻐하며 아껴주신다.

게으르고 사견에 빠진 열등한 사람은 여래의 이 정법을 믿지 않지만,

만약 일찍이 부처님의 처소에서 많은 선근을 심었다면, 그러한 사람은 세간을 구제하는 이러한 행[193]을 잘 닦을 것이로다.

비유하자면 맹인이 항상 어두워서 다른 사람에게 길을 안내해 줄 수 없는 것과 같이,

성문이 부처님의 지혜에 대하여 역시 깜깜한데 하물며 다른 유정이 어찌 여래의 지혜를 깨닫겠는가!

여래의 공덕은 부처님만이 알고 오직 세존만이 이를 열어 보이실 수 있기에,

천룡과 야차는 아예 미치지 못하고 이승二乘도 이를 설명할

수 없도다.

만약 일체 유정이 성불한다면 이미 보현보살의 수행을 뛰어 넘어 구경의 해탈 피안에 도달할 것인데,

그 모든 부처님이 한 부처님의 공덕을 자세히 설명할 때 그 시간은 불가사의 많은 겁을 넘는 도중에 몸이 멸도에 들더라도 한 부처님의 수승한 지혜를 다 헤아릴 수 없도다.

그러므로 어떤 사람이 신심信心과 다문多聞을 만족하게 갖추어서 선지식의 인도를 받게 되면 비로소 이와 같이 매우 깊고 미묘한 법문을 듣게 되므로 마땅히 모든 성존聖尊의 두터운 아낌을 받느니라.

여래의 수승한 지혜는 두루한 허공과 같아서 오직 부처님만이 부처님께서 설하신 바를 깨달을 수 있도다.

그러므로 널리 들은 지혜 있는 모든 사람들은 마땅히 나의 실다운 가르침을 믿도록 하라.

사람 몸 받기 매우 어렵고, 여래의 출세 만나기도 또한 매우 어려우며,

불법에 대한 믿음과 지혜 얻음은 많은 시간 지나야 획득할 수 있나니,

그러므로 수행인은 마땅히 정법 닦음에 정진하라.

이와 같은 미묘 법문을 이미 들었다면 언제나 모든 부처님을 생각하며 기뻐할 것이니,

이런 사람은 과거부터 나의 참다운 벗으로서 매우 능숙하고 즐겁게 부처의 무상보리를 구하느니라.[194]"

제41품 경을 듣고 이익 얻음

이때 세존께서 이 경의 설법을 마치시니, 하늘과 인간 세계의 12, 000나유타 억 중생이 티끌을 멀리하고 더러움을 떠나 법안의 청정을 얻었고, 20억의 중생이 아나함과를 얻었으며, 6, 800 비구가 모든 유루有漏를 다 없애고 마음에 해탈을 얻었고, 40억 보살이 무상보리에 불퇴전을 얻어서 용맹과 두려움 없는 큰 갑옷과 투구를 쓰고 장차 정각을 성취하게 되며, 25억 중생이 불퇴의 법인法忍[195]을 얻었고, 4만억 나유타 백천 중생이 일찍이 무상보리를 성취하려는 마음을 일으키지 않았다가 지금 처음으로 일으켜서 갖가지 많은 선근을 심어 극락세계에 왕생하여 아미타불 뵈옵기를 발원하였나니,

이들은 모두 장차 저 여래의 국토에 왕생한 다음 각기 처음 있던 세계에서 차례로 성불하되 그 명호는 모두 묘음妙音이라 할 것이니라.

또한 8만억 나유타 중생이 수기를 받고 장차 무생법인을 얻어서 무상보리를 성취할 것인데, 이들은 모두 무량수불께서 과거에 보살도를 수행할 때부터 불연佛緣이 성숙된 유정이기에 장차 모두 극락세계에 왕생한다. 이들은 자신들이 과거세에 일으킨 발원을 기억해 내고는, 그 발원이 반드시 원만히 성취될 것을 알게 되었다.

제42품 땅이 진동하고 상서가 나타남

이때 삼천대천세계가 여섯 가지로 진동하고 더불어 갖가지 희유하고 신이神異한 변화가 나타나며, 크나큰 광명이 우주 법계 전체를 널리 비추고, 무량 억 나유타 백천의 하늘 사람이 동시에 음악을 연주하며, 연주하는 이 없는데 하늘 북은 스스로 울리고, 허공에서 하늘 만다라 꽃비가 무릎에 이를 정도로 내리고, 욕계의 모든 하늘 사람들과 내지 색구경

하늘 사람들이 모두 석가세존께 갖가지 수승하고 미묘한 공양을 올렸다. 부처님께서 이 경의 설법을 마치시니 미륵보살과 아난존자 등 일체 대중이 부처님의 말씀을 듣고 모두 크게 기뻐하였다.

발일체업장근본득생정토다라니

나모 아미다바야 다타가다야 다지야타 아미리 도바비 아미리다 싣담바비 아미리다 비가란제 아미리다 비가란다 가미니 가가나 깃다가례 사바하.

讚佛偈
찬 불 게

阿彌陀佛身金色
아 미 타 불 신 금 색

相好光明無等倫
상 호 광 명 무 등 륜

白毫宛轉五須彌
백 호 완 전 오 수 미

紺目澄淸四大海
감 목 징 청 사 대 해

光中化佛無數億
광 중 화 불 무 수 억

化菩薩衆亦無邊
화 보 살 중 역 무 변

四十八願度衆生
사 십 팔 원 도 중 생

九品咸令登彼岸
구 품 함 령 등 피 안

나무아미타불 나무아미타불 나무아미타불 나무아미타불
(집중하여, 끊임없이, 간절하게)

미주

1) 아야교진여阿若憍陳如 : 이 분은 석가모니 부처님께서 최초로 교화한 제자이므로, 그 최초의 제자가 본 법회에 참석함은 대승 정토법문이 제일 중요함을 드러내기 위함이다. 존자의 불명佛名의 뜻은 요본제了本際(본제本際를 철저히 깨친 사람)이다.

2) 부처님의 선법禪法을 전수받은 마하가섭 존자가 이 법회에 참석함은 선정禪淨 불이不二의 깊은 취지를 나타낸다.

3) 보현보살은 《화엄》의 제일第一 보살이며, 《밀교》의 개조開祖 금강살타金剛薩陀(금강수보살마하살金剛手菩薩摩訶薩)이시니, 보현보살이 이 법회에 참석함은 《정토》와 《화엄》이 둘이 아니며, 《정토》와 《밀교》가 둘이 아닌 깊은 뜻을 동시에 나타낸다.

4) 《대승본생심지관경》에서 "문수사리 대성존은 삼세제불의 어머니이며, 시방여래의 초발심은 모두 문수보살의 교화에 힘입었느니라."라고 말씀하셨다. 또 문수보살은 일체제불의 지혜의 총집합체이다. 문수보살이 본 법회에 참여함은 본 경이 부처님의 무상지혜의 경임을 드러내고 또 본경은 대지혜 있는 사람이라야 믿을 수 있음을 드러내며, 나아가 문수보살의 묘덕妙德은 철저하게 불성을 보는 것이기 때문에 선정불이禪淨不二의 취지를 나타내기도 한다.

5) 미륵보살을 달리 '아일다' 보살이라고도 칭한다. 아일다는 무능승無能勝(누구에게도 지지 않음)으로 번역된다. 자씨慈氏 보살이라도 한다. 진역 《불설아미타경》에서도 아일다 보살이라고 하였다. 석가모니불이 입멸入滅한 뒤 56억 7,000만 년이 되는 때, 즉 인간의 수명이 8만 세가 될 때 이 사바세계에 태어나서 화림원華林園의 용화수 아래서 성불하여 3회의 설법으로 272억 인을 교화한다고 하였다. 아일다 보살이 무량수여래회의 법회에 참석한 것은 미래세에도 역시 정토법문으로 무량무수무변 중생을 제도함을 나타낸 것이다.

6) 겁은 세계가 한 번 개벽했다가 소멸한 다음 다시 개벽할 때까지의 긴 기간을 말한다. 과거의 겁을 주겁住劫, 현재의 겁을 현겁賢劫, 미래의 겁을 성수겁星宿劫 이라 한다. 우리는 현겁 중에 살고 있고, 이 기간 중에 1천분의 부처님께서 성불하시는데, 제1 구류손불, 제2 구함모니불, 제3 가섭불, 제4 석가모니불이 성불하셨고, 장차 미륵불 등 996 부처님이 계속 성불하게 되어 있는 등 모두 1천 부처님이 성불하신다. 이 부분 경문은, 장차 부처될 모든 보살들이 모두 이 법회에 동참하여 아미타 정토법문을 받들고 있음을 드러낸 것이다.

7) 당唐의 반야般若가 번역한 40권본《대방광불화엄경》〈입부사의해탈경계보현행원품〉에서 말씀하신 보현보살의 10가지 행원을 무한 시간이 다하도록 실천하는 것을 이 경에서 '普賢行願의 道'라고 말한 것이다.

보현보살이 세운 열 가지 큰 서원은 다음과 같다.

①예경제불원禮敬諸佛願 : 널리 모든 부처님께 예경올리길 발원함
②칭찬여래원稱讚如來願 : 널리 일체 여래의 불가사의 공덕 찬탄하길 발원함
③광수공양원廣修供養願 : 널리 시방 제불께 공양 올리길 발원함
④참회업장원懺悔業障願 : 자신의 무시이래의 무량 악업을 참회하길 발원함
⑤수희공덕원隨喜功德願 : 남이 짓는 공덕을 함께 기뻐하고 찬탄하길 발원함
⑥청전법륜원請轉法輪願 : 부처님께 법륜을 굴려 주시길 권청 올리길 발원함
⑦청불주세請佛住世願 : 부처님께서 세상에 오래 머무시길 권청할 것을 발원함
⑧상수불학원常隨佛學願 : 언제나 부처님을 따라 배우길 발원함
⑨항순중생원恒順衆生願 : 언제나 중생의 뜻에 따르길 발원함
⑩보개회향普皆廻向願 : 자신의 모든 공덕을 널리 일체중생에게 회향하길(돌리길) 발원함.

우리가 극락에 가고자 하는 것은 결국 무량한 시분이 다하도록 이 보현보살의 10대 행원을 어서 속히 그리고 효과적으로 실천하여 일체 중생이 다 함께 무상보리를 이루기 위한 것이다. 보현 10원은 4홍서원을 10가지로 세분한 것으로 봅니다. 모든 불자는 언제가 보현보살의 10대 행원을 실천하여야 할 것입니다.

한편 〈보현행원품〉에서는 보현보살의 10대 행원을 실천하는 모든 행자는 모두 극락에 왕생한다고 말씀하셨는바, 이 《무량수경》을 설하는 법회에 보현보살과 보현행원을 실천하는 16정사正士가 함께 참석함은 《화엄》과 극락정토가 둘이 아님을 명확하게 드러낸 것이라 할 것입니다. 〈보현행원품〉중 애송되는 게송을 소개합니다.

원아임욕명종시願我臨欲命終時   제가 목숨마치려 할 때
진제일체제장애盡除一切諸障碍   일제 장애 다 없어지고
면견피불아미타面見彼佛阿彌陀   눈 앞에 아미타불 뵈옵고
즉득왕생안락찰卽得往生安樂刹   즉각 안락찰토에 왕생하여 지이다.

아차보현수승행我此普賢殊勝行   저의 이 수승한 보현10대 원행의
무변승복개회향無邊勝福皆迴向   가 없는 수승한 복 모두 회향하오니
보원침익제중생普願沈溺諸眾生   널리 고해에 빠진 모든 중생들이
속왕무량광불찰速往無量光佛刹   신속하게 무량광불의 국토에 왕생하여 지이다.

그리고 16 정사는 중생제도를 위한 방편으로 몸은 세간에 있지만 이미 오래 전에 티끌 번뇌를 떠나 등각위에 도달한 대보살이며, 대승경전의 법회대중으로 자주 등장하고 《대지도론》에서도 16 정사에 대하여 말씀하셨다.

8) 정사正士가 도솔천에서 지상에 몸받아 태어나자 마자 사방으로 칠보를 걷고 스스로 "나는 세상에서 가장 존귀하다."고 선언한 것은 석존께서 그렇게 한 것과 똑같다. 여기서 불자가 꼭 알아야 할 것은 정사와 석존의 위 선언은 부처님만 세상에서 가장 존귀하다는 것이 아니고 일체중생의 부처 성품도 그와 같다는 것을 동시에 선언하였다는 것이다.

唐의 雲門 禪師(864~949)는 "만약 내가, 태어나자마자 사방으로 칠보를 걷고 천상천하 유아독존을 외친 싯달태자 옆에 있었다면 태자를 몽둥이로 때려 잡아 주린 개에게 먹이로 던져 주어 천하를 태평케 하였을 것이다."라는 매우 거친 평어를 남겼다. 후세 눈 밝은 이들은 운문의 위 평어는 세존의 은혜를 가장

잘 갚은 것이라고 한다.

역자의 평어:
스승은 주고 제자는 빼앗으며,
한쪽은 色이요 한쪽은 空이로다.
다시 준 곳에 빼앗음이 있고,
빼앗은 곳에 줌이 있다.
박자가 이렇게 잘 맞으니,
가장 멋진 法宴이로다.

幻人이 幻衆을 웃기고 울려서
다 함께 無漏 春城으로 돌아가도다.

나무아미타불 염불이 지극하면 이 도리를 自通한다.

9) 백법白法 : 옛날 인도인들은 검은 색과 흰색으로 선과 악을 나타내었기에 善法을 백법이라 하였다. 여기서는 불법을 말한다.

10) 16 정사가 음식공양을 잘 소화한다는 경문에 대하여. 禪宗에 今生에 未明心하면 滴水도 也難消라는 말이 있다. 금생에 마음을 밝히지 못하면 방울 물도 소화할 수 없다는 뜻이다. 중생이 올린 공양물을 소화하려면 반드시 먼저 自心을 철저히 밝히고 많은 공덕을 쌓아서 중생의 福田이 될 자격을 갖추어야 한다는 의미이다. 16 정사는 等覺의 대보살이므로 중생이 올리는 공양을 당연히 잘 소화한다.

11) 묘리妙理 : 불법의 미묘한 도리. 이에는 언설로 나타낸 8만 장교와 禪, 密 등 무량한 법문이 다 포함된다. 참마음(眞如마음)의 體, 相, 用에 대한 설명과 이를 얻는 많은 수행법이 불법의 미묘한 도리이다.

12) 안미소破顏微笑를 보인다는 것은 수행자의 공덕을 찬탄하는 뜻도 있고, 言語

以前의 消息을 드러내는 의미도 있다.

영산회상에서 석존께서 연꽃을 들어 보임에 수많은 대중이 아무 말 없는 가운데 오직 마하 가섭존자만 破顏微笑하였다. 그러자 부처님은 '나의 正法眼藏, 涅槃妙心, 實相無相, 微妙法門, 不立文字, 敎外別傳을 마하가섭에게 부촉한다.'고 印可하였다. 이것이 석가세존 禪法의 始源이다

南宋의 無門 慧開선사(1183~1260)는 이 공안에 대하여, (세존이) 대중을 無視하고 良民을 압박하여 賤民을 만들어 놓고는 양 머리를 걸어 놓고 개고기를 팔고 있다고 평하였다. 양머리는 무엇이고, 개고기는 무엇인가? 여섯 번째 손가락을 본 사람은 웃지 않을 수 없다.

13) 관정위灌頂位는 등각위等覺位를 코앞에 둔 십지보살十地菩薩 만기滿期의 지위.

14) 열반에 듦을 보임은 불보살님의 示滅生善恩이다. 부처님과 대보살님은 入滅을 보여서 중생으로 하여금 현상의 무상함과 여래를 언제나 뵈올 수 있는 것은 아니라는 것을 깨닫게 하여 보리심을 내도록 이끄는 은혜이다. 그러나 여래는 멸함이 없고, 언제나 설법하신다.

《법화경》제16 〈여래수량품〉에서 말한다.
自我得佛來, 所經諸劫數, 無量百千萬 億載阿僧祇,
常說法教化 無數億眾生, 令入於佛道。爾來無量劫,
為度眾生故, 方便現涅槃, 而實不滅度, 常住此說法。
(내가 성불하여 지난 겁수가 무량백천만 억재아승지인데,
언제나 설법하여 무수억 중생을 교화하여 불도에 들게 한다.
무량겁 동안 중생을 위하여 방편으로 열반을 보이지만
실은 멸도하지 않고 언제나 여기 머물며 설법한다.)

15) 《화엄경》에서 말했다. "비유하자면 환술사가 갖가지 몸을 잘 나타내는 것과 같이 보살은 자재력을 갖추어서 시방세계에 (시방세계 어느 곳이나 자기 몸을) 가득 채

울 수 있다."

16정사와 같은 등각보살은 止觀의 힘이 거의 부처님과 같게 되어서 元品無明
만 남기고 나머지 41품 무명이 타파되어서 自心과 諸法의 空性을 철저히 깨닫
고 自心의 無限 功德相과 無限 自利利他의 不思議 作用까지 부처님과 비슷할
정도로 증득하여 이를 중생교화를 위하여 사용한다. 그러한 自在力으로 시방
세계에 갖가지 몸을 나투어 諸佛께 예경올리고 幻化의 몸을 나투어 중생을 선
교방편으로 이끈다.

地上菩薩이 止觀의 힘에 의하여 我執과 法執의 分別(후천적) 및 俱生(선천적)의
장애를 차츰 타파하여 如幻三昧(모든 것으로 변화시켜 나타내서 들어가지 못할 곳이
없는 삼매)를 얻어서 능히 무량한 자재신통으로 意로써 몸을 化生하여 일체 불
찰에 뜻대로 걸림 없이 갈 수 있으므로 意生身이라고 하는데, 《능가경》은 意生
身을 3단계로 나누어 설한다. 1)삼매락정수 의생신三昧樂正受 意生身은 바르
고 곧은 定으로 樂을 삼는 의생신을 말한다. 고통과 기쁨 등의 受와는 다르다.
3地부터 5地까지의 보살은 이 삼매를 닦을 때 眞空 寂滅의 樂을 얻어서 意生
身을 내서 널리 일체 불찰에 걸림 없이 들어간다. 그러나 이 단계는 삼매에 들
어 있을 때만 의생신이 가능하고 삼매에서 나오면 불가능하다. 2)각법자성 의
생신覺法自性 意生身이란 8지 보살이 諸法의 自性이 幻化와 같아서 전혀 존재
하지 않음을 철저히 깨쳐서 무량한 신통력으로 意生身을 내서 널리 일체 불찰
에 신속하고 뜻대로 들어감이 자재하여 걸림 없다. 3)종류구생무행작 의생신
種類俱生無行作 意生身이란 9地, 10地 보살이 일체법이 모두 佛法임을 覺知
하여 한 의생신과 무량한 의생신이 동시에 널리 나타남을 얻어서 마치 거울에
갖가지 만상이 한꺼번에 나타남과 같다. 비록 갖가지 무량한 의생신을 보이지
만 조금도 作爲가 없다.

16정사은 등각보살이므로 種類俱生無行作 意生身 이상의 수승한 의생신을 갖
추어서 중생을 제도하고 부처님께 예경올린다.

여기서 《대승기신론》에서 證發心 단계인 初地 보살부터 여래의 단계까지의 수

행과 중생교화에 관한 법문을 인용하오니 참고바랍니다. 이 경과 똑같은 내용이 포함되어 있으니 비교하여 보시기 바랍니다.

證發心者, 從淨心地, 乃至菩薩究竟地。證何境界? 所謂眞如。以依轉識, 說爲境界, 而此證者, 無有境界。唯眞如智, 名爲法身。是菩薩於一念頃, 能至十方無餘世界, 供養諸佛, 請轉法輪, 唯爲開導, 利益衆生, 不依文字。或示超地, 速成正覺, 以爲怯弱衆生故。或說我於無量阿僧祇劫, 當成佛道, 以爲懈慢衆生故。能示如是無數方便, 不可思議。而實菩薩種性根等, 發心則等, 所證亦等, 無有超過之法; 以一切菩薩皆經三阿僧祇劫故。但隨衆生世界不同, 所見所聞, 根欲性異, 故示所行, 亦有差別。

증발심(발심을 증득함)이란 정심지淨心地(초지初地)로부터 보살구경지(10지 등각보살)에 이르기까지를 말한다. 이들은 어떠한 경계를 증득하는가? 소위 眞如이니, 轉識에 의거하여 境界가 된다고 말하지만, 이 증득한 것은 경계가 없다. 오직 眞如의 智慧뿐이므로 法身이 된다고 말한다. 이 보살은 일념 사이에 능히 시방의 모든 곳에 이르러서 모든 부처님께 공양 올리고 법륜 굴려 주시길 권청하되 오직 중생을 개도하여 이익을 베풀어 주실 것을 위함이요, 문자에 의하지 않으며, 혹은 지위를 초월하여 신속하게 정각을 성취하나니, 이는 겁 많고 나약한 중생을 위한 때문이며, 혹은 나는 무량아승지 겁을 지나야만 비로소 성불한다고 말함은 게으르고 오만한 중생을 위한 때문이다. 능히 이와 같이 불가사의한 무수의 방편을 보이지만 실은 이 보살들의 종성과 근기가 같고 발심이 같고 증득한 바도 또한 같아서 초과하는 법이 없나니, 일체보살은 모두 3아승지겁을 거치기 때문이다. 다만 중생들의 세계가 같지 않고, 보는 바와 듣는 바와 근기와 욕망과 성격이 다름을 따를 뿐이기 때문에 (보살들이) 행하는 바에 있어서 차별을 보이는 것이니라.

又是菩薩發心相者, 有三種心微細之相。云何爲三?
또한 이 보살들의 발심에는 3가지 마음의 미세한 모양이 있다. 어떤 것이 3가지인가?
一者, 眞心, 無分別故。

첫째는 진여심이니, 분별이 없기 때문이다.

二者, 方便心, 自然遍行利益眾生故。

둘째는 방편심이니, 자연히 널리 중생에게 이익을 베풀어 주기 때문이다.

三者, 業識心, 微細起滅故。又是菩薩功德成滿, 於色究竟處, 示一切世間最高大身。謂以一念相應慧, 無明頓盡, 名一切種智, 自然而有不思議業, 能現十方利益眾生。

셋째는 業識心이니, 미세한 업식이 일어났다 소멸하기 때문이다. 또한 이 보살은 공덕이 이루어져 원만해지면 색구경천에서 일체 세간에서 가장 높고 큰 몸을 시현한다. 말하자면 일념상응의 지혜로써 무명을 단박에 다하여 일체종지라 이름하고, 자연히 부사의한 업이 있어서 능히 시방에 나타나서 중생에게 이익을 베푼다.

問曰 : 虛空無邊故, 世界無邊 ; 世界無邊故, 眾生無邊 ; 眾生無邊故, 心行差別亦復無邊。如是境界, 不可分齊, 難知難解。若無明斷, 無有心想, 云何能了, 名一切種智。

묻는다. 허공이 무변하기 때문에 세계가 무변하고, 세계가 무변하기 때문에 중생이 무변하고, 중생이 무변하기 때문에 중생의 심행의 차별도 무변하다. 이와 같이 경계를 나눌 수 없어서 이를 다 알고 이해하기 어려운데, 만약 무명을 끊는다면 마음 생각이 없을진대 어떻게 능히 알길래 일체종지라 이름하는가?

答曰 : 一切境界, 本來一心, 離於想念。以眾生妄見境界, 故心有分齊, 以妄起想念, 不稱法性, 故不能決了。諸佛如來, 離於見想, 無所不遍, 心真實故, 即是諸法之性, 自體顯照一切妄法, 有大智用, 無量方便, 隨諸眾生, 所應得解, 皆能開示種種法義, 是故得名一切種智。

답한다. 일체경계는 본래 一心이라 想念을 떠났다. 중생이 허망하게 경계를 보기 때문에 마음에 구분이 있어서 허망하게 상념이 일어나서 법성과 합치하지 못한다. 그러므로 알지 못한다. 그런데 제불 여래는 見相을 떠나서 두루하지 않음이 없어서 마음이 진실하므로 이것이 곧 제법의 진성이다. (여래의 진실함 마음) 자체가 일체 허망한 법을 환하게 비추어서 대지혜의 작용과 무량한 방편이 있어서 모든 중생의 이해를 따라 모두 능히 갖가지 法과 義를 열어 보이나니,

그러므로 一切種智라 이름한다.

16) 일체 선법善法의 평등함을 통달하여 이를 만족하게 갖추어 닦아 성취함 :
   이 부분에 대한 쇼다지 캄포의 해석 :

   이 보살들은 무량무변한 법문을 성취한 즉 이 보살들의 마음의 도량은 활달하여 걸림 없이 현종顯宗과 밀종密宗 및 세간의 무량법문을 통달한바, 마음이 협소한 이러한 사람 즉 나는 이 종파만 배우고 다른 종파는 배우지 않겠다는 사람과는 같지 않다. 마음이 협소한 사람은 다른 종파도 본래 순정純正한 불교임에도 그들은 근본적으로 이를 보거나 듣고 생각하지 않으려 한다. 그러나 이 보살들은 세속의 진리와 수승한 진리, 현상과 공성空性, 대자비와 지혜가 모두 평등하여 둘이 아님을 통달하고 더불어 이 모든 것들을 만족하게 갖추어 닦아 성취한 즉 단순히 이론상으로만 통달하고 닦지 않는 것이 아니라 1지부터 10지까지가 모두 이 보살들의 수도 과정이었다. 그리고 이 보살들은 신통변화에 의거하여 평등하게 동서남북 등 무량 항하 모래알 수 불찰에 나아가서 여래의 면전에서 갖가지 법문을 듣고 받아 지녀서 갖가지 등지等持(삼매)를 얻고 항상 모든 부처님으로부터 정진 권유와 위신력을 받는다.(이상 쇼다지 캄포의 법문)

   따라서 우리가 사바에서 불법을 수행함에 있어서도 자신이 닦는 행법만 제일이라고 여기고 다른 불법을 배척하거나 무시해서는 절대 안 된다. 극락의 보리수는 수행자의 근기와 취향에 맞는 법을 설하는 것과 같이 각자 자신에게 맞는 약(불법)을 잘 복용하면서 동시에 다른 사람에게 맞는 불법을 함께 존중해야 할 것이다. 모든 불법은 중생의 갖가지 병을 치유하는 처방일 뿐 구경에는 병과 약이 모두 없다. 《법화경》〈관세음보살보문품〉에서 설하는 바와 같이, 관세음보살은 중생의 근기와 취향에 따른 32응신을 나투어 설법하거나 기타 무량 방편을 베풀어 중생을 제도한다.

17) 아사리阿闍梨 : 밀종密宗의 칭호. 현종顯宗에서는 일반적으로 법사(法師 ; 스님)라 한다. 범어로 궤범사軌範師란 뜻이며, 그의 언행은 우리들의 본보기가 되므로 「아사리」라 한다.

18) "언제나 중생의 근기와 상응하는 끝없는 수행 법문을 닦아 익히고, 일체법계一切法界와 일체행一切行을 통달하였으며."에 대하여

쇼다지 캄포의 해석: (등각보살인 16정사는) 다른 보살들을 교화하기 위하여 스승의 모양으로 나타나서 권속들을 위하여 경을 강의하고 설법하여 불법을 열어 보여 지도하는 외에 그들은 언제나 중생의 근기와 相應하는 끝없는 법문을 닦아 익히는 바, 世俗에서는 진소유지盡所有智(俗諦의 지혜)를 보여서 중생의 근기에 따라 행하여 지니기에 상응하는 육도만행을 제시하고, 勝義 가운데서는 여소유지如所有智(眞諦의 진리)를 드러내서 일체 만법이 모두 空性임을 철저히 깨달아서, 일체의 행이 머물 바 없음(집착할 바 없음)을 통달하여 일체법이 모두 眞如法界임을 확실히 인식하고, 일체의 극단적 집착(常과 斷, 有와 無 등의 생각)과 희론(말장난)을 멀리 떠났다.(爲了敎化其它菩薩, 這些菩薩還顯現阿闍梨的形象, 爲眷屬們講經說法,開示指導。此外, 他們經常修習相應無邊法門。在世俗中現前盡所有智, 隨衆生根機行持相應的六度萬行；在勝義中現前如所有智, 了悟一切萬法皆爲空性, 通達一切所行無有所住, 認識到一切都是法界眞如, 遠離了一切邊執戲論。)(이상 쇼다지 캄포의 해석)

먼저 法界는 一眞法界의 준말로서 우리의 참마음을 지칭한다.

一眞法界(하나인 참마음)의 뜻 풀이:
청량국사 저술《화엄대소》에서 말한다.
"오고 감에 制限이 없고, 動과 靜이 동일한 根源이다. 수 많은 미묘 공덕을 갖추어 남아 돌고, 언어와 사량을 멀리 떠난 것은 오직 법계인 것을!"
《화엄대소초(청량국사 저술)》에서 말한다. "일진법계는 (제법의) 현묘한 자체이다. 사사물물에 대하여 말하자면, 一微塵 마다 모두 일진법계이다. 그 자체가 일체 상대를 끊었기에 一이라 말하고, 진실하므로 眞이라 말한다. 일체 만법을 융통 섭수하므로 法界라 말한다. 이에 화엄경의 핵심 의미가 된다."
三藏法數(明代 불교사전)에서 말했다.
"둘이 없으므로 一이라 말하고, 허망하지 않으므로 眞이라 말한다. 만법을 서로 꿰뚫어 융통하며 거두어 들이므로 法界라 말한다. 이것은 곧 제불의 평등 법신이어서 본래부터 불생불멸이요, 空도 아니고 有도 아니며, 이름과 모양을

떠났고, 안도 없고 밖도 없으며, 유일한 진실체로서 말로 설명하거나 사유할 수 없다. 이것을 일진법계라 이름한다.”

華嚴大疏曰:「往復無際, 動靜一源, 含眾妙而有餘, 超言思而迥出者, 其唯法界歟。」大疏鈔一曰:「以一真法界, 為玄妙體。」

言事事物物。一微一塵盡足為一真法界也。其體絕待故曰一,

真實故曰真, 融攝一切萬法。故曰法界。乃華嚴經一部之主意。

三藏法數四曰:「無二曰一, 不妄曰真, 交徹融攝, 故曰法界。

即是諸佛平等法身, 從本以來, 不生不滅, 非空非有, 離名離相,

無內無外, 惟一真實, 不可思議, 是名一真法界。」

역자의 拙釋 :

‘一切法界를 통달한다.’ 함은 自心과 諸法의 空性과 자심에 갖춘 대지혜광명, 진실식지, 상락아정 등 무량 항사 공덕 및 자리이타의 불가사의 작용과 더 나아가 諸法 無限 緣起를 체증, 통달함을 말한다. 즉 일진법계의 4가지 무애(이무애, 사무애, 이사무애, 사사무애)와 화엄 10현문의 도리를 통달함을 말한다.

空性이란 텅 비어 청정, 평등, 자재, 원융한 諸法과 心性의 본체를 말함. 수행자가 自心의 空性을 철저히 체득할 때 그 공성을 자유자재로 펼쳐서 행주좌와 어묵동정에 事事物物로 假(施爲)를 보이되, 그 假에 조금도 물들지 않아서 空(無)와 有의 어느 하나에 치우치지 않는 中道不二의 신묘한 작용을 한다. 空 그대로 有이고 有그대로 空인 삶이다.

眞如 自性 내지 諸法의 空性으로부터 법계무한의 연기 내지 4가지 무애가 전개된다. 법계의 法은 自心에서 나온 생주이멸의 제법을 말하고, 界는 그러한 제법이 일어나는 本源의 마음을 말한다. 즉 법계는 一心의 다른 표현이다.

‘一切行을 통달한다.’ 함은 일체법계를 통달한 바탕위에 자리이타의 일체 수행문과 교화문에 통달함을 말한다.

일진법계 즉 일심은 공간적으로 온 우주에 두루 미치지 않는 곳이 없고, 시간적으로 삼세에 다한다. 그러므로 一心에 미동微動만 있어도 그 파급효과는 시

방과 삼세에 두루한 일체유정 무정에 미쳐서 자연히 법계 무한의 연기가 이루어 진다. 나의 일심 염불이 시방 무량 중생의 마음에 들어가서 함께 염불함이 되고, 나의 일심 화두 의단 거각, 간경 내지 주력 삼매가 일체중생의 마음을 각성케 하여 성불에 이르게 한다.

부처님 출세의 본회는 우리 중생에게, 우리가 갖춘 大乘 즉 一心 이 생사 없는 금강불괴신임과 그 무한 덕상 및 불가사의 작용을 깨달아 이를 자유롭게 구사하여 일체 중생이 모두 부처되게 하려는 데 있다. 그러므로 우리의 眞面目인 大乘 내지 一心의 개략적인 의미를 잘 알아둘 필요가 있다. 원효보살은《기신론 해동소》와 그《별기》에서 大乘, 즉 一心의 개괄적인 의미에 대하여 아래와 같이 말했다.

■ 해동소
然夫大乘之爲體也 蕭焉空寂 湛爾沖玄 玄之又玄之 豈出萬像之表 寂之又寂之 猶在百家之談 非像表也五眼不能見其軀 在言裏也四辯不能談其狀 欲言大矣 入無內而莫遺 欲言微矣 苞無外而有餘 引之於有 一如用之而空 獲之於無 萬物乘之而生 不知何以言之 强號之謂大乘

저 대승의 체體는 고요하여 공적空寂하고, 그윽이 맑고 깊어 현묘玄妙하도다. 현묘하고 또 현묘하나 어찌 만상萬像의 밖을 벗어났으랴. 고요하고 또 고요하나 오히려 백가百家의 담론談論 가운데 있도다. 만상의 밖을 벗어나지 않았으나 오안五眼으로도 그 몸을 볼 수 없으며, 백가百家의 담론談論 가운데 있으나 사변四辯으로도 그 모습을 말할 수 없다. 크다고 말하고자 하나 안이 없는 작은 것에 들어가도 남음이 없고, 미세하다고 말하고자 하나 밖이 없는 큰 것을 감싸고도 남음이 있다. 그것(대승)을 유有에다 이끌려 하나 한결같이 작용作用하되 언제나 텅 비었고, 그것을 무無에서 획득하려 하나 만물이 그것(대승)을 타고 생긴다. 이에 어떻게 말해야 할지 몰라 억지로 이름 붙여 대승大乘이라 하였다.

• 五眼 : 肉眼, 天眼, 法眼, 慧眼, 佛眼.
• 四辯 : 불보살님이 갖춘 4가지 걸림 없고 완전 원만한 변설능력. 곧 法無礙, 義無礙, 辭無礙, 樂說無礙.

■ 별기

其體也曠兮 其若大虛而無私焉 蕩兮其若巨海 而有至公焉 有至公故 動靜隨成 無其私故 染淨斯融 染淨融故 真俗平等 動靜成故 昇降參差 昇降差故 感應路通 真俗等故 思議路絶 思議絶故 體之者乘影響而無方 感應通故祈之者 超名相而有歸 所垂影響 非形非說 旣超名相 何超何歸 是謂無理之至理 不然之大然也

그 체가 텅 비었음이여. 허공과 같아 사사로움이 없도다(心眞如). 그 체가 탕탕히 넓음이여. 바다와 같아 지극히 공평하도다(心生滅). 공평함이 있기 때문에 동정動靜이 뒤따라 이루어지고, 그 사사로움이 없기 때문에 염染과 정淨이 이에 융화融和된다. 염染과 정淨이 융화하기 때문에 진眞과 속俗이 평등하고(迷悟에 平等하고), 동動과 정靜이 서로 이루어지므로 오르고 내림의 차이가 있다(迷悟의 차이가 있다). 오르고 내림의 차이가 있기 때문에 감응感應의 길(중생의 구함인 感과 불보살님의 무연자비의 드리움인 應이 만나는 길)이 통하고, 진眞과 속俗이 평등하기 때문에 생각하고 말하는 길이 끊어졌다. 그것(대승)을 체득한 분은 그 영향(그림자와 음향)을 타되 일정한 방향이 없고, 감응感應의 길이 통하므로 그것(대승)을 구하는 사람은 명상(名相: 이름과 모양)을 초월하여 돌아갈 곳이 있다. 하지만 (불보살님께서) 드리운 바의 그림자와 음향은 형상形相도 아니고 설명할 수 있는 것도 아니어서 이미 명상名相을 초월하였으니, 무엇을 초월하며 어디로 돌아갈 것인가. 이것을 일러 진리가 없는 가운데 지극한 진리요, 그렇지 않은 것 가운데 가장 그러한 것이라 한다.

위 법문은, 생멸문에서는 반드시 중생의 구함에 반드시 불보살님의 응함(加持)이 있어서 이로 인하여 중생이 불지佛地에 오를 수 있으나, 진여문에서는 일체 중생이 한 번도 불지를 떠난 적이 없었기 때문에 불지를 얻은 후에도 본래 있었던 것을 얻은 것이라서 이러한 얻음은 그렇지 않은 것 같지만 가장 그렇고, 도리에 맞지 않는 것 같지만 가장 지극한 도리라는 취지이다.

또한 원효보살은 "오염과 청정의 모든 법의 성性은 둘이 없고, 진여와 생멸의 2문은 다르지 않으므로 하나(一)라 이름하고, 이렇게 둘이 아닌 그 자리가 바로 모든 법의 실제實際이나, 허공과는 같지 않고 스스로의 본성에 신령한 이해능력을 갖추고 있으므로 마음(心)이라 이름한다(謂淨染諸法, 其性無異, 眞妄二門, 不得有異, 故名爲一. 此無異處諸法中實, 不同虛空, 性自神解, 故名爲心). 그러나 이미 둘이 없는데 하나인들 있겠는가? 하나도 있지 아니한데 무엇을 일러 마음이라 하겠는가? 이와 같은 도리는 말을 떠나고 사려가 끊어져서 어떻게 지목할 수 없어 억지로 일심이라고 하였다.(然旣無有二, 何得有一, 一無所有, 就誰曰心, 如是道理, 離言絕患. 不知何以目之, 強號爲一心也)고 말했다.(이상 원효대사 법문)

각설하여 《명추회요冥樞會要》의 법문을 인용합니다.(장경각 선림고경총서에서 인용합니다.)

이 重玄門(화엄의 10현문)은 명칭과 언어의 길이 끊어져서 지혜의 연출을 따라야만 자세하게 보고 들으니, 오직 증득해야만 알 수 있지 망정妄情(분별 망상)으로 이해할 수 있는 것은 아니다. 만약 직접 증득한 때라면 모두 현량現量의 경계(직접 깨달음을 향유하는 경계)이므로 곳곳마다 법계法界에 들어가고 매순간 비로자나불을 보게 된다. 만약 문자의 의미로 이해한 것만 따른다면 단지 5음陰과 6識에 의거하여 통할 뿐이니, 逆順 경계를 만났을 때에는 도리어 막혀 버리며, 차별된 질문(뜻밖의 질문)을 만난 곳에서는 모두 疑情에 떨어진다.

염관(鹽官)화상이 화엄강사를 감정하려고 다음과 같이 물었다. "《화엄경》에 몇 가지 법계(法界)가 있는가?"
화엄강사가 답했다. "간략하게 말하면 열 가지 법계가 있고, 자세히 말하면 중중무진(重重無盡)합니다."
스님이 불자(拂子)를 세우고 물었다.
"이것은 몇 번째 법계인가?"
이때 강사가 고개를 숙이고 머뭇거리다가 대답하려던 때에 스님이 꾸짖었다.
"생각해서 알고 헤아려서 이해하면 귀신의 살림살이이다. 햇빛 아래의 외로운 등불이 과연 빛을 잃는구나 썩 나가라"

역자 : 직접 물을 마셔봐야만 그 차고 더움을 알 수 있다.

19) 경문은 "선학인다라망善學因多羅網'이라고만 되어 있는데, 쇼다지 캄포는 인다라망에 대하여 다음과 같이 풀이하였다. 즉 인드라망은 제석천의 망網(제석천이 머무는 도리천에 펼쳐진 그물)이다. 제석천왕은 보배 구슬이 달려 있는 그물을 갖고 있는데, 그 망에 달린 보배 구슬의 빛은 서로가 서로를 비추고 비추어진다. 불교에서는 이를 일다상융一多相融과 중중무진重重無盡의 뜻을 비유할 때 자주 사용한다. 여기서는 두려움이 없는 대지혜의 그물을 비유하였다.

20) 삼매三昧(범어 Samādhi)는 음차하여 삼마지三摩地 또는 삼마제三摩提라고도 하며, 等持(定과 慧를 均等히 지님), 正定(바른 선정), 正心行處(바른 마음의 행처) 등으로 번역된다. 《유가사지론》에서는 이를 心一境性이라 하였다. 즉 자기 마음을 하나의 緣境(화두, 佛號, 불국토의 의정장엄, 다라니 등)에 집중함이 철저하고 분명하게 되어 一心不亂의 상태에 들어가서 주관(염불하는 나)과 객관(불호)이 모두 空하되 염불하는 나 그대로 부처(헛소리마라!)임을 명료하게 自覺하는 心的 狀態를 말한다. 즉 자심의 空寂靈知를 覺醒하는 상태이다. 통상 부처님이 계신 곳을 寂光殿이라고 하는데, 寂은 如實空인 心體를, 光은 心體의 觀照作用을 각 의미하고, 이 둘은 서로 떨어지지 않는다. 불과 불빛의 관계로 비유한다. 우리도 삼매를 체득하면 늘 자심의 적광전에 머물게 되어서 分段生死의 苦痛에서 해탈한다.

三昧는 八正道의 하나이자, 七覺支의 하나이고, 持戒, 智慧와 더불어 三無漏學의 하나이다. 즉 삼매는 부처님의 8만4천 법문 중 가장 중요한 수행법이다. 삼매수행 없이는 불법의 바다에 들어갈 수 없다.

공삼매空三昧는 自心의 眞空 覺性에 기하여 諸法皆空의 觀照를 닦아서 我相을 제거하여 我見과 我執에 머물지 않는 것을 말한다(我空). 무상삼매無相三昧는 自心 空性에 입각한 覺照를 쉬고 다만 諸法의 空을 觀하여 앞의 空相에도 머물지 않는 것을 말한다(法空). 무원삼매無願三昧는 자기의 覺性도 쓰지 않고 觀照도 없이 자연스럽게 無我無心, 無念無想, 無作無行, 無願無求의 삼매에 들어서 언제나 자리이타의 행을 하되 어떠한 조작이나 바램도 없는 자연스런 삼매로서 무작삼매無作三昧라고도 한다.

한편 空三昧를 兩邊(有와 無)에 대한 雙遮(모두 긍정)와 雙照(모두 긍정)의 中道의 空으로 이해하고, 無相三昧를 空三昧도 떠나는 것으로 보고, 無作三昧는 無相三昧 마저 떠나서 조작이 없고 어떠한 바램도 없이 자유자재로 자리이타의 삼매행을 하는 것을 의미하는 것으로 보는 견해도 있다. 두 견해의 취지는 같다. 《금강경》의 應無所住 而生其心은 無願三昧를 말하는 것으로 이해된다.

이 3가지 삼매를 三三昧 또는 三解脫이라고도 한다. 근래 水月 音觀禪師, 慧月 慧明禪師, 靑潭禪師 같은 분은 무작삼매행을 아주 잘 보이셨다고 사료된다.

이 세 가지 삼매는 결국 一心과 諸法의 眞如 空性을 확철하게 깨닫는 데서 얻어진다. 《보살영락경菩薩瓔珞經》에서 말한다. "깊은 法藏을 갖추고자 한다면, 먼저 空과 無相을 닦아야 한다.(欲具深法藏 先修空無相)"

한편 《대승기신론》에서는, 이러한 自心 眞如의 空性 내지 寂滅性 자체에 항하모래 알 수와 같은 功德相(대지혜광명, 진실식지, 자성청정, 상락아정, 청량불변자재)과 자리이타의 不可思議한 作用이 만족하게 갖추어져 있어서 眞如心의 自體를 떠나지 않고, 무시 이래 끊어지지 아니하며, 眞如의 體性과 이러한 事相(공덕상과 불가사의한 작용)이 동일한 맛이고, 不可思議한 佛法을 만족하여 조금도 부족함이 없다고 말씀하였다. 우리의 참 마음은 空 가운데 無限 功德을 다 갖추었습니다. 일체 세간에서 自心과 諸法의 如實空性과 그 無限 功德相 및 不可思議 作用을 가장 높고 가장 깊으며 가장 수승하게 증득하신 분이 바로 阿彌陀佛이시다.

21) 무생무멸의 모든 삼마지 : 무생법인을 얻은 삼마지를 말한다.

22) 일체의 다라니문을 얻음 :《대경해》법문을 인용합니다. 다라니는 총지總持로 번역된다. 일체의 다라니를 얻어서 갖추지 않은 것이 없다는 뜻이다. 다라니에는 4가지 뜻이 있다. ① 법다라니法陀羅尼 또는 문다라니聞陀羅尼 : 부처님의 교법을 듣고 지녀서 잊지 아니함. ② 義다라니 : 제법의 뜻을 모두 잘 지녀서 잊지 아니함. ③ 呪다라니 : 呪를 모두 잘 지녀서 잊지 아니함. 주呪란 불보살님

이 禪定에서 일으키신 비밀언구인데, 측량할 수 없는 신통과 효험이 있으므로 주呪다라니라 이름한다. 의역한 이름에는 4가지가 있는데, 明, 呪, 密語, 眞言이 그것이다. ④ 忍다라니 : 법의 實相에 편안하게 머묾을 忍이라 말한다. 이 忍을 지님을 忍다라니라 이름한다. (이상《대경해》법문)

조선 正祖 때 성월선사城月禪師는 북한산 승가사 마애 석가모니불 앞에서 천수다라니 100만편을 지송하여 활연대오한 후 八道都僧統에 취임하여 불법을 크게 선양하였다. 구한말 무융無融 선사, 수월水月 音觀 선사가 천수다라니의 집중 수행으로 큰 깨달음을 성취하였으며, 용성龍城 선사(1864~1940)도 경북 의성義城 고운사 수월 영민水月 永旻 스님의 교시로 천수대비주 염송 수행으로 오도하였다. 고봉 경욱(高峰 景煜, 1890~1961)선사의 제자 행원行願 선사(1927~2004) 역시 천수다라니 집중 염송으로 활연 대오하였다.

근세에 水月이란 같은 불명佛名을 쓰신 분이 두 분 계신다. 한 분은 의성 고운사孤雲寺의 수월水月 영민永旻 스님(1817~1893)이고, 또 한 분은 간도間島의 수월水月 음관音觀 스님(1855~1928)이다. 고운사 수월 영민스님은 잘 알려지지 않았지만 동진 출가하여 평생을 지계 청정과 선정수행으로 심지心地를 환히 밝히셨으며, 생시에 온몸에서 많은 사리가 나왔다. 임종 시에는 서방정토 왕생을 발원하시고 그곳으로 돌아가셨다. 간도間島의 수월 음관스님은 스승 경허 화상의 교시로 서산瑞山 고북면 연암산 천장암天藏庵에서 천수대비주 집중 염송으로 활연대오하였다.

水月 音觀禪師선사에 대하여 자세히 말씀드리면, 선사는 천수대비다라니를 집중 염송하여 활연대오함과 동시에 한 번 들으면 절대 잊지 않는 불망념지不忘念智를 얻으셨고 나아가 평생 잠이 없는 경지에 이르렀으며 사람의 병을 고쳐주는 신통을 얻었습니다. 삼매에 들었을 때 큰 화염과 같은 大放光을 하시는 등 많은 이적을 보이기도 하였다.

스님은 오도 후 전국 많은 사암에서 10여년 동안 보림수행과 더불어 조실을 맡아서 학자를 제접하였고, 1912년부터 1928년 열반하실 때까지는 백두산 건

너 도문, 만주 수분하, 두만강 근처 나자구 등지에서 학자를 제접하면서 다친 독립군을 치료해 주고, 주먹밥을 만들어서 길가에 놓아 두어 배고픈 행인이 먹도록 하였으며, 행인을 위하여 짚신을 삼아서 나무에 걸어 두었고, 짐승들에게도 먹거리를 제공하는 등 끝없는 보살행을 실천하였습니다. 불교 역사상 보기 드문 수행을 성취한 대보살입니다.

선사는 1928년 여름 하안거 해제 다음 날(음력 7월 16일) 주석하시던 나자구 송림산 화엄사 앞 개울에서 목욕하신 후 바위에 맨몸으로 앉아서 입고 있던 바지 저고리를 고이 접어서 머리에 이고 그 위에 다시 새로 삼은 짚신 한 켤레를 올려 놓고 결가부좌한 채 입망하셨다. 이렇게 생사없는 당처를 여실하게 보여 주셨다. 이는 근래에 보기 드문 수승한 열반이요, 최후까지 온 몸으로 西來意를 전하심이다.

스님의 다비를 마친 후 일주일 동안 스님이 계시던 송림산 하늘에 매일 밤 큰 광명의 기둥이 하늘 높이 치솟았다고 한다.

23) 오근五根 ; 신, 진, 염, 정, 혜 信, 進, 念, 定, 慧(믿음·정진·생각·선정·지혜)의 다섯 가지 수행의 뿌리.

24) 황념조 노거사는, "일진법계一眞法界(참마음)의 다함없는 연기緣起를 이취理趣(나아갈 도리)로 삼아서, 그 이취를 통달한 다음 이에 근거하여 보살만행을 일으켜서 불과佛果를 장엄함을 화엄華嚴이라 말하고, 일심一心으로 그것(불화엄) 닦음을 (불화엄)삼매라 말한다."고 풀이하였다.

25) 법처 비구의 48홍서 중 제23원(공양제불원 : 극락보살들이 매일 이른 아침에 타방의 무량 백천억 나유타 모든 부처님께 공양 올리고 식사 시간 전에 극락으로 돌아올 것을 서원함)에서 말한 극락보살의 능력은 "一念(한 생각) 가운데 시방 불국토에 두루 노닐며 모든 부처님 면전에서 깊고 광대한 법문을 듣고 돌아옴이 다른 때가 아니다."라는 16정사의 법력과 같다. 극락의 보살들은 아미타불의 불가사의 본원력으로 등각보살인 16정사와 같은 법력을 가지게 된다.

황념조 노거사는 《대경해》에서 말한다. "위 경문에서 이미 이 16정사는 수시로 화엄삼매에 깨달아 들어간다고 말씀하셨는바, 이 삼매는 수행의 果에 의거하여 말한 것인데, 또한 海印三昧라고도 이름한다. 印(도장)이라 이름한 것은 세상의 도장을 비유한 것으로서 도장에 새겨진 글자는 그 날인시 그 전체가 동시에 나타나고 先後의 차이가 없다. 전체가 동시에 나타나기에 숨겨진 부분이 없다. 海(바다)라 이름한 것은 큰 바다에 갖가지 차별적인 모양이 동시에 나타남을 비유하였다. 나타난 형상은 천차만별이지만 水體는 다르지 않고, 만상은 빈번하게 일어나지만 바닷 물은 한 가지로 그윽이 맑고 깊다. 완연한 萬象 그대로 완연한 無相이다. 시간적으로 선후가 없기 때문에 빠르고 느림이 동시이고, 삼세의 옛과 지금이 바로 지금 이 생각을 떠나지 않아서 바닷 물 가운데 고루 나타나므로 넓고 좁음에 자재하니 시방세계가 지금 이 자리를 떠나지 않는다. 《화엄경》에서 "일체의 自在를 생각하거나 말하기 어려운 것은 華嚴三昧의 세력 때문이다."라고 말하였다.

26) 승의勝義의 공성경계空性境界(만유의 바탕이 되는 眞空의 경계).

27) 세속世俗의 명언경계名言境界(명칭과 말로 설명할 수 있는 경계).

28) 실제實際 : 제법의 실상實相과 自心의 眞如를 말한다.

29) "널리 중생에게 일체법의 실제實際를 연설하고, 일체의 차별법差別法도 매우 잘 알며,"

《대지도론》에서는 보살의 두 가지 道를 말한다. 즉 반야의 도와 방편의 도이다. 반야 가운데 방편이 있고, 방편 가운데 반야가 있다. 반야로 제법의 空相을 철저히 깨쳐서 한 법도 고집하지 않는다. 방편으로 모든 불국토와 중생을 거두어들여서 한 법도 버리지 않는다. 반야로 제법의 공성을 체증하여 헛것인 제법은 실답지 않아서 화합할 것이 없음을 안다. 방편으로 제법의 연기는 진공 가운데의 묘유로서 인연이 화합함을 안다. 반야에는 記憶과 像想 및 分別이 없어서 제법이 평등하여 법계에 차별적 모습이 없음을 안다. 방편은 보리법을

193

도와서 제법의 분별과 세간에서 차별적 모습이 일어남을 안다. 반야는 보리법 자체에 중점을 둔 공성 체증적 自利行이고, 방편은 자비로 중생을 건지는 利他 行이다. 이 두 가지는 모두 지혜로서 하나도 아니고 다르지도 않다. 비록 두 가지 道의 중점이 다르고 계층적 구분이 있긴 하나 그 자체는 같되, 그 사용되는 바가 다르기 때문에 분별하여 말한다. 비유하자면 황금으로 갖가지 장식과 그릇 등을 만들면 이 모두는 황금이지만 그 이름이 각기 다른 것과 같다.

《大智度論》說菩薩道有二：般若道,方便道, 般若中有方便, 方便中有般若；般若 了達諸法空相, 不執一法, 方便攝諸佛土眾生, 不捨一法；般若知諸法性空, 虛 僞不實, 無可和合, …… 方便知諸法緣起, 真空妙有, 因緣和合；般若無憶想分 別, 知諸法平等, 法界無差別相, 方便是助菩提法, 知分別諸法, 世間起差別相；
般若側重於法 空性體證的自利行, 方便側重於
慈悲度眾生的利他行。二者都是智慧, 不一不異, 雖有偏重層次上的區分, 其體本 同, 以所用不同故, 而分別說, 譬如以黃金作成 各種飾品與器物, 雖皆是金, 而 名各異。

결국 보살 수행의 요체는 반야 자체의 지혜를 매우 깊게 觀하고, 광대하게 보 살의 慧行을 펼치는 것이다.(深觀般若體智 廣行菩薩慧行).

경문의 말씀은 대보살인 16 정사는 自心의 自體인 매우 깊은 般若와 그 用인 차별적 智慧(방편 지혜)를 매우 철저하고 높게 증득하였기에 중생에게도 그렇게 하도록 이끈다는 뜻이다.

《金剛經》의 應無所住 而生其心은 바로 이 뜻이다. 應無所住는 바로 萬法에 털 끝만큼도 물들지 않아서 寂然 不動한 自心 般若의 本智를 가리킨 말이다. 而 生其心은 寂然 不動의 實際자리에서 조금도 움직이지 않고 중생제도를 위하 여 無量한 行願을 펼치는 差別智 내지 方便智를 말한다. 보살은 두 가지 지혜 의 원만 성취를 위하여 힘써야 한다.

30) 자구자재바라밀다資具自在波羅蜜多 : 보살의 10가지 자재自在 바라밀다 중 한 가

지. 수명壽命, 업業, 자구資具, 신해信解, 원願, 신통神通, 출생出生, 역력力, 법法, 심心의 10가지 자재바라밀다. 자타에게 필요한 물자를 자재하게 받아 쓸 수 있는 바라밀다를 말한다.

31) 청하지 않은 벗 : 세간의 사람들은 서로 일정한 조건하에서만 서로 도움을 주고 받지만 무상보리 마음을 낸 보살은 중생이 도와 달라고 청하지 않아도 그를 도울 인연이 닿으면 무조건 돕는다. 《화엄경》에서 "중생이 청하지 않아도 나는 그들의 청하지 않은 벗이 되리라."라고 말씀하셨다.

32) 일체 여래의 법장을 잘 지님 : 쇼다지 캄포는, 16 정사와 같은 대보살은 여래의 일체의 법장을 훌륭하게 받아 지니지만, 우리는 여래의 전체 법장 중 일 부분만 받아 지닐 수 있을 뿐이라고 한다. 우리들이 매일 불법을 듣고, 널리 弘法함은 교법장教法藏을 수지함이고, 이 받은 가르침에 따라 계속 出離心, 大悲心, 菩提心 등 善心을 일으켜 나아가는 것은 증법장證法藏을 수지함이라고 한다.

33) 여래의 일체 공덕 찬탄하는 법 : 세친보살은 《무량수경우바제사(왕생론)》에서 극락왕생을 위한 수행 방법으로 5념문을 말씀하셨는데, 그 가운데 제2문이 바로 찬탄문이다. 이는 아미타불의 불가사의 공덕을 찬탄함으로써 그 광명 덕상과 같아지고자 하여 입으로 아미타불의 명호를 정성으로 부르는 방법이라고 말씀하셨다. 극락에 왕생하려는 간절한 원생심을 갖추고 아미타불의 명호를 칭명하여야 함은 물론이다.

34) 경문에서 16정사의 수승한 행원과 지혜 및 광대한 중생구제의 행을 자세하게 설한 것은 먼저 그러한 등각보살급 16정사 역시 아미타불 정토신앙을 護持한다는 것을 나타내고자 하는 데 뜻이 있고, 다음에는 경을 보는 이들로 하여금 16정사를 본받아서 무한한 자리 이타의 보현행원을 실천케 하려는데 있다고 해석된다.

35) 대적정大寂定 삼매행三昧行 : 《대경해》의 해석을 인용한다.
일체의 산란과 동요를 떠나서 구경究竟의 적정寂靜에 이름을 대적大寂이라 말한다. 「대적정大寂定」이란 여래께서 들어가시는 선정禪定이다. 《열반경30涅槃經卅》에서 말한다. "나는 이 사라쌍수娑羅雙樹 사이에서 대적정大寂定에 드노라. 대적정大寂定이란 대열반大涅槃이라 이름한다." 또 《견해甄解》에서 말한다. "보등삼매普等三昧 및 대적정大寂定은 모두 염불삼매念佛三昧의 다른 명칭이다. …… 지금 부처님께서는 염불법문을 말씀하시고자 하므로 염불삼매에 머무셨다." 그러므로 대적정大寂定이란 통상 곧 부처님께서 드시는 선정으로서 대열반이라고 이름한다고 설명하지만, 지금 이 경을 생각하면 곧 염불삼매를 가리키고, 염불삼매는 보왕삼매라고도 칭하며 모든 삼매 가운데 왕임을 알아야 한다. 오늘 세존께서 정토법문을 연설하시고자 하므로 염불보왕삼매念佛寶王三昧에 드셨다.(이상 《대경해》).

그럼 여기서 석가모니 세존은 어느 부처님을 생각하는 삼매에 드는가?하는 의문이 제기된다. 석가모니 부처님 자심自心 여래를 念함으로써 동시에 아미타여래와 시방의 일체 여래를 念하는 삼매에 든다. 古來의 게송을 인용합니다.

佛身普遍十方中   부처님 몸 시방에 두루하시니
三世如來一切同   삼세의 여래가 모두 한 몸이시네.
廣大願雲恒不盡   넓고 무변한 원력 구름 항상 하여 다함이 없고
汪洋覺海渺難窮   넓고 넓은 깨달음 바다 아득하여 끝이 없다네.

이러한 법리에 의하여 우리가 지극한 마음으로 아미타 여래를 염불하면 시방의 모든 부처님을 동시에 염하는 것이 된다.

36) 여래의 행行 : 여래如來의 여如는 진여眞如의 뜻이고, 래來는 진실을 행하여 지니기 위하여 오신다는 뜻이다. 진실如實의 도道를 타고 오시므로 여래如來라 이름한다. 중생제도를 위하여 如實의 도를 타고 오신 분의 행을 말한다. 그러므로 오되 옴이 없고, 옴이 없되 오시는 분이다. 오고 감이 없다고 해도 안 되고 오고 감이 있다고 해도 안 된다.

37) 대장부大丈夫 의 행 : 부처님 명호 10가지 중 하나인 조어장부의 행으로 보인

다.즉 여래(如來)·응공(應供 : 마땅히 인간과 하늘의 공양을 받을 자격이 있는 분)·정변지(正遍知 : 일체법을 두루 바르고 철저하게 하는 지혜를 갖춘 분)·명행족(明行足 : 천안, 숙명 및 누진의 三明과 新舊醫로 짓는 일체 행업이 모두 원만 구족한 분)·선서(善逝 : 一切智로써 큰 수레를 삼아 8正道를 행하여 열반에 잘 들어가신 분)·세간해(世間解 : 세간과 출세간의 갖가지 인과제법을 잘 알아서 이로써 중생을 제도하는 聖智를 갖춘 분)·무상사(無上士 : 일체법 중 열반이 無上이듯, 중생 가운데서는 역시 부처님이 無上이다.)·조어장부(調御丈夫 : 부처님은 대자비와 대지혜로 갖가지 방편을 베풀어서 수행자를 잘 조절하고 인도하여 열반에 머물게 한다.)·천인사(天人師 : 하늘과 인간의 스승으로서 어떤 것을 해야 할 것인지 어떤 것을 하지 말아야 할 것인지와 이것은 善이고 이것은 不善이라고 가르치고 이끌어서 그들을 번뇌로부터 해탈케 하시는 분)·불세존(佛世尊 : 佛; 스스로 깨달은 自覺과 남을 깨닫게 하는 覺他 및 앞의 2가지 행이 원만(覺行圓滿)하여 삼세의 일체 제법을 다 알고 보시는 분. 世尊 ; 갖가지 일체의 덕을 모두 다 갖추고 계셔서 세상 사람의 존중과 공경을 받는 분).

대장부의 행은 부처님의 조어장부調御丈夫(중생을 잘 조율하여 깨달음에 이르게 하시는 분)의 행의 의미로 보인다.

38) 대사大士 : 부처님이나 등각위에 이른 분과 같이 매우 높은 보살을 지칭한다. 앞에 나온 16정사正士 같은 분도 이에 해당된다.

39) 위역본《무량수경》에서는 "아난이여! 마땅히 알라! 여래의 정각은 그 지혜를 가히 사량하기 어려우며, 널리 중생을 이끌어 조절하시고, 지혜와 견해가 걸림 없어서 누구도 이를 저지하거나 끊을 수 없다.(阿難! 當知如來正覺, 其智難量, 多所導御。 慧見無礙, 無能遏絕。)고 말씀하셨다.

쇼다지 캄포의 해설 :
《보성다라니경寶星陀羅尼經》에서 "삼계의 중생 가운데 부처님과 같은 이 없다. (부처님은) 스스로 이미 해탈하셨고, 세간을 해탈케 하신다."라고 말씀하셨다. 여래는 일체 번뇌를 소멸시켰을 뿐만 아니라 구경의 해탈을 획득하였고 이와 더불어 중생에게 경을 강의하고 설법하여 (여래의) 지혜를 계속 전하게 하여 무량무변 중생으로 하여금 해탈케 하신다. 그러므로 이 삼계 가운데 누구도 부처님과 비교될 사람은 전혀 없다.《寶星陀羅尼經》云 : "三界衆生中, 更無如佛者, 自旣得解脫, 複解脫世間." 如來不僅滅除了一切煩惱, 獲得了究竟的解脫, 並且通過講經說法向衆生傳遞智慧, 使無量無邊的衆生也獲得解脫, 所以在整個三界中, 沒有任何士夫能和佛陀相比.

40) 부처님께서는 식사 마칠 짧은 시간에 무량겁을 세간에 머무실 수 있다는 것은 바로 화엄 십현문 중 십세격법이성문十世隔法異成門(십세가 동시에 갖추어져 만족하게 성취되는 도리)을 나타내심이다. 一心 내지 一眞法界의 自體와 作用이 이와 같이 불가사의하고 광대무변하다. 이는 화엄종華嚴宗의 십현문十玄門(열가지 현묘한 문) 중 하나이다. 이 문은 시간에 대하여 말한 것으로서 시간의 원융무애를 표시하고 제법은 모두 연기에 의한 일체임을 나타냄으로써 중생의 집착 즉 시간에는 천류상遷流相이 있어서 한 생각에 이를 모두 갖추어 만족할 수 없지 않겠느냐는 의문을 깨트린다. 과거, 현재, 미래는 각기 과거, 현재, 미래를 갖추고 있어서 이를 합하면 9세이다. 그런데 9세의 제법은 지금의 현재의 일념을 벗어나지 못한다. 앞의 9세는 別이고, 현재의 일념은 總이다. 이 別과 總은 서로 합해지므로 10세라 칭한다. 10세는 서로 구분되어서 뒤섞이지 않으므로 隔法이라 칭한다. 그러나 10세의 제법은 서로 즉하고 서로 들어가되 전후 장단 등 차별상을 잃지 않으므로 이를 異成이라 칭한다. 그러나 시간은 본래 무시무종이어서 과거 현재 미래는 서로 원인이 되고 서로 껴잡는다. 그러므로 일념이 곧 무량겁이고, 무량겁이 곧 일념이다. 이는 마치 하루 밤 꿈에 백년을 날아다니면서 들어올 때와 나갈 때, 세상에 오고 세상을 떠나는 것이 서로 융통하여 걸림이 없는 것과 같으니 이것은 곧 부처님의 해인삼매 가운데 나타나는 모양 중 하나이다.

한편 천태지자 대사가《법화경》을 열람할 때 법화삼매에 들어서 일념 사이에 영축산을 영유靈游하면서 천 년 전 석가모니불의 법화경 설법 당시 많은 대중이 모인 법석에 참례하여 설법을 들음과 동시에 천년 후의 혜사선사慧思禪師의 법좌에서 대화하였다고 전해오는 것은 십세격법이성문十世隔法異成門의 한 예라 할 수 있다.

진역 《화엄경》〈초발심공덕품〉 "무량겁이 일념임을 알고, 일념이 무량겁임을 안다."는 말씀에서 명확하게 이 도리가 나타난다. 무량한 시간적 차이가 서로 자유자재하게 융통한다는 도리이다.

《화엄경》〈광명각품〉
一念普觀無量劫
한 생각으로 널리 무량겁을 관하니,
無去無來亦無住
감도 없고 옴도 없고 머무름도 없다.
如是了知三世事
이와 같이 삼세의 일을 철저히 안다면,
超諸方便成十力
모든 방편을 뛰어 넘어 부처의 十力 이루리.
※십력 : 부처님의 10가지 뛰어난 신통력.

의상조사 《법성게》의 "무량원겁즉일념 일념즉시무량겁 구세십세호상즉 잉불잡란격별성…초발심시변정각…" 등 말씀도 같은 취지이다.

일심 내지 일진법계의 자체와 작용의 불가사의는 그 空性에 있다. 일심의 空性은 삼천대천세계를 바닷물의 거품과 같이 작게 볼 정도로 무한대이면서 동시에 극미진보다 더 작기 때문에 그 자체와 작용이 불가사의하다.

일심의 공성 자리를 표현한 고래의 계송

圓覺山中生一樹
원각의 산에 나무 한 그루 있는데,
開化天地未分前
천지가 열리기 전부터 있었도다.
非靑非白亦非黑
푸르지도 희지도 검지도 않고,

不在春風不在天
봄바람에도 없도 하늘에도 없다네.

41) 만약 세간에 머무는 시간을 더 연장하더라도 여래의 신체와 모든 감관은 조금
도 늘거나 줄지 않는다.
延長이라는 廣과 신체의 不變이라는 狹은 서로 자유자재로 걸림이 없다. 華嚴
十玄門의 廣狹自在無礙門이다. 또한 연장이라는 廣의 法과 신체의 불변이라는
狹의 法은 서로 즉하여 자재하다. 諸法相卽自在門이다. 이 역시 일심 내지 일
진법계 자체와 작용의 불가사의를 나타낸 법문이다.

42) 《대지도론》의 말씀. "법문을 듣는 이가 목마름을 해소하듯 진실하게 설법을 注
視하고 一心으로 법문에 沒入하며, 뛸 듯 반겨 법문 듣고 환희심을 내는 그와
같은 사람에게 비로소 설법할 수 있다."

43) 부처님께서 언제나 세간에 계시되 세간에 구애되지 않으신다는 뜻의 부처님
명호. 부처님께서 세간의 만상을 비추시지만 언제나 적멸寂滅 공성空性에 머무
신다는 의미이다.

44) 아미타불의 인행시의 法名에 대하여《무량수경》의 《漢譯本》에서는 「법보장法寶
藏」,《吳譯本》에서는 「담마가曇摩迦」,《宋譯本》에서는 「작법作法」,《魏譯本》에서
는 「법장法藏」,《대지도론》에서는 「법적法積」이라고 각각 달리 호칭하고 있다.
법처法處란 여래의 正法에 處한다, 머문다는 뜻으로 풀이된다.

45) 이 부분은 화엄 십현문 중 제4 제법상즉자재문諸法相卽自在門을 나타낸다. 만
법이 서로 즉하며 자재하는 도리를 나타낸다. 진역 《화엄십주품》의 "일즉다一
卽多 다즉일多卽一"는 이 도리를 드러낸 것이다. 비유하자면 물(하나)과 파도(많
음)의 관계와 같다. 물 그대로 파도이고, 파도 그대로 물이지만, 물과 파도는 서
로 자재하게 따로 존재한다. 부처님의 한 음성 그대로 일체의 음성이고, 일체
의 음성 그대로 하나의 음성이지만 낱낱의 음성이 따로 존재하며, 하나의 불신
에 일체의 불신이 계시고 일체의 불신 그대로 하나의 불신이지만 낱낱의 불신

은 자재하게 따로 계신다.

46) 다문多聞 : 다문多聞의 외견상의 의미는 差別智의 바탕이 되는 세간과 출세간의 많은 법 들음을 가리키는 것으로 보인다. 그러나 《宗鏡錄》(영명 연수선사의 저술)의 아래 법문을 보면 多聞 역시 一心의 根源과 그에서 나온 差別智 내지 無礙 辯才를 의미한다.

《首楞嚴三昧經》云 文殊言 若人得聞一句之法 卽解其中千萬句義 百千萬劫敷演解說 智慧辯才不可窮盡 是名多聞. 大涅槃經云 若見如來常不說法 是名具足多聞 又云 寧願少聞 多解義理 不願多聞 於義不了. 卽是入此宗鏡 一解千從 雖廣引文 只證此義. 上根一覽 已斷纖疑 中下再披 方能具信 對根故爾 非法合然.

《수능엄삼매경》에서 문수보살이 "만약 어떤 사람이 한 구절 법을 듣고 곧바로 그 가운데의 온갖 뜻을 다 알아서 백천만겁 동안 이를 자세히 연설하여도 그 지혜와 변재가 다하지 않는 것을 '다문(多聞)'이라 한다."고 말하였고, 《대열반경》에서는 "만약 여래께서 언제나 법을 설하지 않는 것을 본다면 이를 일러 '다문(多聞)을 만족하게 갖춘 것'이라 한다."라고 하였으며, 또 "차라리 적게 듣고 많은 이치를 알기 바라지, 많이 듣고 뜻을 모르는 것은 원치 않는다"라고도 하였다. 곧 이는 宗鏡(참마음의 거울)에 들어가서 하나를 알면 천 가지 이치가 나오는 것이니, 비록 많은 글을 인용하더라도 다만 이 이치를 증명할 뿐이다. 상근기는 한 번 보고서 미세한 의심까지 끊어 버리지만 중·하근기는 여러 번 보아야 믿음을 갖출 수 있으니, 이는 근기에 따라 그런 것이지 법이 그러한 것은 아니다.

所以 勝天王般若經 云. 佛復告善思惟菩薩言 賢德天子 已於過去無量百千億劫 修習陀羅尼門 窮劫說法 亦無終盡. 善思惟菩薩白佛言 世尊 何等陀羅尼. 佛言 善男子 名衆法不入陀羅尼. 善男子 此陀羅尼 過諸文字 言不能入 心不能量 內外衆法 皆不可得. 善男子 無有少法能入此者 故名衆法不入陀羅尼. 何以故 此法平等 無有高下 亦無出入 無一文字從外來入 亦無一字從此法出.

그러므로 《승천왕반야경》에서 부처님께서는 선사유 보살에게 말씀하셨다.

201

부처님 : 현덕천자는 이미 과거 오랜 세월 다라니를 닦아 익혔기에 영원토록 법을 설하여도 끝날 때가 없느니라.

선사유 : 세존이시여, 어떤 다라니입니까?

부처님 : 선남자여, '어떤 법도 들어가지 않는 다라니(衆法不入陀羅尼)'라고 한다. 선남자여! 이 다라니는 온갖 문자와 언어를 뛰어넘은 것이기에 말로 다 표현할 수 없고 마음으로 측량할 수 없으며 안팎의 어떤 법으로도 얻을 수 없느니라. 선남자여! 여기에 들어갈 수 있는 그 어떤 법도 없는 것을 일러 '어떤 법도 들어가지 않는 다라니(衆法不入陀羅尼)'라고 한다. 왜냐하면 이 법은 평등하여 높고 낮음이 없고, 나가고 들어옴도 없으며, 한 글자도 밖에서 들어온 것도 없고 이 법에서 나간 것도 없기 때문이다.

又 無一字住此法中 亦無文字共相見者 亦不分別法與非法. 是諸文字 說亦不減 不說無增 從本以來 無起造者 無壞滅者. 善男子 如文字 心亦如是 如心 一切法 亦如是. 何以故 法離言語 亦離思量 本無生滅. 故無出入 是名衆法不入陀羅尼. 若能通達此法門者 辯才無盡 何以故 通達不斷無盡法故. 善男子 能入虛空者 則能入此陀羅尼門.

또 이 법 가운데 한 글자도 머문 것이 없고, 함께 서로 마주 볼 문자도 없으며 법과 비법으로 분별하지도 않는다. 온갖 문자로 설하여도 줄어들지 않고 설하지 않아도 늘어남이 없으니 본디부터 생기는 것도 없고 사라지는 것도 없다. 선남자여! 문자처럼 마음도 이와 같고, 마음처럼 온갖 법도 이와 같다. 왜냐하면 이 법은 언어를 떠나고 또한 사량을 벗어나서 본래 생멸이 없기 때문에 나가고 들어옴이 없는 것을 일러 '어떤 법도 들어가지 않는 다라니'라 한다. 만약 이 법문을 통달할 수 있는 사람이라면 변재가 끝없나니, 왜냐하면 '변재가 끊어지지 않고 다함이 없는 법'을 통달하였기 때문이다. 선남자여, 허공에 들어갈 수 있는 사람이라면 이 다라니문에 들어갈 수 있느니라. (이상 종경록 법문)

결국 宗鏡을 체증해야만 한 구절을 법을 듣고 그 가운데의 온갖 뜻을 다 알아서 백천만겁 동안 이를 연설하여도 그 지혜와 변재가 다하지 않는 다문多聞을 얻을 수 있다.

一心念佛 自家眞性圓通

47) 무애지無碍智 : 부처님의 지혜. 어떤 것에도 거리낌이 없이 모든 사리事理를 다 알 아, 통달 자재한 지혜.(운허 스님 전자 불교사전). 여기서는 부처님에 대한 별칭의 뜻.

48) 발심發心 : 여기의 발심은 단순히 보리심을 일으킨다(起)는 뜻이 아니라 보리심 을 완전히 펼쳐서 통째로 드러내는 것을 말한다. 당시 법처보살은 10지 이상의 대보살의 지위에 계셨던 것으로 사료됩니다.

49) 부처님의 깨달음은 등각等覺 이하 중생이 따라 갈 수 없으므로 무등無等(같을 수 없다)이며, 부처님과 부처님은 같기 때문에 등等이 하나 더 붙는다.

50) 이 부분 경문은 《화엄》 십현문 가운데 제1 동시구족상응문同時具足相應門을 나 타낸다. 대저 화엄의 교리는 무한 연기로써 주主를 삼는바, 법계의 일체는 모두 일대연기一大緣起를 이루어서 한 법이 일체법을 이루고, 일체법이 한 법을 일으 켜서 동시 한 때에 갖추어 만족하여 원만하게 드러난다. 《화엄경》의 〈세주묘엄 품〉에 "일체법문의 다함 없는 바다는 한 법의 도량 가운데 함께 모인다."고 말 씀하심은 바로 이 도리를 말씀하신 것이다. 21억 불찰의 수승함이 하나의 극 락정토에 포괄되어 21억 불찰을 뛰어넘음은 바로 이 도리를 나타낸 것이다.

51) 我와 我所 :
《대지도론》권31에서 말한다.
"我는 일체 번뇌의 근본으로서 먼저 五蘊(색, 수, 상, 행, 식)을 집착하여 我로 삼 는다. 그 다음 我의 外部의 물건을 집착하여 我所로 삼는다."
隋의 慧遠(523-592)은 말한다. "實我가 있다고 집착하는 妄情을 我見이라고 칭 한다. 하인과 주택 등이 내게 속한 것이라고 집착하는 妄情을 我所見이라고 칭 한다."

부연하자면 오온(색, 수, 상, 행, 식)으로 이루어진 나의 육신과 마음(我 : 나)이 실 재한다고 집착하는 妄想을 我見이라 한다. 이러한 我의 實在를 전제로 我(나)에

속한 我(나)의 外物(나의 이름, 사회적 지위, 집, 가족, 나라, 종교 등)이 실재한다고 집착하는 망상을 我所見이라고 한다. 我와 我所는 본래 실재하지 않는데, 인연따라 그렇게 나타난 것뿐이다.

唯識學에 따라 我과 我所를 이해하자면 다음과 같다. 我는 業相(최초 망념의 일어남)에서 變轉된 轉相이라 할 것이고, 我所는 轉相에서 변전된 現相이라 할 것이다. 이것이 불생불멸의 진여와 함께하는 아뢰야식阿賴耶識이다. 이것을 꾹 눌러 我로 삼고 집착하여 제7식이 형성 계속되고(我所), 다시 이를 바탕으로 6가지 식(안이비설신의)이 있게 된다(我所). 이렇게 앞의 識을 이어 뒤의 識이 일어나고 다시 뒤의 識이 앞의 識의 토대가 되는 양상으로 我와 我所가 무한히 이어지면서 생사의 고해에 떠도는 것이 중생이다.

그러나 극락은 아미타불의 진실지혜무위법신이 펼쳐진 불가사의 경계로서 사람(불보살과 무량 성중)과 환경이 지극 청정하고 무량한 덕상과 위엄을 갖추었으며 또한 매우 아름답고 안락함을 갖추었으므로 극락 중생에게는 我와 我所의 생각과 집착이 아예 생기지 않고 무명 업식이 계속적으로 淨化되어 종국에는 眞如 本心이 드러난다. 반면 둔탁하고 더러운 육신과 환경에 의지하여 살아가는 사바의 중생은 我와 我所의 집착이 너무 무거워서 이로 인하여 무량한 악업을 지어서 惡報를 받고 가장 무거운 악업을 지으면 지옥으로 떨어진다.

사바의 우리는 我와 我所 가운데서 그 空性을 알아서 이에 집착하지 말 것이며, 자신의 지위에 맞게 도리를 다하면서 보리심을 펼쳐서 언제나 지극한 원생심으로 나무아미타불 염불하고, 그 법문을 널리 펼치고자 노력함으로써 먼지만큼이라도 불보살님의 무량한 은혜에 보답하는 삶이 되어야 한다.

52) 극락에 왕생한 중생은 결정코 모두 부처 이루게 하겠다는 아미타불의 크나 큰 서원은 《법화경》에서 말씀하신 일불승(일체중생이 모두 부처되는 가르침)의 완벽한 실현을 의미한다. 즉 성문,연각,보살의 3승은 결국 일불승으로 돌아가게 하기 위함이라는《법화경》의 취지는 극락에 왕생했을 때 비로소 완벽하고 철저하게 실현된다. 사바에서는 수명이 짧고 정법과 바른 스승 및 도반 만나기 어렵고,

좋은 수행 도량을 갖추기 어려우며 처음 세운 원력이 퇴전할 수 있는 환경이지만, 극락에 왕생하는 순간 불퇴전지에 오르고 수명이 무량무변하고, 우주 제일의 아미타 부처님과 관음, 세지 양대 보살님 및 그 외 무량한 대사들과 함께 있으면서 그분들에게 언제나 배울 수 있으며, 일체의 고통이 없고 오직 법락만 있는 극락은 수행에 가장 좋은 환경을 모두 갖춘 도량이고, 극락 중생은 반드시 부처가 된다. 이 모든 것은 아미타불의 중생구제를 위한 불가사의 본원력으로 말미암은 것이다. 요컨대 극락은 일불승 실현을 위한 최상의 도량이다.

53) 唐譯本 '有情' 다음의 '及諸緣覺'과 관련하여 魏譯本과 藏譯本(티벳어본)에는 모두 '悉成緣覺'으로 되어 있다. 당역본에 의하면 '유정과 모든 연각이'로 번역되지만, 위역본과 장역본에 의하면 '유정이 모두 연각으로 변하여'로 번역된다.

54) 제가 무상정등각을 증득할 때 다른 불찰의 모든 유정이 저의 명호를 듣고서 자신의 선근을 마음 마음 회향하여 저의 국토에 왕생하기를 발원하거나 적게는 십념十念에 이르고서도 저의 국토에 왕생하지 못한다면, 저는 무상보리를 얻지 않겠나이다. 다만 무간 악업을 지었거나 정법 및 많은 성인을 비방한 자는 제외하나이다.(제18 십념왕생원十念往生願)

이 부분 서원은 위로는 자신의 선근을 마음 마음 회향하여 극락에 왕생하기를 발원하는 上品 수행자로부터 아래로는 十念을 갖춘 下品 수행자에 이르기까지 모두 극락에 왕생하도록 하겠다는 서원이다. 우리는 자신의 선근을 마음 마음 회향하여 극락으로 돌아가겠다는 발원을 갖춘 상품 수행자가 되도록 노력하여야 할 것이다.

십념十念의 의미 :
중국에서는 전통적으로 열 번의 칭명염불로 해석하고 있으나, 쇼다지 캄포 는, 《티베트본》에는 십념十念이 마음 속으로 열 번 아미타불 혹은 극락세계를 사유하고 억념하는 것(心中思維憶念阿彌陀佛或者極樂世界)으로 되어 있다면서, 십념十念에는 사유思惟 및 억념憶念과 구칭염불口稱念佛이 모두 포함되는 것으로 풀이하고 있다.

한편 구마라집 삼장법사는, 十念은 도하渡河의 념(창칼 든 적에 쫓기면서 일념으로 강을 건너고자 하는 절박한 심정), 즉 지극히 간절한 원생심이라고 풀이하였고, 원효대사도 이 설을 지지하셨다. 절체절명의 심정으로 결정코 왕생하고자 하는 마음을 십념의 의미로 보아야 할 것이다. 평소 염불공부가 부실한 사람이 극락에 왕생하려면 최후의 순간에 매우 강렬하게 원생심을 일으켜야 함은 당연하다 할 것이다.

55) 十念往生의 大願은 화엄십현문 중 주반원명구덕문主伴圓明具德門을 드러낸다. 황념조 노거사는《대경해》에서 말한다. 가로 세로의 만법이 하나의 크나큰 연기(一大緣起)를 이루어서 법법이 서로 교차하고 꿰뚫는다. 그러므로 하나의 법을 들면 그 외 모든 법이 짝이 되어 연기한다. 또한 하나의 법을 들어서 주체가 된즉 그 외 일체법은 모두 그 짝이 되어 이 하나의 법의 짝이 되어 그 하나의 법에 나아간다. 다시 다른 법이 주체가 되면 곧 나머지 다른 법이 짝이 되어 모두 모여든다. 그러므로 하나의 법이 일체법의 공덕을 원만하게 한다. 이것을 원만구덕圓滿具德이라 이름한다.《대소大疏》에서 : "북두칠성이 있는 곳을 많은 별들이 떠받듦과 같다.(如北辰所居, 眾星拱之.)"라고 말했다. 지금 이 경에서는 '발보리심發菩提心, 일향전념一向專念 아미타불阿彌陀佛'을 종宗으로 삼고, '십념필생원十念必生願'을 48홍원의 근본으로 삼았다. 이에 오직 힘주어 지명염불하면 부처님의 명호가 만덕을 갖추었으니, 이 한 구절 부처님 명호가 일체법의 공덕을 원만히 갖추어 만족하게 하여 그 전체가 화엄십현문의 원명구덕의 뜻이 된다.

경의《삼배왕생품三輩往生品》에서 : "내지 일념정심一念淨心을 획득하여 그 일념정심을 일으켜서 저 부처님을 생각하면, 이 사람은 임종 시 꿈결과 같이 아미타불을 뵈옵고 결정코 저 국토에 왕생하여 무상보리에서 퇴전하지 않는 지위를 얻느니라."고 말씀하심은 일심정념으로 아미타불의 명호를 한 번 부르는 공덕의 불가사함을 밝힌 것이다. 또 48대원 중 문명득복원聞名得福願에서 시방중생이 아미타불의 명호를 들은 인연으로 목숨 마친 후 존귀한 집에 태어나서 육근에 결함이 없고 언제나 수승한 범행을 닦게 된다고 말씀하심도 같은 취지이다. 또 문명득인원聞名得忍願에서 타방보살이 아미타불의 명호를 들으면 곧

1, 2, 3인을 얻고 현생의 몸으로 불퇴전을 얻는다고 말씀하심도 같다. 이로써 미타명호의 묘덕난사妙德難思(공덕이 미묘하여 사의하기 어려움)가 증명되었다고 할 것이다. 이것이 곧 원명구덕의 현의玄意이다.

56) 《대경해》에서 말한다.
구박범부具縛凡夫(온갖 번뇌와 업장에 철저하게 묶인 보통 중생)가 미혹을 짊어진 채로 극락에 왕생할 수 있는 것은 모두 아미타불의 이 십념왕생원과 임종접인원 에 의하여 임종시 부처님과 성인의 대중이 나타나서 자비로 거두어 들이시는 크나 큰 힘으로 말미암는다.

송宋의 영지靈芝스님은 말했다. 「범부의 임종 시 신식神識을 주재하지 못하여 선업과 악업의 여러 가지가 나타나지 않는 것이 없나니, 혹은 악념이 일어나기도 하고, 혹은 삿된 견해가 일어나기도 하고, 혹은 세상에 대한 미련에 얽매이기도 하고, 혹은 미치광이가 되기도 하는 등 그 나쁜 모습이 한 두 가지가 아니다. 이 모든 것을 전도顚倒라 이름한다.」이로써 범부의 업이 무거워서 임종 때는 더욱 많이 전도顚倒됨을 알 수 있다. 다시 사대四大의 고통이 핍박하여 그 고통은 말로 다할 수 없는데, 어떻게 정념을 지닐 수 있겠는가! 아미타불의 명호를 지니지 못하면 왕생할 수 없다. 그러므로 범부의 왕생은 자력에 의지하는 것이 아니고 오직 아미타불 대원의 가피에 의지하여야만 전도되지 않아서 비로소 왕생할 수 있다는 것을 알 수 있다.

《원중초圓中鈔(명말明末 유계대사의 저술)》에서 말했다. 「사바중생이 비록 염불하더라도 견사見思의 미혹이 (바다같이)넓고도 넓은 지라 실로 누르거나 끊을 수 없다. 그런데도 임종할 때의 마음이 전도되지 않고 원래 자력이 아님에도 잘 주지住持(정념의 유지)할 수 있는 것은 곧 전적으로 아미타불께서 오셔서 건져주심에 의지하는 것이어서 비록 정념正念이 아니어도 정념正念이 될 수 있다. 그러므로 마음이 전도되지 않고 곧 바로 왕생할 수 있다.」소본小本 당역唐譯과 《비화悲華》두 가지 경經에 의하연 이 뜻이 더욱 현저하게 나타난다. 소본小本 당역唐譯은 《칭찬정토불섭수경稱讚淨土佛攝受經》이라 이름하는데, 경문에서 「목숨을 마치려는 때에 무량수불께서 무량한 성문제자와 보살대중의 앞뒤로 둘러 싸여서 그 사람의 앞에 나타나셔서 자비로 도우시어 임종인의 마음이 산란하지 않게 하느니라.(慈悲加佑 令心不亂)」고 말씀하셨다. 이로써 범부의 임종 시 마음이 전도되지 않고 산란하지 않으며 정념으로 미타명호를 지닐 수 있는 것은 전적으로 아미타불의 자비의 가피와 도우심으로 말미암는 것임을 알 수 있다.

또 《비화경悲華經》에서 말씀하였다. 「(왕생인의) 임종 시 나는 응당 대중에 둘러싸여 그 사람의 앞에 나타나서, 그 사람이 나를 보면 곧 마음이 환희하게 되어 나를 보기 때문에 모든 장애를 떠나서 곧 몸을 버리고 나의 세계에 왕생하게 되느니라.」고 말씀하셨다. 또 말 서원하여 말씀하시되 「중생이 나의 명호를 듣고 나의 세계에 왕생하기를 발원한다면, 이 모든 중생들로 하여금 목숨 마칠 때 많은 대중에 의하여 앞뒤로 둘러싸여 있는 나를 보게 하여, 나는 이 때 무예삼매無翳三昧에 들어가서 이 삼매의 힘으로 그의 앞에서 설법하고, 왕생인은 이 설법을 듣기 때문에 일체의 고뇌를 끊고 제거하여 마음이 크게 환희하므로 보전삼매寶傳三昧를 얻는다. 이 삼매의 힘으로 그 마음이 정념正念과 무생인無生忍을 얻게 하여 목숨을 마친 후 반드시 나의 세계에 왕생하느니라.」 이것은 경에 나타난 타력의 미묘한 작용이 두루 명확하게 나타남이다. 《칭찬정토경稱讚淨土經》은 《무량수경》의 소본小本이며, 《비화경悲華經》은 아미타불의 인지수행과 극락의 장엄에 대한 설법이다. 두 경 모두 저 부처님께서 임종 시 중생을 맞이하고 거두어 들여서 왕생케 하시는 수승한 원력을 밝히고 있다. 이로써 아미타불의 원왕願王의 묘덕妙德은 생각하거나 말할 수 없고, 그 크나큰 은혜와 위신력은 다 헤아릴 수 없다는 것을 알 수 있다.(이상《대경해》)

쇼다지 캄포는 말한다.
이 임종접인의 대원大願에는 《極樂願文大疏(17세기 큰 라마승 喬美린포체의 저술)》에서 설명한 왕생의 4가지 원인이 다 포함되어 있다. 즉 ① 발보리심--모든 중생이 보리심을 내서, ② 아미타불이 최상의 복전임을 명확하게 관찰함(明觀福田)--저에 대하여 청정한 생각을 일으키고, ③ 자량을 모아 정토왕생을 보장함(積資淨障)--다시 선근을 회향하여, ④ 청정한 원을 일으킴(發淸淨願)-- 극락에 왕생코자 발원함.

대보적경·무량수여래회 역해

중국의 대덕들도 왕생의 4가지 원인에 대하여 강의하였다. 즉 청말의 몽동선사夢東禪師(1741~1810)는 일찍이 "① 참으로 생사를 끊고자 한다면, ② 보리심 일으켜서, ③ 깊은 믿음과 원생심으로, ④ 부처님의 명호를 굳게 지녀야 한다."라고 말씀하셨다. 제1,2구는 발보리심이고, 제3구는 아미타불이 최상의 복전임을 명확하게 관찰함과 청정한 원 일으킴이고, 제4구는 자량을 모아 정토왕생을 보장함이다.

《極樂願文大疏》에서는 4가지 왕생원인 중 ② 아미타불이 최상의 복전임을 명확하게 관찰함과 ④ 극락에 왕생하려는 원생심이 가장 중요하다고 말하였다. (이상 쇼다지 캄포의 법어)

여기에 한 가지 덧붙이자면, 아미타불께서 10겁 전 성불하셨을 때 성취된 48 홍원에 따라 우리 모든 유정은 아미타불의 大願力 大恩惠의 바다에 단박 흡수吸收되어 이미 구제救濟되었습니다. 이 점을 정확하게 인식하면 큰 안도감安堵感과 큰 감사의 마음이 생길 것입니다. 그 마음으로 염불하는 것이 중요합니다.

우리는 모두 《법화경》〈신해품〉의 長者의 집에 귀환한 궁자窮子와 같다. 우리(궁자)는 막대한 권세와 무량한 재물을 가진 장자가 우리의 아버지인 것을 철저히 믿고 깊이 감사하면서 자신의 도리를 다하는 가운데 장자의 궁전인 극락왕생을 발원하고 장자의 일체 불가사의 수승한 공덕이 함축된 장자의 명호(아미타불)을 열심히 칭념하면 이것이 장자의 모든 재물과 권세를 잘 받아 쓰는 것이 된다.

57) 제20 대비섭수원大悲攝受願의 경문상으로는 자신의 어떠한 선근이라도 극락왕생을 위하여 간절히 회향한다면 모두 왕생할 수 있다는 뜻으로 해석된다. 아미타불의 매우 광대한 중생섭수의 대원이다. 한편 《위역본》(강승개 삼장법사 번역본)에는 "제가 부처될 때 시방의 중생이 저의 명호를 듣고 저의 국토에 생각을 묶어 두고 많은 덕의 근본을 심어서 지극한 마음으로 저의 국토에 왕생하고자 했음에도 왕생하지 못한다면 저는 정각을 얻지 않겠나이다."라고 말씀하셨다. 본 《당역본》보다 엄격한 요건을 말씀하셨다.

58) 일생보처一生補處 : 한 생만 지나면 성불할 부처님 후보候補의 지위. 당역《칭찬
   정토불섭수경稱讚淨土佛攝受經》에서는 일생소계一生所繫 보살이라고 하였다. 도
   솔천 내원궁에 계신 미륵대사 같은 분을 이른다.《법화경》에서 말한다. "나머
   지 한 생만 지나면 一切智를 얻는다."

   《회소會疏(일본 峻諦법사의 무량수경 해설서)》에서 말한다. " 일생보처란 등각위等覺
   位를 말한다. 아직 마지막 한 부분 生相 無明을 깨트리지 못했기 때문에 一生
   이라 말한다. 이 一品 無明은 그 勢力이 가장 強하기 때문에 오직 이 後心(生相
   無明의 마음)을 金剛智로써 깨트려서 곧 妙覺의 지위를 補充하여야 한다. 그러
   므로 補處라 말한다."

   이와 같이 극락에 왕생하기만 하면 모두 다 한 생만 지나면 부처 되는 지위에
   오른다. 이는 오직 아미타불의 중생구제의 불가사의 본원력 내지 위신력으로
   말미암은 것이다.

   이 부분에 관한《불설아미타경》에 대한 우익대사의《아미타경요해》와 원영대
   사의《아미타경요해강의》를 아래와 같이 게시하오니 숙지바랍니다. 정토법문의
   핵심을 설파한 매우 중요한 법문입니다.

   《經》又舍利弗。極樂國土。眾生生者。皆是阿鞞跋致。其中多有一生補處。其數甚
   多。非是算數所能知之。但可以無量無邊阿僧祇說。
   《경》 또 사리불이여! 극락국토에 태어나는 중생들은 모두 아비발치阿鞞跋致의
   지위에 있고, 그 중에 많은 이가 일생보처의 지위에 있으며, 그 수가 심히 많아
   헤아려서 알 수 없기에 다만 '무량무변 아승지'라고 말할 뿐이니라.

   《解》阿鞞跋致。此云不退。一位不退。入聖流。不墮凡地。二行不退。恆度生。不
   墮二乘地。三念不退。心心流入薩婆若海。
   《요해》 아비발치阿鞞跋致(아유월치阿惟越致라고도 한다. 산스크리트어 avinivartanīya
   또는 avivartika의 音寫)는 불퇴(不退 : 물러나지 않음)로 번역된다. 첫째는 위불퇴(位
   不退)로서 성인의 흐름에 들어가서 다시는 범부의 지위로 떨어지지 않는다. 둘

째는 행불퇴(行不退)로서 언제나 중생을 제도하여 2승에 떨어지지 않는다. 세째는 염불퇴(念不退)로서 생각 생각 살바야(薩婆若 : 모든 것을 깨달은 부처님의 지혜 즉一切種智)의 큰 바다로 흘러 들어간다.

《解》今淨土。五逆十惡。十念成就。帶業往生。居下下品者。皆得三不退也。
《요해》지금 서방정토에 대하여 말하자면, 5역10악을 저지른 이도 10념을 성취하여 업장을 짊어진 채로 왕생하여 下下品에 거처하더라도 모두 3가지 불퇴를 얻는다.

(요해강의) :
업장을 짊어진 채로 서방정토에 왕생한다는 것에 대하여 많은 사람들은 의문을 품는다. 옛날 국왕이 나선화상에게, "염불하여 업장을 짊어진 채로 왕생한다는 것은 믿기가 어렵지 않겠습니까?"라고 물었다. 나선화상이, "대왕이시여! 큰 돌을 물에 놓으면 가라앉겠습니까?"라고 묻자, 왕은 "반드시 가라앉을 것입니다."라고 답하였다. 다시 화상이 말하기를, "돌을 가라앉지 않게 할 수 있겠습니까?"라고 물었다. 왕은 불가능한 일이라고 답하였다. 다시 화상은, " 만약 큰 돌을 배에 실어 놓으면 가능하지 않겠나이까?" 말하였다. 이에 왕은 홀연히 타력에 의존하면 큰 돌이 가라앉지 않는 것과 같이, 염불하는 중생이 함께 아미타불의 큰 원선의 힘에 의지한다면 어찌 고해를 벗어나 함께 극락의 연지해회에 함께 이르는 것이 어렵겠는가!라고 깨달았다.

《解》(惟)[唯]極樂同居。一切俱非。一切俱是。
《요해》오직 극락의 범성 동거토(범부와 성인이 함께 머무는 정토)에서만 일체가 모두 아니고, 일체가 모두 그렇다.
(요해강의) 여기서는 원만히 뛰어 넘고(圓超) 상대가 끊어짐(絶待)은 오직 극락 동거 정토의 人民에만 해당됨을 낱낱이 나타냈다. 의보(환경)와 정보(신체)에 의하여 논하자면 모두 원만히 초월하고 상대가 끊겼다. 일체가 모두 아님은 원만히 초월함이다. 일체가 모두 그렇다 함은 곧 상대가 끊어졌다는 것이다. 일체가 모두 아니고 일체가 모두 그렇다는 것에 대하여(一切俱非俱是者), (극락 동거토의 인민은) 부처님과 한 몸이어서 본래 부처이며 원만히 3가지 불퇴를 증득하므로 범

부가 아니고, 2승도 아니며, 보살도 아니다. 또한 아직 오주五住 번뇌煩惱가 다 하지 못함에 2가지 생사를 끝내지 못하였으므로 부처도 아니다. 이것이 모두 아니다.라는 뜻이다.

또 (극락의 인민은 아직) 번뇌가 가득하므로 이것은 범부이고, 숙세의 종자가 이미 성숙하여 見思의 거친 더러움이 이미 떨어졌으니 이것은 二乘이다. 이미 소승을 돌려 대승으로 향하여 항상 중생을 제도하니 이것은 菩薩이다. 정토에 왕생한 몸은 최후의 몸이어서 그 한 생에 부처를 이루므로 이것은 부처이다. 이것이 바로 모두 그렇다는 뜻이다. 아래 문장에서 말한 것처럼, 만약 범부라고 말하더라도 오히려 이생異生을 거치지 않고서도 반드시 부처 후보의 지위에 있고, 만약 일생 보처보살이라고 말하더라도 오히려 (아직) 범부라고도 이름할 수 있으니, 이것은 不可思議한 妙門이다.

《解》十方佛土。無此名相。無此階位。無此法門。非心性之極致。持名之奇勳。彌陀之大願。何以有此。

《요해》 10방의 불국토에서 이와 같은 명상名相(명칭과 모양)이 없고, 이와 같은 수행의 계위階位가 없으며, 이와 같은 법문法門이 없다. 심성의 극치, 미타명호 지님의 기특한 공덕 및 아미타불의 대원이 아니면 어찌 이와 같은 것이 있을 수 있겠는가!

(講)此承上文。所點示之勝異超絕。乃結歸三種不思議因。謂十方無此等勝異超絕之名相。階位。法門。唯極樂獨有。〇心性之極致者。此論心要。以心性平等一相。即非凡夫。二乘。菩薩。佛。種種名相階位。是名凡夫。二乘。菩薩。佛。差別名相階位。此等名相階位。皆稱性緣起。故曰極致。〇持名之奇勳者。此論境要。以一句佛號為境。佛號稱性不可思議。以持名之奇勳。所感果報。亦不可思議。〇彌陀之大願。此論法門要。以導師因中。所發四八之大願。莊嚴極樂之依正。故得同居橫具上三土。凡夫圓證三不退。心性之上非字。對末句。乃反顯。若非三要不思議之力用。何以有此。

(강의) 여기서는 위 문장에서 낱낱이 설명한 극락의 수승殊勝과 기이奇異, 원초圓超와 절대絕對를 이어받아서 3가지 불가사의 인연으로 귀결시킨다. 말하자면 우주의 10방에 이와 같이 殊勝하고 奇異하며 원만히 초월하고 상대가 끊어진 名相(명칭과 모양), 수행의 階位 및 법문은 오직 극락에만 있다.○심성의 극치에 대하여. 여기서는 심요(心要)를 논하셨다. 왜냐하면 심성은 평등하여 한 모습이어서 차별적인 명상,계위가 없다. 이 같은 명상과 계위는 모두 眞性에 부합하여 일어난 緣起이므로 극치라 말하였다. ○미타명호 지님의 기이(奇異)한 공덕 : 여기서는 경요(境要)를 논하셨다. 왜냐하면 한 구절 아미타불 명호는 경계요, 부처님 명호는 진성에 부합하여 불가사의하다. 그러기에 명호지님의 공덕으로 감득한 과보 역시 불가사의하다.
○아미타불의 대원 : 여기서는 법문요(法門要)를 논하셨다. 즉 극락도사께서는 인지 중에 일으키신 48대원으로써 극락의 국토와 신체를 장엄하였으므로 동거토에 횡으로 상3토(방편유여토,실보장엄토,상적광정토)를 갖추어 범부가 3가지 불퇴를 원만히 증득하게 하셨다. 心性 앞의 非字는 末句에 대하여 역으로 드러내는 뜻을 갖고 있다. 즉 만약 3요의 불가사의한 효력과 작용이 아니면 어떻게 이와 같은 것이 있겠는가!라는 뜻이다

《解》一生補處者。只一生補佛位。如彌勒觀音等。極樂人民。普皆一生成佛。人人必實證補處。故其中多有此等上善。不可數知[也]。

《요해》일생보처란 단 한 생만 부처 후보 지위에 있음이 미륵보살, 관세음보살 등과 같아서 극락의 인민은 널리 모두 극락에서의 한 생만 지나면 성불한다는 뜻이다. 극락의 개개인은 반드시 보처의 지위를 실제로 증득하므로 그 가운데 이와 같은 상선인上善人(가장 훌륭한 사람)들이 많아서 그 수를 알 수 없다.

《解》復次。釋迦一代時教。(惟)[唯]華嚴明一生圓滿。而一生圓滿之因。則末後普賢行願品中。十大願王。導歸安養。且以此勸進華藏海眾。
《요해》또한 석가모니 본사의 일대시교 가운데 오직 《화엄경》에서만 한번의 생에 因地를 원만히 하는 가르침을 밝히셨고, 그 한 번의 생에 인지를 원만히 함은 곧 경 말미 부분의 보현행원품 가운데의 10대 원왕에서 화엄해회의 성중을

안양(극락)으로 인도하여 돌아가게 함에 있고, 나아가 화엄해회의 일체 성중에게 이 정토법문에 정진할 것을 권유하셨다.

(講) 此亦點示勝異超絕也。釋迦如來。一代時教。即說法四十九年。天台判為五時。八教。故稱一代時教。其中所說諸經。惟華嚴一經。明一生圓滿成佛之因。此指善財童子五十三參。初參文殊菩薩。得根本智。後參五十二員善知識。得差別智。而一生圓滿之因。以最後參普賢菩薩。行願品中。以十大願王。導歸安養。圓滿一生成佛之因。此經非獨勸善財一人。乃華藏海眾。同聞共稟。以前九願。所積功德。於第十願。普皆回向。求生淨土。疾趣菩提。故曰且以此淨土法門。勸進華嚴海會。一切聖眾。

(강의) 여기서도 또한 극락 동거토의 수승殊勝하고 기이奇異함과 원만히 초월하고 상대가 끊어진 力用(효력과 작용)을 낱낱이 지적하여 설명하였다. 석가여래의 일대시교는 곧 49년 설법하신 가르침을 말한다. 천태학에서는 이를 5時 8教(五時는 오미五味라고도 하며, 부처님의 설법 시점을 기준으로 ①화엄시, ②녹원시, ③방등시, ④반야시, ⑤법화열반시로 구분한 것이다. 八教란 돈교·점교·비밀교·부정교·장교·통교·별교·원교의 총칭이다. 돈교 내지 부정교는 설법방법 즉 화의化儀(설법방법)에 따른 구분으로 化儀四教라 하고, 장교 내지 원교는 설법내용 즉 화법化法(설법내용)에 따른 구분으로서 化法四教라고 한다.)로 판석하였다. 그러므로 一代時教라고 칭하였고, 그 말씀하신 여러 경 가운데 오직 《화엄경》에서만 한 번의 생에 성불의 원인을 원만히 하는 가르침을 밝히셨다. 이는 선재동자가 53선지식을 참방한 것을 가리킨다. 처음에 문수보살을 참례하여 根本智를 얻고, 나중에 52선지식을 참례하여 差別智를 얻었는데, 일생 성불의 원인을 원만히 한 것은 맨 나중에 보현보살을 참방함으로써 얻은 〈보현행원품〉의 10대원왕은 (화엄해회의 대중을) 안양(극락)으로 이끌어 돌아가게 하여 한 번의 생에 성불의 因地를 圓滿하게 함에 있다.
즉 이 《화엄경》〈보현행원품〉은 선재동자에게만이 아니라 화엄해회의 대중이 함께 듣고 공히 가르침을 받은 이전의 9願으로 쌓은 공덕을 제10願으로 널리 회향하여 서방정토에 왕생하기를 구하여 무상보리에로 쏜살같이 나아가게 하였다. 그러므로 (우익대사는)'(부처님께서) 화엄해회의 일체 성중에게 이 정토법문에 정진할 것을 권유하셨다.'고 말한 것이다.

若宏華嚴。而不信淨土者。恐於普賢行願品。十大願王導歸安養之旨。而未深思也。行願品偈云。願我臨欲命終時。盡除一切諸障礙。面見彼佛阿彌陀。即得往生安樂剎。我既往生彼國已。現前成就諸大願。一切圓滿盡無餘。利樂一切眾生界。彼佛眾會咸清淨。我時於勝蓮華生。親睹如來無量光。現前授我菩提記。蒙彼如來授記已。化身無數百俱胝。智力廣大遍十方。普利一切眾生界。此偈即導歸安養之鐵證也。華嚴一生成佛。惟有善財。此經則一生補處。非是算數之所能知。其勝異超絕。為何如耶。

만약《화엄경》만을 널리 유포하고 정토를 믿지 않는 사람들이 〈보현행원품〉의 십대원왕이 화엄해회의 성중들을 모두 안양(극락)으로 이끌어 돌아가게 한 취지를 깊이 생각하지 않을 것을 우려하시어 〈보현행원품〉에서 게송으로, "원컨대 제가 목숨 마치려 할 때 일체의 모든 장애 다 소멸하고 눈앞에 아미타불 뵈옵고 즉각 안락국토에 왕생하여 지이다.", "제가 이미 저 국토에 왕생한 다음에는 모든 대원을 눈앞에서 성취하고 일체를 원만히 함에 남음이 없어서 널리 일체 중생세계에 이익과 기쁨을 주게 하여 지이다.", "저 부처님과 대중의 해회는 모두 청정하오니 제가 수승한 연화에 화생할 때 직접 무량광 부처님을 뵈옵고 바로 제게 보리기 주시기를 원하나이다. 제가 여래의 수기를 받은 다음에는 무수 백구지의 화신을 나투고 지혜의 힘이 널리 10방에 광대하게 펼쳐지며 널리 일체 중생계를 이익되게 하여 지이다."라고 하셨다. 이러한 게송들은 화엄해회의 중생을 안양安養(극락의 별칭)으로 이끌어 돌아가게 함의 철증(鐵證: 확실한 증거)이다.《화엄경》에서는 일생 성불이 오직 선재동자에게만 해당되지만, 이《아미타경》에서는 곧 (극락의) 일생보처 보살을 산수로 헤아려 알 수 있는 것이 아닐진대, 그 수승하고 기이하며 원만히 초월하고 상대가 끊어짐이 어찌《화엄경》과) 같다고 하겠는가!

《解》嗟乎。凡夫例登補處。奇倡極談。不可測度。華嚴所稟。卻在此經。而天下古今。信尠疑多。辭繁義蝕。余唯有剖心瀝血而已。

《요해》오호라! 범부가 보처의 지위에 오른 것에 비견된다는 말씀은 기특한 이끄심이요, 극담極談(지극히 높은 말씀)이며, (그 효력과 작용을) 측량할 수 없도다.

《화엄경》에서 베푸신 것(일생에 성불의 인지를 원만히 함)이 오히려 이 《아미타경》에 있으나, 천하 고금에 믿는 이가 적고 의심이 많았으며, 말만 많이 늘어놓아 진정한 뜻을 깎아 냈도다! 내 오직 심장을 갈라 피를 뿌릴 뿐이다.

(講) 嗟乎。是慨嘆辭。凡夫例登補處者。謂同居土凡夫。比例實報土補處菩薩。下下與上上同一例。而無異也。此為他經他土所未有。故為奇特之倡。極妙之談。乃為法門大事因緣。不可測度。故六方諸佛云。稱讚不可思議功德。一切諸佛所護念經者。以此。○華嚴海眾所稟。一生成佛之旨。末後導歸安養者。卻在此經。而天下古今。信之者尠。而疑之者多也。如華嚴合論。尚云西方是權。華藏是實等。言辭既繁。將凡夫例登補處。念念即佛之義遂蝕。余。蕅公自稱。唯有剖心瀝血而已者。謂此種無上大因緣。既是信少疑多。余唯剖心瀝血。而昭告於人而已。故此解字字。皆蕅公心血也。可不信歟。

오호라!는 개탄하는 말이다. 범부가 보처의 지위에 오른 것에 비견比肩(어깨를 나란히 함)된다는 것(凡夫例登補處者)은 말하자면 同居淨土(범부와 성인이 함께 머무는 정토)에 왕생한 범부가 실보장엄토(법신의 일부 내지 대부분을 증득한 법신보살이 머무는 정토)의 보처보살과 어깨를 나란히 한다는 뜻이다. 극락의 下下品이 上上品과 같아서 차이가 없다. 이것은 다른 경에서 말씀하신 다른 국토에는 없다. 그러므로 기특奇特한 창도倡導(이끔)이며 지극히 미묘한 말씀이니, 이것은 곧 법문의 大事因緣(불지견을 열어 보여서 이를 깨달아 들어가게 하는 큰 인연)이어서 (그 공덕을) 가히 측량할 수 없다. 그러므로 6방의 모든 부처님께서는 《아미타경》을 '(아미타불의) 불가사의한 공덕을 찬탄하시는 일체 모든 부처님께서 호념하시는 경'이라고 말씀하셨다. ○(석가모니 본사께서) 화엄해회의 대중에게 베푸신 一生成佛(한 생에 부처를 이룸)의 취지는 그 말미 부분의 안양(극락)으로 이끌어 돌아가게 함에 있는데, 그것은 오히려 이 《아미타경》에 있다. 그러나 동서 고금에 이를 믿는 사람이 드물었고 의심하는 사람이 많았으니, 《화엄합론(華嚴合論 : 李通玄 장자의 화엄경 주석서)》에서 조차 서방정토는 方便이고 화장세계가 實敎이다.라는 등의 언사를 많이 늘어놓아 '범부가 보처에 오른 보살에 비견되고, 생각 생각이 곧 부처'인 이 《아미타경》의 뜻(將凡夫例登補處。念念即佛之義)을 깎아낸 것과 같다.

나(余)는 우공藕公을 스스로 칭하는 말이다. 우공藕公은 '오직 심장을 갈라 피를 뿌릴 뿐이다(唯有剖心瀝血而已)'라고 말하였으니, 말하자면 이와 같은 종류의 무상無上(가장 높은) 인연에 대하여 기왕에 믿는 이가 적고 의심하는 사람이 많았기에 나(우공)는 심장을 갈라 피를 뿌려 사람들에게 분명하게 이를 알릴 뿐이다.라는 것이다. 그러므로 이《요해》의 모든 글자들은 낱낱이 우공藕公의 심장을 갈라 뿌린 피라 할 것이니,어찌 믿지 않을 수 있겠는가!

사족 : 매우 중요한 법문입니다. 刻骨不忘!

59) 극락에 왕생한 보살은 모두 다 일생보처의 지위에 있지만, 대원력을 품은 보살들은 극락에 왕생하여 법력을 얻은 다음 다시 예토로 돌아와서 무량중생을 제도하기 위하여 대정진의 갑옷을 입고, 모든 불국토에서 보살행을 행하며, 모든 부처님께 공양 올리고, 중생으로 하여금 보현보살의 10대 행원을 실천하게 함으로써 바로 離生(무생법인)을 얻게 하는 등 매우 수승한 수행의 성취를 이룬다.

그런데 대원력 보살의 이러한 대원력과 수행의 성취 역시 阿彌陀佛의 不可思議 本願力 내지 加持力을 말미암는다는 것을 명심하여야 한다.《불설대승무량장엄경(송역본 무량수경)》의 作法比丘(법장비구)의 서원 중 제15에서 작법비구(아미타불)는 위신력威神力으로, 예토에 들어간 대원력 보살로 하여금 일체중생에게 信心을 펼쳐서 菩提行, 보현보살 10대행원, 寂滅行, 淨梵行, 最殊勝行 및 一切善行을 닦도록 교화하게 하신다고 서원하셨다.

역사상 사바의 큰 스님네들 중에는 이미 한량없는 세월 전에 극락에 왕생하여 계시다가 사바에 오신 대원력 보살이 많이 계셨을 것으로 생각됩니다. 특히 사바에서 정토법문을 널리 펼치신 큰 스승들은 대부분 일생보처원의 예외에 해당하는 대원력 보살이 아닐까 생각해 봅니다.

재차 말씀드리지만《화엄경》과《무량수경》등 정토법문은 不二合一이 관계에 있습니다. 즉《화엄경》〈보현행원품〉에 의하면 보현보살의 10대 행원은 일체중생을 종국에 극락으로 인도하고 있고, 정토법문은 다시 극락왕생과 일생보처

획득 및 구경성불을 강조하고 있는바, 이는 결국 법계무한 연기와 보현행원을 중핵으로 하는 화엄과 극락정토 왕생의 법문의 귀취歸趣(돌아가는 곳)가 同一하다는 것을 의미한다.

60) 아미타 부처님을 말함.

61) 일체지一切智 :【범】sarvajña【팔】Sabbaññū 3지(智)의 하나. 일체 제법의 총 상(總相)을 개괄적으로 아는 지혜. 천태天台에서는 성문·연각(緣覺)의 지혜라 하고, 구사俱舍에서는 부처님의 지혜라 함.(운허 스님 전자불교사전).

62) 불법을 지키는 천상天上의 역사力士로서, 그 힘의 세기가 코끼리의 백만 배나 된다 함.

63) 이 부분은 화엄 십현문 중 제2 광협자재무애문廣狹自在無碍門을 나타내고 다. 극락 한 불찰의 자용이 시방을 두루 꿰뚫으니 이는 광廣의 자재함이요, 그럼에 도 불구하고 극락 한 불찰은 조금도 허물어지지 않으니 이는 협狹의 자재함이 다. 작용이 무한한 광과 한 법의 좁은 협이 서로 방애되지 않고 각각 자재하므 로 광협자재무애문이라 한다.

64) 위 서원 중 [⋯무량한 종류의 향이 있고, 또 백천 나유타 수의 많은 보물로 이루어진 향로 가 있어서 그 향기가 널리 허공계를 가득 채우며.] 부분은 화엄십현문 중 제3 일다상 용부동문一多相容不同門을 나타내고 있다. 하나와 많은 것이 서로 받아들이되, 그렇다고 같지는 않은 도리이다. 극락 한 국토의 미묘한 향(하나)이 널리 허공계 라는 많은 것에 두루 가득하므로 서로 받아들이되, 극락과 두루한 허공계가 서로 같지는 않다. 그러므로 하나와 많은 것이 서로 받아들이되, 같지는 않은 도리가 드러낸다.

65) 아미타 부처님을 지칭함. 법장비구가 세자재왕여래 앞에서 서원을 말씀드리는 자리이므로 번역문에 부처라고만 표현하였음.

66) 아미타불의 제33 촉광안락원에 의하여 우리의 현세적 고통의 해결과 분에 맞는 소원의 성취 역시 아미타불께 구하면 모두 얻을 수 있습니다. 아미타불께서는, 아직 극락에 왕생하지 않은 염불 중생에게 인간과 천상을 뛰어넘는 안락을 얻게 하겠다고 서원하셨고, 그 서원은 열 겁 전에 성불하심으로써 성취되었기 때문입니다.

중요한 포인트는, 우리가 부처님의 홍원과 위신력을 철저히 믿고 우리의 바램을 말씀드리면서 그 바램이 부처님의 위신력으로 이미 이루어졌다고 기정사실화 하면서 크게 기뻐하는 데 있습니다. 求하려는 마음보다 이미 부처님께서 이루어 주심에 깊이 감사하는 감정 내지 느낌이 필요합니다. 이미 이루어진 모습의 상상想像과 이에 대한 감사感謝의 念이 기도를 성취케 합니다.

그러한 현세적 이익을 누리기 위한 기본 조건은 信願行의 철저한 수행입니다. 즉 우리 정토행자들이 임종시 극락에 왕생하여 수행을 성취한 다음 무한 시분이 다하도록 무량 중생에게 도움을 주겠다는 큰 서원과 보리심으로 언제나 꾸준히 염불할 때 아미타불의 현세적 가지加持를 받을 수 있습니다.

67) 이생離生 : 생멸을 떠남, 즉 무생법인無生法忍의 뜻이고, 일체법은 본래 적연하여 생멸이 없는 도리 또는 이를 철저히 깨친 것을 무생법인이라고 한다.

68) 다라니의 일반적인 의미는 주 22) 참조 바람.

법처보살은 제34 득다라니원得陀羅尼願을 성취하셨기에 몸과 마음을 다하여 일심으로 '나무아미타불' 6자나 '아미타불' 4자 다라니를 칭념하는 모든 유정으로 하여금 일체의 다라니문을 성취하게 하신다. 따라서 그러한 유정이 이고득락離苦得樂, 전식득지轉識得智, 견성오도見性悟道, 무생인無生忍의 성취成就, 극락왕생極樂往生의 불가사의不可思議 공덕을 성취함은 물론 등각 이상의 지위에서 스스로 다라니를 산출하여 중생을 제도하게 한다. 그리하여 함께 구경성불究竟成佛하게 하신다.

그러므로 고래로 '나무아미타불' 6자 나 '아미타불' 4자 다라니는 부처님의 8만 4천 대장경을 모두 갈무린 가장 간단하면서도 가장 깊고 가장 높은 불가사의 한 공덕이 있는 다라니라고 말하는 것입니다.

중국 연종의 연지대사蓮池大師(1535~1615)는 아미타불의 명호는 일체 다라니의 왕이고, 범부 중생이 아미타불 명호의 칭념으로 일체 성인과 어깨를 나란히 하게 된다고 말씀하셨습니다.

69) 이생법離生法 : 무생법인과 같은 뜻. 아미타불의 명호를 듣고 무생법인을 얻은 다음 범행을 닦아서 결국 무상보리에 이르려면 보리심을 펼쳐서 아미타불이 최상의 복전이라는 관찰이 명확하여야 하고, 극락국토에 왕생하고자 하는 마음이 금강같이 견고하여야 할 것이다.

70) 이 서원은 수행과정에서 궁극의 보리를 얻을 때까지 계속적으로 청정범행을 유지해야 한다는 점을 강조한 것이다. 소위 한 소식했다고 막행막식해서는 절대 안된다. 《화엄경》〈보현행원품〉에서 "언제나 출가하여 청정한 계를 잘 지녀서 이를 더럽히지 않고 깨트리지 않으며 잃어버리지 않겠습니다."라고 서원함은 이를 가리킨 것이다.

71) 《증일아함경》에는 부처님께 가섭존자에게 "善來比丘!(잘 왔다. 비구여!)"라고 말씀하시자 바로 가섭존자에게 가사가 입혀지고 머리카락이 떨어져서 구족계를 갖추게 되었다는 말씀이 있다. 부처님께서, 출가하여 사문이 되고자 하는 사람에게 "善來比丘!(잘 왔다. 비구여!)"라고 말씀하시면 부처님의 위신력과 사문이 되고자 하는 사람의 원력이 합쳐져서 자연스레 비구에게 가사가 입혀지고, 머리카락이 떨어져서 구족계를 갖추게 된다. 이와 같이 극락의 보살에게 어떠한 의복이 필요하다는 생각이 일어나면 아미타불의 위신력과 극락 보살의 願心이 합쳐져서 바로 필요한 의복이 입혀진다.

72) 누진통漏盡通 : āsravakaya-jñāna 6통(通)의 하나. 또는 누진지통漏盡智通·누진지증통漏盡智證通. 번뇌를 끊음이 자유자재하고, 여실如實하게 4제諦(고집멸도)

의 이치를 증득하여 다시는 3계三界에 미혹되지 않는 부사의한 힘.(운허 스님 전자 불교사전).

73) 平等住란 일체의 分別妄想心을 떠나 是非와 人我의 생각에 끌리지 않는 마음으로 일체의 惡을 끊고 일체의 善을 닦는 것을 말한다. 일체법에 대하여 언제나 眞心의 平等一如에 머물러서 마음이 전도되지 않는 것이 곧 平等을 닦아 지니는 것이다. 제법 실상(공성)을 체득하여 그에 입각하여 바라밀 닦음을 말한다.

이 경 제9품 법처비구의 보살행 부분의
"법처 보살은 애초부터 탐·진·치와 남을 해치려는 생각이 없었고, 물질·소리·냄새·맛·촉감에 대한 분별심이 전혀 없었다. 모든 중생을 대함에 언제나 아끼고 존경함이 가족과 같았고, 성품이 온화하여 다른 사람들이 함께 있기 쉬웠다. 어떤 사람이 찾아와서 어떤 요구를 하든 그 뜻을 거스르지 않았으며, 그에게 좋은 말로 타이르고, 남의 말을 경청하지 않은 적이 없었으며, 생활에 필요한 물품과 음식은 근근이 목숨을 유지하는 정도였고,"

"만약 왕궁과 번화한 시가지 및 모든 촌락에 들어가서 비록 알록달록한 많은 것을 보더라도 마음이 조금도 물들지 않고 청정한 마음 그대로여서 탐애하거나 성내지 않았다."는 경문은 법처 비구의 평등주 닦음을 가리킨다 할 것이다.

또한 이 경 제34품 극락보살의 공덕 부분의 "(극락의 보살들은) 일체법은 본래 실체가 없어서 얻을 바 없음을 잘 알기에 그들의 일체 행처行處에서 취사심取捨心이 없고(知法本無,實不可得。於所行處, 亦無取捨。)"라는 말씀 역시 극락보살의 平等住 수행을 지적한 것이라 할 것이다.

74) 1, 2, 3인忍 : 수성인隨聲忍, 수순인隨順忍, 무생법인無生法忍으로 보이는데, 이 부분은 아래 81), 83), 84)를 참고바랍니다. 한편 忍에 대하여 상술하자면 다음과 같다.

인(忍)에는 ①다른 사람으로부터의 모욕이나 괴롭힘을 당하더라도 이에 성내지 않는 마음, ②질병, 굶주림, 추위, 더위 등 자신의 신상(身上)에 고통이 가해지더라도 이에 흔들림이 없는 마음, ③진리를 깨달아 그 진리에 편히 머무는 마음 등의 뜻이 있다.

용수보살의 《대지도론(大智度論)》에 의하면, 인(忍)에는 생인(生忍)과 법인(法忍)의 두 가지 가 있다. ①비록 타인으로부터 박해를 받거나 우대를 받더라도, 그 역경계와 순경계에 대하여 집착하지 아니하여 이를 잘 참거나 이에 흔들리지 않고, 중생에게는 상·중·하의 차등을 두지 않고 평등함을 관찰하여 중생과 함께 처하되 공(空)의 이치를 체득(體得)하여 단·상(斷常) 2견(見)과 사견(邪見)에 떨어지지 아니하니, 이를 일러 '생인(生忍)'이라 한다. ②일체 사물(일체법)의 실상(實相)은 바로 공(空)임을 체득하여 마음이 실상(實相) 공(空)의 이치에 편히 머물러 일체의 동요가 없는 것을 '법인(法忍)'이라 한다.

세친보살의 《섭대승론(攝大乘論)》에서는 인(忍)에 대하여 ①타인이 원한과 증오심으로 나를 괴롭히더라도 이를 잘 참아 내는 것[耐怨害忍], ②질병이나 천재지변으로 고통을 당하더라도 더욱이 이를 잘 참아내는 것[安受苦忍]. ③일체법이 불생불멸인 진리를 철저히 관찰하여 마음이 망령되이 흔들리지 않는 것[諦察法忍]으로 나누어 설명하고 있다. 앞의 2가지는 《대지도론》의 생인(生忍)에, 나중의 한 가지는 법인(法忍)에 해당한다.

《인왕반야바라밀경(仁王般若波羅蜜經)》 상권(上卷)에서는 法忍을 5단계로 나누어 설명하고 있다.

첫째는 복인(伏忍)으로서, 이는 삼현위(三賢位 : 10주, 10행, 10회향)의 수행자가 아직 무루(無漏)를 얻지 못하고 번뇌를 끊지 못하며 다만 번뇌를 눌러 움직이거나 일어나지 못하게 하는 단계이다. 10주위(住位)는 下品, 10행위(行位)는 中品, 10회향위(回向位)는 上品의 복인(伏忍)을 각각 증득한다.

둘째는 신인(信忍)으로서, 이는 지상보살(地上菩薩)이 무루신(無漏信)을 얻어 불법(佛法)에 일체의 의심이 없다. 초지는 下品, 2지는 中品, 3지는 上品의 신인(信忍)을 각각 증득한다.

셋째는 순인(順忍)으로서, 이는 보살이 보리도(菩提道)에 수순하여 무생(無生)의 과(果)로 나아간다. 4지는 下品, 5지는 中品, 6지는 上品의 순인(順忍)을 각각

대보적경·무량수여래회 역해

증득한다.

넷째는 무생인(無生忍)으로서, 이는 보살이 망령된 미혹을 이미 소진(消盡)하고 제법이 모두 불생불멸임을 확실히 깨친다. 7지는 下品, 8지는 中品, 9지는 上品의 무생인(無生忍)을 각각 증득한다.

다섯째는 적멸인(寂滅忍)으로서, 이는 일체의 미혹을 끊어 다하고 청정하여 조작이 없으며, 그윽이 적멸한 경계이다. 10지는 하품, 불지(佛地)는 상품의 적멸인(寂滅忍)을 각각 증득한다.

한편 용수보살은 《대지도론(大智度論)》에서, "무생법인이란 생멸이 없는 제법의 참모습[諸法實相]을 믿고 받아 들여 이를 통달함으로써 제법에 걸림이 없어 더 이상 퇴전(退轉)이 없는 것을 일러 무생인이라 한다(無生法忍者 於無生滅諸法實相中 信受通達 無礙不退 是名無生忍)."고 하셨고, 이어 "보살은 初地에서 무생법인을 얻어 불퇴전지에 오른다."고 하셨다.

〈이상 《佛光大辭典》, 대만 : 불광산사, 2889~2890쪽; 5079쪽에서 인용〉.

한편 마명보살의 《대승기신론》에 의하면, 보살(菩薩)이 신성취발심(信成就發心)을 한 10住의 지위에 오르면 비록 유루의 업을 아주 끊지는 못하여 태어난 바에 따라 미세한 고통과 함께 하지만 큰 서원의 자재한 힘으로 업에 얽매이지 않으며, 필경 불퇴(不退)의 정정취(正定聚)에 들어가고, 일체법이 본래 열반인 것을 잘 알기 때문에 2승의 지위로 퇴타하지도 않는다고 하였다. 생각건대, 용수보살은 불퇴의 법력이 현실적으로 드러난 지위를 불퇴전지로 말하고 있고, 마명보살은 원교(圓敎)의 차원에서 10주보살이 초지보살보과 비교하면 법력은 약하지만, 이제는 최소한 퇴전하지는 않는 지위임을 말하고 있는 것으로 보임.

참고로 初地는 10신(信), 10주(住), 10행(行), 10회향(回向)을 지나 들어가는 10지(地) 중 첫 번째 지위로서 《영락경》의 52수행 계위 중 제41위에 해당한다.

무생법인의 도리는, 《법화경》의 "제법종본래 상자적멸상(諸法從本來 常自寂滅相)"의 경문과 《반야심경》의 "시제법공상 불생불멸 불구부정 부증불감(是諸法空相 不生不滅 不垢不淨 不增不減)"의 경문과 의상대사(義湘大師)의 「법성게(法性偈)」 중 "제법부동본래적(諸法不動本來寂)" 등에서 잘 나타나 있다.

조계산(曹溪山)의 육조 혜능대사(惠能大師)는 깃발이 바람에 날리는 것에 대해 한 사람은 '깃발이 움직이는 것이지 바람이 움직이는 것은 아니다.'라고 주장하고, 다른 한 사람은 '바람 때문에 깃발이 움직이는 것이니 결국 바람이 움직이는 것이지 깃발 자체는 움직이는 것이 아니다.'라고 주장하며 서로 다투는 것을 보시고, "그대들의 마음이 움직일 뿐이요, 깃발과 바람이 움직이는 것이 아니니라."고 하신 것은 제법부동의 이치를 명료히 지적한 예로 보인다.

감산대사(憨山大師 : 명나라 3대고승 중 한 분)는 《조론약주(肇論略註)》를 출판하기 위하여 교정하다가 활연대오하고 너무 기쁜 나머지 법당에 들어가 부처님께 감사의 정례를 무수히 올렸는데 분명히 몸은 절을 하기 위해 움직이고 있는데도 그대로 움직임이 없는 고요함을 느꼈고, 다시 칙간에서 소변을 보는데 분명히 오줌은 나가고 있는데도 오줌발이 그대로 정지된 것을 느꼈으며, 허공에 날리는 낙엽도 그대로 고요한 것임을 느끼고서 《조론》의 '물불천(物不遷)'의 논지(論旨)를 확인하게 되었다고 한다. 감산대사의 위 일화는 바로 무생법인을 해오(解悟)한 하나의 예(例)인 것으로 보인다.

구한말 경허선사(鏡虛禪師, 1846~1912)께서 무애행을 닦으실 적에 아이들에게 동전을 주시면서 대사 자신을 때리라고 하자, 신이 난 아이들이 작대기와 손발로 대사를 무수히 때려 온몸에 멍이 시퍼렇게 드시면서도 나는 너희들에게 한 대도 맞은 적이 없다면서 계속 때리라고 했다는 일화가 있는데, 이 일화 역시 제법부동의 이치를 해오한 예로 보인다.

75) 48원 중 제33 촉광안락원, 제34 득다라니원, 제36 수범정행원, 제42 득정선정원, 제44 증상선근원, 제45 득삼지원, 제47 문명불퇴원, 제48 문명득인원 등 서원은 아직 극락에 왕생하지 않은 타방 불찰의 중생이 누리는 막대한 법익이다. 이러한 크나큰 법익을 누리기 위하여는 원생심(願生心)이 매우 강렬하여 삼매(사마타)를 이룰 정도가 되어야 한다. 세친 보살께서는 《무량수경우바제사》에서 이러한 경문의 취지를 반영하여 매우 철저하고 견고한 작원(作願)으로써 사마타(삼매)를 닦아서 현생에서 연화장세계(법성공)에 들어간다고 말씀하셨다.

76) 십력十力(부처님의 10가지 능력)

　　① 처비처지력處非處智力 : 옳고 그름을 판별하는 지혜.

　　② 업이숙지력業異熟智力 : 선악업 및 그 과보를 잘 아는 힘.

　　③ 정려해탈등지등지지력靜慮解脫等持等至智力 : 모든 선정을 통달한 능력

　　(사선四禪과 사무색정四無色定 등 모든 선정禪定을 통달한 능력).

　　④ 근상하지력根上下智力 : 중생의 근기의 우열을 잘 아는 힘.

　　⑤ 종종승해지력種種勝解智力 : 중생의 여러 의욕,판단을 잘 아는 능력.

　　⑥ 종종계지력種種界智力 : 중생계의 차별을 잘 아는 힘.

　　⑦ 변취행지력遍趣行智力 : 중생의 수행의 방법과 그 결과를 잘 아는 힘.

　　⑧ 숙주수념지력宿住隨念智力 : 중생의 과거의 일을 잘 아는 힘.

　　⑨ 사생지력死生智力 : 중생이 언제 어디서 죽어서 어디에 나는 지를 잘 아는 능력.

　　⑩ 누진지력漏盡智力 : 중생의 일체의 번뇌를 다 소멸시키는 능력.

77) 삼유三有는 삼계三界라고도 하며, 뭇삶이 생사윤회하는 세 가지 세계로서 욕계欲界, 색계色界, 무색계無色界가 그것이다. 우리가 사는 사바세계와 같이 욕심이 충만한 세계가 욕계이며, 욕심은 벗어났으나 아직 형체에 사로잡힌 세계가 색계이고, 욕심과 형체의 구속에서는 벗어났으나 정신적인 관념에 사로잡힌 세계가 무색계이다.

78) 自然智는 수행의 공功을 빌리지 않고 스스로 생겨난 부처님의 지혜를 가리킨다. 그렇다고 부처님께서 아무 수행 없이 자연지를 얻으셨다는 것은 아니다. 한량없는 세월의 수행으로 얻은 부처님의 무상정등정각은 밖에서 얻으신 것이 아니고 본래 갖추고 있었던 것이라는 의미이다. 운허 스님 전자사전에는, "무사지(舞師智)라고도 함. 공용(功用)을 빌리지 않고 자연히 생긴 부처님의 일체종지(一切種智)."라고 설명되어 있다. 《7권본 능가경》에서는 妙覺位 위에 〈自覺聖智(스스로 깨달은 성스런 지혜)〉를 더 두었는데, 자연지는 이를 지칭하는 것으로 보인다.

79) 용수보살龍樹菩薩은 《십주비바사론十住毗婆沙論》에서 「유연柔軟이란 강강추악(剛强麁惡; 쇠같이 강하고 매우 거칠며 조악함)이 아닌 것을 말하나니, 보살은 이 유연심柔軟心을 얻어서 갖가지 선정禪定에 들어가고 모든 선법善法을 닦아 익히며 제법

의 실상實相을 관찰하여 곧 마음을 감당하여 쓸 수 있다.」라고 말했다.

《대보적경大寶積經·부루나회富樓那會》에서 「부처님께서 부루나 존자에게 말 씀하시되 《보살이 지켜할 4가지 법이 있나니, 이에 의하여 모든 어려움을 떠나고, 어려움 없는 곳에 이르며, 스스로를 잃지 않으며 불법을 잘 닦을 수 있느니라. 어떤 것이 4가지 법인가? 첫째는 보살이 겸손謙遜하고 그 마음을 유연柔軟하게 가져야 한다. 만나는 모든 중생에게 언제나 좋은 말을 하고, 부드러운 얼굴과 기쁜 표정으로 먼저 묻고, 그와 더불어 말하고, 언제나 미소를 띠어야 한다.》고 하셨다.」 이는 매우 구체적인 풀이이다. 《보성다라니경寶星陀羅尼經》에서는 「유연심柔軟心」을 「찬제바라밀羼提波羅蜜」 즉 「인욕바라밀忍辱波羅蜜」과 짝을 이루는 것으로 설명하였다. 이러한 풀이에 의하면 유연심柔軟心은 「자심慈心」에 가깝다할 것이다.

《정법염처경正法念處經》에 의하면, 「유연심柔軟心」을 또한 「비심悲心」과 짝을 이루는 것으로 설명하셨다. 즉 「만약 사람의 마음이 유연柔軟하여 비심悲心으로 스스로를 장엄莊嚴하면 일체의 보호를 받고 많은 사람들의 칭탄을 받게 된. 이와 같이 유연심柔軟心은 모든 근根을 항상 즐겁게 하나니, 이렇게 정견正見을 갖춘 훌륭한 사람은 열반涅槃과의 거리가 멀지 않다. 만약 비심悲心으로 스스로를 장엄하면 사람 가운데 하늘이다. 만약 사람이 비심悲心이 없으면 이는 곧 언제나 빈궁할 것이다. 만약 사람에게 유연심이 있으면 진금眞金과 같이 조복調伏 받을 것이고, 마음에 비심悲心까지 있으면 이 보물은 무진장無盡藏이다.」라고 말씀하심과 같다.

「자심慈心」과 「비심悲心」을 짝지을 수 있으므로 「유연심柔軟心」은 해탈解脫에 상응相應되는 처중지심(處衆之心; 대중을 대하는 마음)이라고 말할 수 있다. 이로 인하여 《정법염처경正法念處經》에서는 또 「유연심柔軟心은 경솔함과 조급함으로 인한 과오過誤를 끊고 모든 공덕을 거두어들인다. 만약 사람이 유연하고 깊은 마음을 가질 수 있다면 일체의 마음의 때를 떠나서 열반·해탈이 손아귀에 있는 것과 같다. 마음이 유연한 사람은 그 마음이 백랍(흰 주석)과 같이 빛나고 선업善業을 수행하여 많은 사람들의 신뢰를 받는다.」고 말했다.

세친보살도 《왕생론》에서 5념문을 닦는 보살은 사마타(作願)와 비발사나(극락 의정 장엄의 觀察)을 수행하여 유연심柔軟心을 성취한다고 말했다. 이토록 유연심은 대승보살이 닦아야 할 매우 중요한 덕목입니다. 거친 마음으로는 아무 것도 되는 것이 없으니까요.

결국 제법의 空性을 철저하게 체득하면 화날 경계가 空하여 忍辱하게 되고 또한 柔軟한 마음을 잘 유지할 것이라 사료됩니다.

80) 비록 알록달록한 많은 것을 보더라도 마음이 이에 조금도 물들지 않고 청정한 마음 그대로여서 탐애하거나 성내지 않았다. :

이는 법처보살이 앞의 경문과 같이 "공空·무상無相·무원無願의 해탈삼매解脫三昧와 무작무생無作無生·불기불멸不起不滅의 경계에 머물기" 때문에 자연스레 그렇게 되는 것이지 의지적인 노력으로 하는 것이 아니다. 諸法性空 내지 諸法如幻을 철저히 깨달아 증득한 결과이다.

81) 무진보장無盡寶藏을 말함.

82) 이정천왕이라고도 한다.

83) 화락천왕化樂天王

84) 남섬부주라고도 하며 우리가 사는 사바세계를 말한다. 이 때문에 우리 사바 중생과 아미타 부처님의 인연은 두텁다.

85) 원효보살은 《무량수경종요》에서 말했다.
〔지금 이 경은 대저 보살장교菩薩藏敎의 격언格言이요, 불국토 건립의 원인과 그 결과를 말씀하신 참다운 법전法典이다. (법장비구의) 서원과 수행의 정밀精密하고 매우 깊음을 밝히고, (극락) 정토의 과덕果德의 장원長遠함(매우 수승함)을 나타냈다.〕

이 말씀은, 《무량수경》은 ①불자에게 법장비구의 인행시의 발원과 인지 수행 및 16정사와 극락보살들의 수행을 본받아 대승을 닦아 증득케 하려는 대승 수증법문修證法門으로서의 성격(보살장으로서의 일반적 성격)과 ②중생이 아미타불 의 중생구제의 불가사의한 본원력에 의지하여 극락으로 돌아가서 생사고를 끊고 모두 부처 이루게 하려는 수승한 방편 법문으로서의 성격(방편적 특수성)을 동시에 설한 경이라는 뜻이다. 경의 宗要를 명료하게 설파하심.

86) 無量壽佛(무한한 목숨의 부처님) : 범어 Amita-buddha(아미타붓다)를 음역하여 아미타불阿彌陀佛이라 한다. 아미타불은 범어로 달리 Amitayus-buddha(아 미타유스 붓다)라고 하는데, 이는 無量壽佛의 뜻이며, 또한 범어로 Amitabha- buddha라고도 하는데, 이는 無量光佛(무한한 광명)의 뜻이다. 아미타불께서 갖 추신 항하 모래알 수 공덕 가운데 대표적인 2가지를 들어 위와 같이 칭한 것이 다. 정토삼부경과 왕생론 등에서 설한 아미타불의 무량한 갖가지 공덕들은 모 두 우리 중생의 生死永斷과 究竟成佛을 위한 것이다. 이것을 아미타불의 不可 思議 衆生救濟 本願力이라 한다. 우리들은 아미타불의 항사 무량공덕을 모두 잘 알고 기억하며 감사하고 우리도 본사 아미타불과 같게 되기를 발원해야 할 것입니다.

참고로 염불수행시 주로 '나무아미타불'이나 '아미타불'을 칭념하되, 때로는 '무 량수불'또는'무량광불'을 칭념하여도 좋을 것입니다.

명明 우익藕益대사의 《아미타경요해》의 매우 깊은 법문을 인용합니다.

먼저, '무량광無量光'에 대한 설명 : "심성心性은 공적空寂하지만 항상 비추므로 (寂而常照) 광명光明이 된다. 지금 (아미타불께서) 심성의 무량한 체體를 철저히 증 득하셨으니 광명이 무량하시다. 부처님들께서는 모두 심성의 체를 철저히 증득 하시어 시방국토를 비추시니 모두 무량광이라 이름할 수 있다. 그러나 인지因 地 중에서 세우신 원력願力은 같지 않아 인연에 따라 특별한 이름을 세우게 되 었다. 아미타불께서는 법장비구로서 48원을 일으켜 광명이 시방세계를 항상 비추고자 하는 서원이 있으셨고 지금 과果를 그 원願과 같이 이루셨다. 법신法

身광명은 무한이며, 보신報身광명은 진성眞性에 합치한다. 이는 곧 불불(佛佛 : 모든 부처님)이 이룬 도道가 같기 때문이다. 응신應身광명에는 1유순도 있고, 10, 100, 1000유순이 있다. 1세계도 있고,10, 100, 1000세계가 있다. 그러나 오직 아미타불의 광명만이 널리 (우주를) 비추므로 특별히 무량광이라고 이름한다. 그러나 부처님의 3신身은 하나도 아니고 서로 다르지도 않다. 중생에게 4가지 이익利益을 주시고자 하여 이와 같이 분별하였을 뿐이다. 부처님의 광명에 장애가 없다는 것은 인민人民에 따른 것임을 마땅히 알아야 한다. 즉 중생과 부처님의 인연이 깊으면 부처님의 광명이 이르는 곳의 일체 세간은 원만히 보지 못하는 것이 없다."

다음, 무량수無量壽에 대한 설명 : "심성心性은 비추되 항상 공적空寂하므로(照而常寂) 수명壽命이 된다. 지금 (아미타불께서) 심성의 무량한 체를 철저히 증득하셨으므로 수명이 무량하시다. 법신의 수명은 무시무종無始無終이나 보신의 수명은 유시무종有始無終이다. 이 또한 불불佛佛이 이루신 도道가 같기 때문에 모두 무량수라 이름할 수 있다. 그런데 응신應身은 (부처님의) 원願과 중생 근기에 따라 다르므로 그 길고 짧기가 같지 않다. 법장비구의 원왕願王에는 부처와 그 국토의 사람의 수명이 모두 무량하기를 서원하셨고, 지금 그 원과 같이 과果를 이루셨기에 특별히 무량수라 이름한 것이다. 아승지阿僧祇란 무변無邊과 무량無量이란 숫자의 단위로서, 이는 실로 유량有量 가운데의 무량無量이다. 그러나 3신은 하나도 아니고 다르지도 않으므로 응신應身 역시 무량 가운데의 무량이라 할 것이다. 《아미타경》 경문의 '佛及人民'의 '급及'은 '함께'란 뜻이며 '인민人民'은 등각等覺 이하의 모든 극락의 대중을 말한다. 말하자면 아미타불의 수명과 그 국토의 중생의 수명이 모두 무량하다. 마땅히 알라. 아미타불의 무량광, 무량수의 명호는 모두 중생(의 心性)에 터 잡아서 건립된 것임을. 즉 중생과 부처가 평등하므로 아미타불의 명호를 지니는 사람으로 하여금 그 광명과 수명이 부처님과 같아 다르지 않게 하신다. 또 무량광의 뜻으로 말미암아 중생이 극락에 왕생하면 곧 시방에 왕생함과 같고, 아미타불을 친견함은 곧 시방제불을 친견함과 같나니, 이와 같이 능히 스스로를 제도함은 곧 널리 일체중생에게 이익을 줌과 같다. 또한 무량수의 뜻으로 말미암기 때문에 극락의 인민은 모두 일생보처一生補處이므로 모두 이 생(극락세계에 왕생한 생)에 결정코 성불하고 이생(異生 :

중생)으로 떨어지지 않는다. 마땅히 알라. 지금 작용하는 중생의 일념 일념의 무량광, 무량수의 마음을 떠나서 어느 곳에 아미타불의 명호가 존재하며, 아미타불의 명호를 떠나 어떻게 지금 작용하는 일념 일념의 무량광, 무량수의 마음을 철저히 증득할 것인가를. 원컨대 깊이 생각하고, 깊이 생각할진저."

87) 일심一尋 ; 8척尺 즉 약 2.4미터

88) 오파니살담은 지극히 많은 수이니, 그 많은 수로 나눈 것은 0에 가까울 정도로 지극히 미미하다.

89) 우산雨傘 같은 덮개를 말한다.

90) 인도산 식물로 버드나무 꽃과 비슷하며, 솜처럼 매우 부드럽고, 매우 가늘다.

91) 무생법인無生法忍 : 일체법이 생멸 없음을 철저히 깨침.

92) 극락의 중생이 보리수에서 나오는 소리를 듣거나 보리수를 보면 높은 진리를 깨닫게 됨은 화엄 십현문 중 제8 탁사현법생해문托事顯法生解門(사사에 맡겨 법을 드러내서 깨닫게 하는 도리)를 나타내심이다. 극락에서는 눈에 보이는 등 체험하는 모든 것이 진리를 깨닫게 함은 바로 이 도리를 나타내심이다.

93) 수성인隨聲忍 : 음성을 통하여 진리를 깨침.

94) 수순인隨順忍 : 깨달은 지혜 마음 그대로 진리에 순응함.

95) 정려靜慮 : 선禪은 산스크리트어의 드야나(dhyana), 빨리어의 쟈나(jhana)를 음역한 선나(禪那)를 줄인 말로서 사유수思惟修 또는 정려靜慮 등으로 번역된다.

96) 아난존자는 모든 국토의 존재와 유지는 모두 그곳 부처님의 불가사의 본원력과 중생의 업력의 소치라는 것을 잘 알면서도, 중생이 이를 알지 못하여 세계

는 꼭 큰 산에 의지해서만 존재하는 것으로 잘못 알아서 산이 없는 극락에 대한 믿음을 확립하는데 어려움이 있을까 우려되어 일부러 2번에 걸쳐서 불가사의 업력 내지 선근력을 모른다고 답한 다음 스스로 그렇게 답한 이유를 설명하고 있다.

위역본魏譯本《무량수경》의 부처님의 말씀. "行業의 과보가 불가사의하고, 제불의 세계 또한 불가사의하며, 극락의 모든 중생은 공덕과 선근력으로 그곳에 머물러 행업을 닦기 때문에 그와 같이 할 수 있다."(극락에 산이 없어도 부처님의 불가사의 본원력과 중생의 선근 공덕력에 의하여 모든 수승한 장엄이 갖추어진다는 뜻.)

97) 아미타경 당역본《칭찬정토불섭수경》에서는 서방정토 연못물의 8가지 공덕에 대하여 다음과 같이 말씀하셨다. ① 맑고 깨끗함, ② 시원함, ③ 달고 감미로움, ④ 가볍고 부드러움, ⑤ 매끄럽고 윤택함, ⑥ 평안함을 줌, ⑦ 마시면 배고프고 목마름 등 모든 고환을 제거함, ⑧ 마시면 모든 감관과 4대가 반드시 길러져서 갖가지 수승한 선근을 증가시키고 복 많은 중생은 언제나 이를 즐겁게 받아 씀.

98) 우발라화는 청련화靑蓮華, 파두마화는 홍련화紅蓮華, 구물두화는 황련화黃蓮華, 분다리화는 백연화白蓮華이다.

99) 지식止息의 음성 : 번뇌를 쉬고 소멸시키는 음성이다.

100) 바라밀波羅蜜의 음성 : 보시, 지계, 인욕, 정진, 선정, 지혜의 6바라밀의 음성이다.

101) 신통神通의 음성 : 6신통(숙명통, 천안통, 천이통, 신족통, 타심통, 누진통)의 음성.

102) 무생법인의 음성과 같은 뜻으로 보인다.

103) 적정寂靜의 음성, 변적정邊寂靜의 음성, 극적정極寂靜의 음성 : 이 모두는 번뇌와 희론을 쉬고 소멸시키는 음성이며, 다만 단계가 다를 뿐이다. 즉 적정寂靜은

일반적인 분별과 희론을 멀리 떠남을 말하고, 변적정邊寂靜은 4변邊 8희戱(4가지 극단과 8가지 희론) 등 미세한 모든 극단을 멀리 떠남을 말하며, 극적정極寂靜은 완전히 언어와 생각을 떠난 가장 불가사의한 적멸 경계이다.

104) 무생법인無生法忍의 음성 : 제법에 생멸이 없는 음성이다. 오직 1지 혹은 8지 이상의 보살이라야 무생법인을 진실로 갖추어 만족한다.

105) 이 부분 경문은 화엄 십현문 가운데 제1 동시구족상응문同時具足相應門을 나타낸다. 하나의 강물 소리가 중생의 근기와 바람에 따라 갖가지 소리로 들림은 하나가 많은 것이 동시에 갖추어 나타남을 드러낸 것이다.

106) 이 부분에 해설은 황염조 노거사의 《대경해》를 인용한다. '무외無畏'란 무소외無所畏라고도 말한다. 부처님은 대중 가운데서 설법하심에 있어서 태연泰然하여 무외無畏(두려움이 없음)의 덕을 갖추고 계신다. 이에는 4가지가 있는데,
① 일체지무소외一切智無所畏는 부처님은 대중 가운데서 나는 일체지一切智를 갖춘 사람이라고 명확하게 말씀하시므로 두려운 마음이 없음을 뜻한다.
② 누진무소외漏盡無所畏는 부처님께서는 대중 가운데서 나는 일체 번뇌를 다 끊었다고 명확하게 말씀하시므로 두려운 마음이 없음을 뜻한다.
③ 설장도무소외說障道無所畏는 부처님께서는 대중 가운데서 혹업惑業 등 도를 장애하는 모든 법을 다 말씀하시므로 두려운 마음이 없음을 뜻한다.
④ 설진고도무소외說盡苦道無所畏는 부처님께서는 대중 가운데서 계정혜 등 고통을 소멸시키는 바른 도를 말씀하시므로 두려운 마음이 없음을 뜻한다.
이것을 일러 4무외四無畏라 이름한다.

'무성無性'에 대하여. 《법화경法華經》에서 "제불은 모든 법이 항상 무성無性임을 안다"고 말씀하셨다. 일체 모든 법은 모두 실체實體가 없으므로 '무성無性'이라 말한다. 또 《능가경楞伽經》, 《유식론唯識論》 등에서 세 가지 무성無性을 밝혔는데, 이 3無性이 唯識學의 宗要이다.
① 상무성相無性(변계소집성의 무성)
일체중생은 망령된 마음으로 인연으로 생멸하는 모든 사물에 대하여 계탁하

여 아我와 법法을 삼음과 더불어 미혹된 집착으로 실아實我와 실법實法을 삼는다. 이것을 변계소집성遍計所執性이라고 이름한다. 제7식, 제6식이 이에 해당한다. 노끈을 보고서 뱀이라고 잘못 오인하여 뱀은 실제 없는데, 다만 망령된 분별과 미혹한 집착으로 뱀의 모양이 있는 것과 같다. 이것은 실제로 있는 것이 아니고 망령된 분별로 인하여 나타난 것일 뿐이다. 그러므로 상무성相無性이라고 말한다. [역자 : 相(모양)이란 미혹이 없음을 相無性이라 한다.]

② 생무성生無性(의타기성의 무성)

인연으로 말미암아 생멸하는 일체 만법을 의타기성依他起性이라고 말한다. 타他는 곧 인연因緣을 가리킨다. 제8식 중 業識, 轉識, 現識이 이에 해당한다. 예를 들면 노끈은 마麻라는 원인(마로 노끈을 만들면 좋겠다는 하는 생각, 처음으로 무언가의 염이 떠오르는 것)에 따른 것인데, 그 마麻에 연緣(사람의 작업 등)이 도와서 만들어진 것이어서 이는 (변계소집성의) 망령된 집착을 떠나서 존재하는 것과 같다. 그러나 노끈도 실다운 성질이 없어서 연緣이 흩어지면 노끈도 공空하게 된다. 그러므로 생무성生無性이라 말한다. [역자 : 일체법은 자연히 생기는 것이 아니고 인연에 의하여 생기는 의타기성이라는 의미로 (자연)生無性이라 칭하기도 한다.]

③ 승의무성勝義無性

승의勝義란 원성실성圓成實性을 말하며 圓滿하게 성취된 진실眞實한 성성을 말한다. 제8식 중의 진여마음을 말한다. 예컨대 노끈의 실성은 마麻인 것과 같다. 원성실성圓成實性은 일체의 상대가 끊어진 법이어서 일체의 모양과 인연을 떠났다. 만약 노끈이 마로 만들어진 것임을 알면 뱀(相)과 노끈(인연)을 떠난다. 그러므로 승의무성勝義無性(수승한 의미의 무성)이라고 말한다.

「무작無作」이란 인연에 의한 조작造作이 없는 것을 말하는데, 무위無爲와 뜻이 같다. 《화엄대소華嚴大疏(80권본 《화엄경》에 대한 청량 징관선사의 해설서)》에서 말한다. "지을 바가 있으므로 有爲라 이름하는데, 유위有爲는 무상無常하다. 지을 바가 없는 것을 무위無爲라 이름하는데, 무위無爲는 항상 존재한다." 《탐현기探玄記(60권본 《화엄경》에 대한 현수 법장대사의 해설서)》에서 말한다. "인연 따라 일어난 법은 유위有爲라 이름하고, 무성진리無性眞理를 무위無爲라 말한다." 그러므로 「무작無作」, 「무위無爲」는 모두 진리眞理의 다른 이름이다. 또 《법사찬法事贊(唐 善導大師의 저술)》에서 말한다. "극락極樂은 무위열반無爲涅槃의 세계이다." 그러므로 열반涅槃은 불생불멸不生不滅이며 일체의 유위有為의 모양을 끊었으므로 무위無為라 이름한다. 일체의 유위조작有為造作을 떠난 것을 무작無作이라 이름한다. 극락국토 전체는 하나인 청정구淸淨句요 진실지혜무위법신真實智慧無為法身이므로 무위열반無為涅槃界이라고 말한다.

「무아無我」에 대하여. 아我란, 언제나 존재하는 하나의 주체가 있어서 주재主宰하는 작용이 있는 것을 말한다. 사람의 신체에 대하여 이러한 것이 있다고 집착하므로 이를 인아人我라고 말한다. 법에 대하여 이러한 것이 있다고 집착하는 것을 법아法我라고 말한다. 그러나 사람의 육신은 오온이 임시로 화합한 것이고 무상한 것이 나의 육체이다.
《지관칠止觀七(천태 지의대사의 저술)》에서 말한다. "지혜가 없기 때문에 我(不變의 獨自性 내지 主宰性)가 있다고 계탁하여 말한다. 지혜로 육체를 관찰하면 정말 아我는 없다. 아我는 어디에 있는가? 머리와 다리 등 사지를 낱낱이 살펴보아도 전혀 아我를 발견할 수 없다."

또 《원인론原人論(규봉 종밀선사의 저술)》에서 말한다. "형해形骸의 육신과 사려思慮의 마음은 무시 이래의 인연력으로 말미암은 것이므로 염염이 생멸하고 계속 이어져서 다함이 없음이 물결이 계속 이는 것(앞의 물결이 사라지고 이어서 새 물결이 오는 것), 등불이 계속 타오름(뒤의 불길이 일어나면 앞의 불길이 소멸함)과 같다. 몸과 마음은 임시로 화합한 것이어서 마치 하나 같이 영원할 것 같이 보인다.(실로는 찰라간에도 끝없이 생멸한다.). 모든 사람들은 이를 알지 못하고 집착하여 我로 여긴다. 이 我를 실제한다고 여기므로 곧 탐진치貪瞋癡의 삼독三毒을 일으킨다. 삼독심을 일으켜서 몸과 입을 작동시켜 일체의 업을 짓는다." 그러므로 다시 법에 대하여 말하자면 모두 다 인연에 의하여 생긴 것이고 또한 무상한 한 것이 나의 육체이다.

《대승의장2大乘義章二(隋 慧遠大師(523~592)의 저술)》에서 말한다. "諸法은 실성實性이 없으므로 無我라 말한다". 그러므로 《십지경十地經》에서 말한다. "무아無我의 지혜에는 2가지가 있나니, 아공我空과 법공法空이 그것이다." 또 《금강경金剛經》에서 말한다. "無我와 無法을 통달한 사람을 여래가 진정한 보살이라고 말한다.(通達無我法者, 如來說名眞是菩薩。)"라고 말씀하셨다.

「대자대비희사성大慈大悲喜捨聲」(희사喜捨는 《무량수경》 송역宋譯본에 있다.). 자비희사
慈悲喜捨는 4무량심四無量心이라고 이름한다.
① 자무량심慈無量心은 타인에게 즐거움을 주는 마음이다.
② 비무량심悲無量心은 타인의 고통을 제거해주는 마음이다.
③ 희무량심喜無量心은 사람이 고통을 벗어나거나 즐거움 얻는 것을 보고 함께
기뻐하는 마음.
④ 사무량심捨無量心은 위 3가지 마음과 같이 그 3가지 마음을 버려서 마음에
두지 않는 마음. 또는 원한 있는 사람이나 친한 사람에게 평등하여 원한과 친
함을 다 버리는 마음.
이 4가지 마음으로 널리 일체중생과 인연 맺어서 무량한 복을 끌어 들이고 무
량한 과보를 얻으므로 4무량심四無量心이라고 이름한다.

「감로관정수위甘露灌頂受位」: 「감로甘露」란 하늘 사람이 먹는 감미로운 이슬로서
달기가 꿀과 같다. 《광명문구5光明文句五(천태 지자대사가 《金光明經》을 해설한 책)》에
서 : "감로甘露는 모든 하늘 사람의 죽지 않는 약이다. 이를 먹으면 수명이 길
어지고 몸이 편안하게 되며 힘이 세지고 몸이 빛난다."고 말했다. 「관정수위灌
頂受位」. 현교顯敎에서는 장차 묘각妙覺에 들어가는 등각보살等覺菩薩의 지위로
서 시방 제불께서 지혜의 물을 그 보살의 정수리에 적셔 주신다고 말한다. 비
유하자면 전륜성왕이 4대해의 물을 가져다 태자의 정수리를 적시면서 "태자는
이미 왕위를 받았도다."라고 말하는 것과 같다.

107) 팔난八難 : 여덟 가지 어려움 곧 기(飢, 배고픔)·갈(渴, 목마름)·한(寒, 추위)·서(暑,
더위)·수(水, 물-수재)·화(火, 불-화재, 가뭄)·도(刀, 칼-무기)·병(兵, 군사-전쟁).

108) 위역본魏譯本의 극락중생의 식사에 대한 말씀은 다음과 같다.
"(극락중생이) 식사를 하고자 하면 자연히 칠보 그릇이 그 사람의 앞에 놓이고
금, 은, 유리, 자거, 마노, 산호, 호박, 명월주, 진주 등 의 많은 그릇에 원하는
대로 백 가지 맛의 음식이 자연히 가득 채워진다. 비록 이러한 음식이 있지만

정말 먹는 것은 아니고, 다만 음식의 색상을 보고 그 향을 맡는 것으로써 먹었다고 생각하면 자연히 포만감을 느끼게 되고 몸과 마음이 유연해지며 맛에 집착하지 않는다. 식사를 마치면 모든 것이 사라지고 때가 되면 다시 나타난다." 당역본의 微細食에 대한 구체적인 설명으로 보입니다.

109) 멸진정滅盡定 : 오온(色受想行識) 중 受와 想이 소멸된 禪定 상태를 말한다. 心과 心所(마음의 작용)를 소멸시켜 無心의 상태에 머무는 禪定이다. 아라한 이상의 성자가 드는 禪定이다.

110) 위 경문 중 "낱낱의 꽃송이에서 36억 나유타 백천 광명이 나오고…"라는 부분은 화엄십현문 가운데 제6 미세상용안립문微細相容安立門(미세한 것이 각자 무량한 세계를 거두어 들여서 서로 존립하는 문)을 나타냄이다. 《보현행원품》의 "한 티끌 가운데 일체 티끌 수의 불찰이 있고, ② 낱낱의 불찰에는 생각할 수 없이 많은 부처님이 계신다."라고 말씀하신 것은 바로 이 문門을 드러냄이다.

그리고 "…낱낱의 빛 줄기 마다 36억 나유타 백천의 많은 부처님이 나투시고… 이 모든 부처님들께서는 동방으로 가셔서 중생을 위하여 설법하시는 데, 모두 무량한 유정을 불법 가운데 안전하게 세우기 위함이며, 남·서·북방·사유·상하에 가셔서 설법하심도 이와 마찬가지이니라." 부분은 화엄 십현문 가운데 제7 인드라망법계문因陀羅網法界門을 나타낸 것이다. 인드라망(제석천궁의 그물)에 달린 무량한 구슬은 각기 다른 나머지 무량한 구슬에 비추어짐과 동시에 다른 모든 구슬을 거두어 들이는데, 이는 중중무진(서로 거듭거듭 다함 없이 겹침)하게 서로 들어가고 서로 마주하는 도리를 나타내고 있다. 《화엄》의 사사무애 도리가 《정토》에서 여실하게 구현되고 있다.

백천억의 꽃잎으로 이루어진 연꽃의 각 꽃잎 마다 36억 줄기의 광명이 나오고, 각 빛 줄기 마다 36억 부처님이 나투어서 시방국토에 가셔서 설법하신다. 이는 범부의 사량으로 미치기 어려운 일진법계의 중중무진이다.

정토의 세계는 이렇게 불법의 궁극을 눈으로 보여주고 직접 체험하게 한다. 설명할 필요가 없다.

벗이여, 오직 기쁨만 있는 극락세계에 가지 않겠는가!
더는 육체의 태에 들지 않는 대자유인이 되지 않겠는가!
벗이 원하다면 그 초대장은 언제나 어디서나 받을 수 있다.
벗의 죄업이 무겁다고 느낄수록 더욱 가까이 있다.
벗이 부처님의 대자비의 바다에 몸을 던질 각오만 되어 있다면
벗의 과거의 모든 잘잘못은 무의미하다.
아미타불의 광대한 자비의 은혜와 불가사의 위신력은
부처님들만 서로 알 뿐이다.

일본 정토진종淨土眞宗의 조사 신란親鸞(1173~1262)은 말했다.
"善한 사람도 극락에 왕생할 수 있으니, 惡한 사람은 말할 것도 없다."

아미타불의 중생구제의 불가사의 위신력은 우리의 보통 생각을 초월한다.
아미타불께서는 악한 사람도 회심하여 염불하기만 하면 기꺼이 구제하신다.

111) 세친보살은 《왕생론》에서 말했다. "또 불국토佛國土의 공덕장엄 성취, 부처님의
공덕장엄 성취, 보살공덕장엄 성취에 대하여 말하자면, 이 3가지 성취는 아미
타여래의 원심願心에 의하여 장엄된 바이며, 간략하게 말하자면 일법구一法句
(하나인 법의 글귀)로 들어가기 때문이다. 일법구一法句란 말하자면 청정구清淨句
요, 청정구清淨句란 말하자면 진실지혜무위법신真實智慧無爲法身이기 때문이다"
라고 말씀하셨는바, 이는 극락세계는 부처님께서 철저하게 증득하신 법성공 삼
매 그 자체이며 이를 펼치면 국토의 17가지 공덕장엄, 부처님의 8가지 공덕장
엄, 보살의 4가지 공덕장엄이 된다는 뜻이다.

일체를 부정否定한 이 부분 경문은 극락의 본체인 진실지혜무위법신의 空性(無
爲法身)을 그대로 드러낸 경문으로 보여진다. 그 공성에서 극락의 무량한 의정
장엄이 나타났으니, 그 공성과 무량한 장엄은 둘이 아니다.

112) 사정취邪定聚 : 마음에 바탕에 성불할 가능성이 전혀 없는 중생 부류.

113) 부정취不定聚 : 사정취가 될지, 정정취正定聚(성불하기 위한 도상에서 퇴전하지 않는 불퇴전의 지위에 도달한 중생)가 될지 아직 정해지지 않은 중생 부류. 아미타불의 48원 중 제22 일생보처원 등에 의하면 극락에는 정정취 중생만 있다.

114) 《당역본》의 이 부분은 앞뒤 연결이 부자연 스럽다. 쇼다지 캄포에 의하면, 《티베트본》에는 이 부분이 "왜냐하면 극락세계에는 사정취와 부정취가 없기 때문이니라."라고 되어 있는데, 이는 앞뒤의 연결이 자연스럽다고 한다.
극락세계에는 반드시 부처되는 정정취 중생만 있고, 부처될 가능성이 없는 사정취와 부처가 될지가 미정인 부정취 중생은 전혀 없기 때문이다.

《당역본》원문 "何以故。若邪定聚, 及不定聚, 不能了知建立彼因故" 부분을 상세하게 번역하면 다음과 같다. "왜냐하면 사정취와 부정취와 같은 부류는 저 홍원弘因(염불 중생을 극락으로 거두어 필경 성불케 하시려는 아미타불의 홍서弘誓의 대인 大因)의 건립建立을 철저하게 알 수 없기 때문이니라."

115) 他方佛國所有衆生, 聞無量壽如來名號, 乃至能發一念淨信, 歡喜愛樂, 所有善根迴向, 願生無量壽國者, 隨願皆生, 得不退轉, 乃至無上正等菩提。除五無間·誹毀正法及謗聖者。 원문 중 "一念淨信, 歡喜愛樂"부분의 의미를 풀이합니다.

善導大師는 《往生禮讚偈》에서 "저 아미타불의 명호를 듣고 환희하면서 (집중된) 일념에 이르면 모두 저 국토에 왕생한다.(其有得聞彼, 彌陀佛名號, 歡喜至一念, 皆當得生彼。)"고 말했다. 아미타불의 명호를 듣고서 크게 기뻐하고 매우 즐거워 하는 이유는 사바에서는 수명이 짧고 생사고를 끊는 수행이 너무나 어려움에 반해 아미타불의 극락에 왕생하면 불퇴전을 얻고 신체와 국토의 무량한 묘락 장엄 가운데서 무량한 수명을 누리면서 보처보살의 지위에 있으면서 극락의 다음 생에는 반드시 부처가 되기 때문입니다. 따라서 잡념이 끼어들지 않는 일념으로 아미타불의 불가사의 공덕에 대하여 청정한 믿음을 펼쳐서 환희하고 매우 즐거워하면서 선근을 쌓고 염불하는 것은 정토수행의 중요한 요건입니다.

본경(당역 무량수경) 제7품(홍서를 펼침)의 제44 증상선근원에서 아미타불께서는, 아미타불의 명호를 들은 보살로 하여금 광대한 보살행을 닦으면서 청정하고 환희로운 마음으로 평등주(일체의 시비분별을 떠난 제법의 실상)를 획득하여 모든 선근을 갖추도록 하시겠다는 서원을 펼치셨다.

우리가 아미타불의 불가사의 공덕을 듣고서 이를 철저히 믿고 (아미타불의 위신력에 의하여 생사윤회에서 구제되어 필경 성불한다는 것에 대하여) 환희하고 매우 즐거워한다면 일상에서 선근을 쌓고 염불하지 않을 수 없고, 이에 따라 일체의 세간사도 기쁘고 즐겁게 맞이할 수 있을 것입니다. 즉 우리가 일상에서 큰 환희심과 즐거워하는 마음을 갖고 염불하면 아미타불의 본원력과 유심의 원리에 따라 반드시 극락으로 돌아가게 되며 또한 염불행자의 일상의 매사 역시 기쁘고 즐겁게 펼쳐질 것입니다. "나무아미타불. 나는 아주 기쁘고 매우 즐겁습니다. 감사합니다."라고 매일 수십번 씩 염송하는 것도 매우 좋은 수행입니다.

116) 《무량수경종요無量壽經宗要(위역본 무량수경의 종요)》에 개시된 원효성사의 '발심發心'에 관한 법문을 소개한다.

"무상보리심無上菩提心(위없는 보리심)을 펼친다고 말한 것은 세상의 재물, 공명, 권력, 쾌락 등에 고개 돌리지 않음은 물론 혼자만의 안락을 추구하는 성문, 연각 2승의 열반에도 고개 돌리지 않으며 오로지 삼신보리三身菩提 얻기만을 지향하고 원하는 것을 말한다. 이것을 무상보리의 마음이라 말한다.

총괄적으로 나타내면 이와 같으나 이 무상보리심에는 2가지가 있다. 첫째는 사事에 따른 발심이요, 둘째는 이理에 수순한 발심이다. 事에 따른 발심이라 말함은, 번뇌가 무량하나 이를 다 끊기 원하며, 선법이 무량하나 이를 다 닦기 원하며, 중생이 무변하나 이를 다 제도하기 원하는 것을 가리킨다. 이 세 가지 사事에 대하여 결정코 성취하기를 원한다. 위 첫 번째는 여래의 단덕정인斷德正因이고, 두 번째는 여래의 지덕정인智德正因이며, 세 번째는 은덕정인恩德正因이다. 위 세 가지 덕을 합한 것이 여래의 위없는 보리의 果이며, 위 3가지 덕을 얻고자 하는 마음이 무상보리의 원인이다. 원인의 보리심과 결과의 보리가 비록 (미

오의 차이가 있어) 다르나, 각기 공간적으로 광대무변하고 시간적으로 장원무한함이 서로 같으며, 빠뜨린 것이 없고 포함하지 않는 것이 없다. 경에서 말씀하시되 '처음 일으킨 보리심과 구경 성불의 보리 두 가지가 비록 다르지 않으나, 이와 같은 두 마음 중 앞의 마음이 어렵다. 자신은 아직 건너지 못했어도 남을 먼저 건네주고자 하니 그러므로 나는 처음 발심한 이에게 예경한다'고 하였다. 이 마음의 과보果報는 비록 성불할 때 얻는 보리이나 그 화보(華報, 장래에 받을 과보와 비슷한 報를 빨리 받는 것)는 정토에 왕생하였을 때 받는다. 그 이유는 보리심량菩提心量이 광대무변하고 장원 무한하기 때문에 능히 광대무변한 의보정토(依報淨土)를 감득할 수 있고, 장원무량한 정보수명正報壽命을 감득할 수 있다. 보리심이 없다면 그와 같을 수 없나니 그러므로 보리를 얻고자 하는 이 마음이 저 수승한 과보의 원인이 된다고 말한다. 이것은 사事에 따른 발심을 밝힌 것이다.

이理에 수순하여 발심한다 함은 무엇인가. 제법이 허깨비 같고 꿈 같으며, 있는 것도 아니고 없는 것도 아니며(진공묘유 내지 진공환유를 말함), 언어를 떠나고 사려분별이 끊어진 것임을 믿고 解了하여(信解諸法皆如幻夢, 非有非無, 離言絶慮), 광대한 마음을 낸다. 비록 번뇌와 선법이 있다고 보지 않으나 끊고 닦는 것을 부정하지 않는다. 그러므로 비록 번뇌를 모두 끊고 선법을 모두 닦기를 원하더라도 무원삼매(無願三昧, 제법에 대하여 원하거나 조작함이 없는 삼매)에 위배되지 않는다. 비록 무량한 중생을 제도하되 능도(能度, 제도하는 주체)와 소도(所度, 제도되는 대상)가 존재하지 않나니 그러므로 공삼매(空三昧, 일체법의 자성이 없는 것을 관하는 삼매)와 무상삼매(無相三昧, 진여에는 四句와 百非가 끊어짐을 관하는 삼매)에 어긋나지 않는다.

《금강경》에서 '이와 같이 무량중생을 제도하되 실로는 중생이 멸도를 얻는 것이 없다'고 내지 널리 말씀하신 것과 같다. 이와 같이 보리심을 펼침은 불가사의하다. 이것은 이理에 수순하여 보리심을 펼침을 밝힌 것이다. 사事에 수순하여 발심함에는 퇴전하는 뜻이 있고, 부정성(不定性, 성문, 연각이 될지, 보살이 될지 결정되지 않은 종성)의 사람도 능히 이를 일으킬 수 있으나, 이理에 수순한 발심에는 퇴전이 없으니 보살의 성性을 갖춘 사람만이 능히 이를 일으킬 수 있다. 理

에 隨順하여 발심함은 그 공덕이 무량하나니, 가사 모든 부처님들께서 그 공덕을 겁이 다하도록 연설하시더라도 오히려 다 하실 수 없다."(이상 원효대사의 법문.)

상배 왕생은 순리발심 단계이고, 중배왕생과 하배왕생은 수사발심의 단계로 보여진다.

한편 사바세계에서 1만겁 동안 10신위(信位, 52수행계위 중 52~42위까지)에서 10심心을 원만히 닦아 10주위(住位, 52계위 중 42위~32위까지)에 오른 신성취발심信成就發心의 보살은 이제 더 이상 퇴전이 없어 정정취(正定聚, 반드시 성불하는 지위)에 들어가고, 불생불멸인 법성法性의 이치를 해료解了하고 법신을 부분적으로나마 본다.(이상 《기신론》). 그러한 보살은 순리발심順理發心의 단계에 있으므로 《금강경》에서 설한 相을 떠나 망심을 항복받음(離相降心), 머묾 없이 머묾(無住而住), 법 없이 발심함(無法發心), 법 없이 수기 받음(無法得記), 법 없이 보리과 얻음(無法得果) 등의 종취宗趣를 당연히 통달한다. 그러나 이 사바 예토에서 1만겁 동안 퇴전 없이 수행하여 10신信을 원만히 하고 초주初住의 지위에 오르기는 지극히 어렵다. 그러므로 원효대사께서는, 수사발심隨事發心의 미약한 중생이라도 서방극락정토西方極樂淨土에 남이 없이 나면(無生而生) 성불할 때 받는 무량미묘無量微妙한 신체와 국토의 수승한 과보를 앞당겨 받으며, 무량한 수명을 누리고, 불퇴전지不退轉地의 보처보살의 지위에 오른다는 것을 알리기 위하여 위와 같이 말씀하셨다.

원효대사께서는 위역본魏譯本《무량수경》의 경문에 근거하여 발보리심發菩提心을 왕생정토의 정인(正因, 주된 원인)으로, 근기에 따른 전심專心 관상염불 내지 전심 칭명염불을 왕생정토의 조인(助因, 보조적인 원인)으로 풀이하였다. 보리심을 펼쳐야만 서방정토에 왕생할 수 있다는 말씀이다.

117) 아미타불과 비구 대중이 임종하는 수행자를 마중 오시더라도 이는 오심 없이 오심이고, 수행자가 극락에 왕생하더라도 이 또한 왕생함이 없이 왕생함이다. 부처님과 비구 대중 및 수행자의 法身 眞體는 生死와 往來가 애초부터 없기 때문이다. 이것이 淨土 往生 그대로 無生인 도리이다. 정토왕생 그대로 무생인

이치에 관하여는 明末의 유계대사幽溪大師와 明末 淸初의 도패대사道霈大師가 게송 형식으로 법어를 남긴 바 있다. 두 법문을 합본하고 해설을 붙여서 《정토생무생론》이라는 책이 유통되고 있다. 역자가 이를 번역하여 2007년 10월에 無價로 출간 배포한 적이 있다.

118) 쇼다지 캄포는 위 경문에 따라 상배왕생의 요건은 ① 발보리심, ② 전념專念 아미타불 내지 극락국토, ③ 언제나 많은 선근복덕을 심음, ④ 강렬한 왕생원, 이 4가지인데, 위 전념專念에는 아미타불 및 그 권속과 국토의 장엄에 대한 관상억념觀想憶念과 구칭불호염불口稱佛號念佛이 모두 포함된다고 해석한다.

역대 왕생의 영험 가운데 가장 모범이 되는 것은 신라 경덕왕 때 욱면郁面 대덕大德의 왕생이다. 보각국사普覺國師 일연一然 화상和尚(1206~1289)의 저술 《삼국유사》에 다음과 같이 기록되어 있다.

신라 경덕왕(?~765) 때 강주(康州 : 지금의 진주) 지방의 남자 신도 수십 명이 정성껏 극락왕생을 발원하고 고을의 서쪽에 彌陀寺를 세우고 만일萬日을 기약하여 계契를 만들었다. 이때 아간(阿干) 귀진(貴珍)의 집에 계집종 하나가 있었는데 이름을 욱면郁面이라 했다. 그녀는 주인을 따라 절에 가서 마당에 선 채 스님들을 따라 염불했다.

주인 귀진은 그녀가 분수에 어울리지 않는 짓을 하는 것을 보고 미워해서 매일 곡식 두 섬을 주어 하룻밤 동안에 다 찧으라 했다. 하지만 욱면은 초저녁에 이를 다 찧어 놓고 9시쯤 절에 가서 염불했는데 밤낮 조금도 게을리하지 않았다. 그녀는 뜰 좌우에 긴 말뚝을 세워두고 손바닥을 뚫어 노끈에 꿴 뒤 말뚝에 메고는 합장하면서 좌우로 흔들면서 스스로를 격려했다.
이렇게 하기를 9년을 이어갔다. 어느 날 하늘에서 소리가 들렸다.
"욱면 낭자는 불당에 들어가 염불하라."
절의 대중은 이 말을 듣고 그녀에게 불당에 들어가 정진하도록 했다. 얼마 안되어 하늘의 음악 소리가 서쪽에서 들려오더니 욱면은 몸을 솟구쳐 집 대들보를 뚫고 올라가 서쪽 교외(郊外)로 날아갔다. 그리고는 해골을 버리고 부처님

몸으로 변하여 연화대(蓮化臺)에 앉아 큰 광명을 발하면서 서서히 가버렸는데, 음악소리는 한참 동안 하늘에서 그치지 않았다.

욱면 대덕은 당시 최하층 여성으로서 삶 자체가 고통인 환경에서 이에 굴하지 않고 금강 같은 왕생 결의와 육신의 고통을 초월한 처절한 염불수행으로 상품상생의 무상대연을 지어 서방정토에 왕생하셨으니, 이는 후세에 영원히 기억될 최상의 왕생 영험입니다. 우리도 이와 같이 염불하여야 할 것입니다.

한편 1904년 건립된 건봉사 만일염불회 연기 비문에 의하면, 같은 경덕왕 때 강원도 고성의 건봉사에서 발징(發徵, ?~785) 화상의 주도로 수행승 정신, 양순 등 31인을 청하여 극락왕생을 발원하고 미타만일회를 결성하자, 스님들의 수행을 돕기 위하여 향도 1,820인이 모여서 1,700인은 식량을 공양하고, 120인은 의복을 보시하면서 여건에 맞게 염불수행하여 함께 극락에 가기로 하였다. 일심으로 29년을 이어 염불한 공으로 31인의 스님이 모두 아미타불의 현신 인도로 상품상생 왕생하였고, 얼마 후 향도 913인도 한꺼번에 단정히 앉아서 왕생하였으며, 나머지 907인의 향도 중 18인이 다시 가행정진으로 상품중생으로 왕생하였고, 다시 나머지 인원 중 30인은 발징화상의 서방삼성에 대한 간원과 대중의 애원으로 상품하생 왕생하였다. 이때 화상도 함께 왕생하였다. 총992명의 승속의 염불인이 상품에 왕생하였으니, 고금에 이렇게 많은 분들이 거의 일시에 왕생한 예는 없었다.

西天에서 일어난 佛法이 근역槿域(우리나라)에서 滿開한 한 예이다.

119) 보신불報身佛을 말함.

120) 쇼다지 캄포는 중배 왕생인은 상배 왕생인에 비하여 전념 수행과 언제나 많은 공덕 쌓음이란 두 가지가 흠결되어 있음에도 불구하고 중배 왕생할 수 있는 것은, 극락에 왕생코자 하는 사람은 보리심을 만족하게 갖추어야 하는데, 중배 왕생인은 보리심을 만족하게 갖추었기 때문이라고 한다. 그리고 정토법문은 대승불법이므로 모든 수행인은 언제나 무변 중생을 다 극락에 왕생케 하려는

광대한 보리심을 갖추어야 한다고 말했다. 생각건대 중배 왕생인은 상배 왕생인 비해 전념 염불수행과 모든 공덕 쌓음이 흠결되어 있을 뿐 하배 왕생인보다는 많은 염불수행을 하여야 함은 물론이다. 참고로 《위역본》에는 중배 왕생인도 '일향전념 아미타불'이라는 요건을 갖추어야 하는 것으로 되어 있다.

121) 쇼다지 캄포는 하배왕생 십념十念에 대하여, 《관경》하품 하생인의 임종 시 십념 칭명염불로 오역십악을 저지른 사람도 왕생한다고 말씀하셨으니, 이를 철저히 믿어야 하고, 그 원리는 용수보살의 《대지도론》의 "마음의 힘은 맹렬하고 예리하므로 마치 불과 같고 독과 같아서 작은 것으로 큰 일을 해낸다."는 말씀을 인용하여 임종 시 십념의 작용이 매우 강하다고 한다. 그리고 염불은 입으로 소리 내서 하는 것 이면에 내심에서 부처님을 강렬하게 생각하고 뵈옵고자 하는 마음이 확립되어 있지 않으면 십념의 성취가 어렵다고 말했다. 구마라집 법사의 도하渡河의 념과 같은 취지이다. 원효대사도 위역본 《무량수경》하배왕생의 십념을 도하의 념과 같은 뜻으로 풀이하였다.

122) 매우 깊은 법 : 염불하여 극락에 왕생하는 법문, 즉 정토법문.

123) 일념정심一念淨心 : 한 생각 깨끗한 마음.

124) 이 부분 하배왕생의 경문은 《위역본》의 하배왕생 부분과 거의 동일한 바, 《위역본》에 대한 원효보살의 해석은 다음과 같다. 첫째 "시방세계의 모든 하늘과 사람이 지극한 마음으로 저 국토에 왕생하고자 하여 가사 많은 공덕을 짓지 못했더라도 마땅히 무상보리의 마음을 일으켜서 한결같이 오롯한 뜻으로 내지 십념으로 무량수 부처님을 생각하여 그 국토에 왕생하려고 발원하거나," 부분은 부정성인不定性人(정정취가 될지, 사정취가 될지 정해지지 않은 중생)의 왕생에 관한 부분으로서 이 부정성인은 반드시 십념(도하渡河의 념 즉 절체절명의 절박한 원생심) 갖추어 염불해야 한다는 것이다. 둘째 "매우 깊은 법(정토법문)을 듣고 환희심으로 믿고 즐거워하면서 마음에 한 점 의혹 없거나 일념을 이루어서 그 일념으로 저 부처님을 생각하면서 지성심으로 그 국토에 왕생하고자 하면," 부분은 보살 종성인(보살로서의 근성이 확고한 사람)의 왕생에 관한 것으로서 이 보살 종성인은

보살의 근성이 확고하므로 정토법문을 듣고 바로 믿어서 일념정심으로 왕생원을 갖추어 무량수불을 생각하여 왕생한다. 반드시 십념을 갖추지 않아도 되는 점이 부정성인과 다르다.(이상 원효대사 말씀).

125) "그대들의 서원은 이루어질 것인데, 일체법이 허깨비요, 불국토도 꿈, 메아리와 같음을 깨닫되, 오히려 언제나 불국토 장엄을 발원하여 마땅히 미묘한 불국토를 성취토록 하라."라는 아미타불의 말씀은 불법의 요체를 확연하게 드러낸 법문이다.

이 말씀은 먼저 色卽是空 空卽是色의 般若眞空의 道理를 闡明하신 부분이다. 眞性과 諸法의 空性을 철저히 깨치면 諸法 그대로 自由 自在의 淨土이다. 이는 일체 心意識과 외부 現象은 참나가 아니면서 동시에 참 나의 표현이라는《능엄경》의 七處徵心의 말미부분의 법문 취지이기도 하다. 정말 般若眞空을 체득한 사람은 眞空에만 머물지 않고 眞空의 大自由와 大功能을 識에 익히고 통달함으로써 극락과 같은 정토를 건립하여 중생을 맞아들여서 무한 겁이 다하도록 하화중생의 보현행원을 펼쳐야 한다는 말씀이다.

그리고 아미타 여래의 설법은《금강경》의 "불토를 장엄함은 불토를 장엄함이 아니요, 그 이름을 불토장엄이라 한다."는 말씀과도 같은 취지이다.

세친보살世親菩薩은《금강반야바라밀경론金剛般若波羅蜜經論》을 해석한《금강선론金剛仙論》에서 말했다. 「이것(불토장엄)은 무슨 뜻인가? 모든 부처님은 불국토를 (유형적으로) 장엄하는 일은 없고 오직 모든 부처님 여래는 진실지혜로써 식識에 익혀 통달通達할 뿐이다. 그러므로 저 국토는 가히 취할 수 없다. 만약 사람이 저 국토의 형상을 취하면서, 나는 청정 불국토를 성취하였다고 말한다면, 이는 실다운 말이 아니다.
「此義云何? 諸佛無有莊嚴國土事, 唯諸佛如來眞實智慧習識通達, 是故彼土不可取。若人取彼國土形相, 作是言我成就淸淨佛土, 彼不實說。」

정토건립이 필요한 이유에 대하여《유마경》에서 말한다.

「비록 모든 불국토와 중생이 공空함을 잘 알지만,
항상 정토 장엄의 업을 닦아서 중생을 교화한다.
雖知諸佛國 及與衆生空
而常修淨土 敎化於衆生」

126) "만약 모든 보살이 청정 불국토를 성취하고자 한다면, 마땅히 一切法 無我를 철저히 깨친 다음 안락국토에 왕생하기를 발원하라."

이 부분 경문은 중생이 극락에 가는 중요한 목적을 밝히고 있다. 즉 자신이 ① 윤회고를 끊고 불퇴전에 오르기 위하여 극락에 가야 함은 물론 ②극락에서의 수행과 복덕 쌓음에 의하여 극락 같은 청정 불국토를 건립하여 무량 중생을 접인하여 교화하기 위하여도 극락에 왕생하여야 한다.

보살이 극락과 같은 청정 불국토를 건립하여 무량중생을 접인하고자 한다면, 먼저 一切法의 無我 내지 無性(自心의 空性, 諸法無我, 無生法忍)를 깨친 다음 극락에 왕생하길 발원하여야 한다는 경의 말씀은 모든 수행의 근본은 자심과 제법의 無性 내지 空性을 철저하게 깨치는 데 있음을 밝힌 것이다. 공성을 철저하게 깨쳐야만 극락에 왕생하기 쉽고 또한 그곳에서 아미타불과 모든 보살님들의 가르침과 加持를 받아서 신속하고 효과적인 수행을 거쳐서 많은 중생을 맞이할 청정 불국토를 신속하고 수월하게 건립할 수 있다.

경문의 '一切法 無我(無性)를 철저히 깨쳐라.'는 말씀은 三法印의 하나인 諸法無我를 깨치라는 뜻이고, 4념처 중 觀法無我의 뜻이다. 용수보살의 中觀思想과 무착보살과 세친보살에 의하여 확립된 唯識學에서도 제법의 空性 깨침을 핵심으로 한다. 다만 설명방식이 다를 뿐이다.

중관사상의 핵심은 용수보살 저술《中論》의 게송에 나타나 있다.

因緣所生法 인연으로 생겨나는 모든 법(존재)을
我說卽是空 나는 공이라고 말한다.

亦名爲假名   또한 假名(임시의 존재)이라고 하며,
亦名中道義   또한 中道의 뜻이라고도 한다.

이렇게 제법의 실체 없음(空)을 체득한 바탕에서 인연에 따른 제법에 맞게 온 갖 바라밀을 닦되 제법의 공성空性을 그대로 유지하여야 한다는 뜻이다.
중국의 천태학에서는 중관사상을 모토하여 一心에 3가지 관(空觀, 假觀, 中道觀)이 동시에 갖추어져 있고, 觀의 대상인 경계에도 3가지 진리(空諦, 假諦, 中諦)가 갖추어져 있다고 말한다. 그리하여 천태학에서는 止觀을 닦아서 一心三觀과 一境三諦의 구경 궁극에 경지에 이르면 이것이 바로 불보살의 경계라고 한다.

唯識無境(오직 식일뿐 이와 독립된 경계는 없다), 一切唯識(일체는 오직 식이다)를 주장하는 유식학에서는 因緣에 의하여 생멸하는 제법(依他性 一切法)의 無性(空性)을 체득하기 위하여는 ①의타성 일체법을 생멸케 하는 바탕이지만 이에는 전혀 물들지 않는 唯識의 實性(圓成實性: 역자는 金剛不壞의 淸淨光明眞體라고 칭하고 싶다)을 깨달음과 동시에 ②의타성 일체법에 대하여 온갖 분별을 일으킨 망상 즉 遍計所執性을 잘 알아야 한다는 입장이다. 그렇게 함으로써 의타성 일체법에 대하여 자유자재를 얻을 수 있다는 것이다.

여기서 유식학의 집대성하신 세친보살의 《유식30송》의 핵심 부분을 소개합니다.

由彼彼遍計   遍計種種物
此遍計所執   自性無所有。

이리저리 두루 계탁함으로 말미암아,
갖가지 사물을 두루 계탁하네.
이렇게 두루 계탁하여 집착하는
자성(遍計所執性)은 본래 없다네.

依他起自性   分別緣所生。
圓成實於彼   常遠離前性。

의타기성은 분별의 연에서 생기지만
원성실성은 그것들(변계소집, 의타기)에 대하여
앞(변계소집, 의타기)의 성을 항상 멀리 떠난다네.

故此與依他　非異非不異
如無常等性　非不見此彼。
그러므로 이것(원성실성)이 의타기성과,
다르지도 않고 다르지 않은 것도 아님이
무상無常 등의 有爲 諸法과 그의 性과의 관계와 같이
다르지도 않고 다르지 않은 것도 아닌 것과 같아서
이것(원성실성, 변계)을 보지 않고는 저것(의타기성의 공성)을 볼 수 없네.
(眞과 妄의 和合識인 제8식과 그의 나타남인 인연소생법에 圓成實性인 眞과 遍計所執性인 妄이 混合되어 있으므로 이 둘을 제대로 알지 못하면 眞과의 妄의 화합의 결과인 依他起 일체법을 제대로 볼 수 없다는 뜻입니다.)

卽依此三性　立彼三無性
故佛密意說　一切法無性
곧 이 3성(遍計所執性, 依他起性, 圓成實性)에 의거하여
저 3무성三無性이 수립되었나니,
그러므로 부처님께서 밀의密意(비밀한 뜻)로
일체법이 무성無性이라고 말씀하신 것이다.

初卽相無性　次無自然性
後由遠離前　所執我法性
처음은 상相의 무성無性인 상무성相無性이요,
다음은 자연성自然性이 무성無性인 무자연성無自然性이요,
나중은 이전에 집착한 아我와 법法을 멀리 떠난 실성實性이다.

此諸法勝義　亦卽是眞如
常如其性故　卽唯識實性

이것을 모든 법의 승의勝義라 하며
또한 진여眞如라고도 한다.
항상 圓性實性 그대로이기에
이것이 곧 유식唯識의 실성實性이다.

세친보살의 위 게송은, 일체법의 無性, 無我를 관하고, 나아가 眞如를 관하는 수행을 통하여 自心에 본래부터 圓滿히 갖추어진 圓成實性(①自性 自體의 不生不滅, 如實空 ②淸淨無垢, 遍照法界, 大智慧光明, 常樂我淨의 萬德을 갖춘 如實不空 ③자리이타의 不可思議 作用을 갖춘 實性)을 깨달아서 잘 활용하라는 말씀이다. 즉 인연소생의 모든 존재에 대하여 그 비진실성 내지 허망함(空性)을 직관直觀함으로써 我執, 法執을 모두 떠나서 대자재를 얻고 만덕을 쌓아서 본래 갖추어진 무상보리를 회복하라는 법문으로 이해됩니다.

유식학(唯識學)에서는 심식(心識)에 대하여 그 유무(有無)와 가실(假實)을 기준으로 변계소집성, 의타기성, 원성실성의 3가지 범주로 나누어 설명한다.

변계소집성은 실체가 없는 존재(헛것)에 대하여 널리 계탁(計度)하고 집착(執着)하여 이를 실아(實我: 실다운 나), 실법(實法: 실다운 법)으로 여겨 허망한 집착을 일으키는 마음(我執)을 말한다. 허망분별성(虛妄分別性) 또는 분별상(分別相)이라고도 한다. 이러한 변계소집의 대상인 법상(法相)은 본래 존재하는 것이 아니므로 상무성(相無性: 법상이 없음)이라고도 한다. 변계소집성에 의한 일체존재의 모양과 상태는 미(迷)한 마음의 나타남이니, 그러므로 [당정현상(當情現相: 미혹에 의한 분별집착(迷情)에 의하여 나타난 허상(虛相)]의 존재가 된다. 변계소집성의 존재는 [정유이무(情有理無: 미혹에 의한 분별집착(迷情)만 있고 근본이치는 없음)] 및 [체성도무(體性都無: 迷情 자체의 體性이 전혀 없음)]의 존재이다.

의타기성(依他起性)은 모든 존재는 자연적(自然的)으로 있는 것이 아니고 인연(因緣: 他)에 의지(依支)하여 존재하는 것이라고 보는 것(法執)을 말하며, 모든 존재는 자연히 생기는 것은 없고 인연에 의하여 생기므로 생무성(生無性: 自然生이 없음)이라고 한다. 의타성(依他性) 또는 인연상(因緣相)이라고도 한다. 여기의 '他'는 곧 각종 인연(因緣)에 의하여 생기(生起)하는 법을 말한다. 여기의 '因'은 바로 인연이 화합하면 곧 생하고 인연이 다하면 곧 멸하는 법을 말한다. 그러므로 허공과 같고 허깨비 같아 고정 영원불변하는 실재가 아니다. 그러므로 '여환가유(如幻假有: 환과 같이 임시적으로만 존재함)', '가유실무(假有實無: 임시존재여서 실로는 없음)'라고 말한다. 그러나 이 인(因)은 변계소집성에 의하여 존재하는 미정(迷情)이 전혀 아니며, 가지가지 보조적(補助的)인 연(緣)에 의하여 생기(生起)하는 것이니, 역시 곧 망정(妄情)을 떠나 스스로 존재하는 '이유정무(理有情無: 인연에 의하여 생멸하는 이치는 있으나 迷情은 없음)'이다.

그러나 이렇게 인연에 의하여 생기는 모든 존재(諸法: 의타기성)의 진실한 체(體: 眞如)는 바로 일체법에 두루 원만하고(圓滿), 불생불멸이며(成就), 그 체성(體性)은 진실(眞實)하므로 이를 원성실성(圓成實性: 圓滿하고 불생불멸하는 진실한 本性)이라고 칭한다. 제일의상(第一義相) 또는 진실상(眞實相)이라고도 한다. 진여(眞如)는 일체상을 떠났으되(無相) 일체법의 본체는 모두 진실하므로 진공묘유(眞空妙有)라고도 한다. 진여(眞如)는 근본무분별지(根本無分別智)의 대상(가장 높은 진리)이어서, 비록 일체 존재의 참다운 본질(不變)이지만 반면 어떠한 고정된 성질에 의하여 규정할 수 없고(隨緣: 인연을 따름), 이미 아집(我執)과 법집(法執)을 떠나 있음이 마치 허공과 같다. 그래서 이를 승의무성(勝義無性: 가장 뛰어난 없음의 性)이라고 한다.

이상의 3性은 서로 같지도 않고 다르지도 않은 관계에 있다. 즉 만약 뱀과 새끼줄 및 마(麻)의 3가지 비유로 말하자면, 어리석은 사람(遍計하는 주체)이 칠흑 같이 어두운 밤에 새끼줄을 보고 이를 정말 뱀이라고 믿고(실로 我가 있다는 相의 변계소집성에 의한 것) 바로 공포심을 일으킨다. 그러다가 후에 부처님과 보살님의 교시를 받고 그 새끼줄은 뱀이 아니고(변계의 망상이 空임) 뱀같이 보이는 새끼줄(의타기성을 가리킴)에 불과한 것임을 알게 된다. 여기서 일보(一步)를 더 나아가, 실제 한다고 집착한 새끼줄(의타기성) 또한 실체적(實體的)인 의의(意義)가 없고(法空), 그 본질은 마(麻: 원성실성)이며 새끼줄(의타기성)은 인연(因緣)에 의하여 임시로 화합된 것이며, 마(麻)로 이루어진 형태에 불과한 것임을 확실히 깨닫는다.

《수능엄경》에서는 연야달다의 예를 들어 말씀하셨다. 연야달다가 어느 날 거울을 쳐다보고 거울에 비친 자신의 얼굴은 눈도 있고, 귀도 있고 다 있는 데, 정작 진짜 자기 얼굴은 자신의 눈과 귀를 보지 못하니 자신의 얼굴이 없는 것이 아닌가? 나는 도깨비가 된 것이 아닌가? 생각하고 미쳐 달아났으나(변계소집성), 나중에 제 정신을 되찾았을 때 머리(원성실성을 비유함)는 다른 데서 찾는 것이 아니고 本來 있었으며, 설령 狂症(변계소집성)이 멎지 않았을 때도 일찍이 머리를 유실하지 않았으며, 거울에 비친 영상(의타기)은 얼굴에 의한 것이나 그 미망은 본래 원인이 없는 것임을 알면 그러한 광증은 의지할 곳이 없으며(원성실), 그러한 광증은 자연도 아니고 인연도 아님을 거듭 말씀하시고 계신다. 이는 결국 본래 갖추어진 원성실성에는 일체의 미망과 광증은 본래 없다는 뜻이다.

또 《능엄경》에서는 5온, 6입, 12처, 18계, 7대가 모두 허망하여 인연(의타기성)도 자연도 아님을 누누이 말씀하고 계신데, 이는 바로 위 5온 등은 모두 본래 여래장묘진여성(원성실성)에서 의타기에 의하여 생겨나서 변계소집에 의하여 거듭된 망념을 일으키지만, 그 공성을 체득하면 의타기 그대로 여래장묘진여성이라는 취지이다.

《반야심경(般若心經)》에서는 매우 간명하게 위 5온(蘊),12온(處),18계(界) 등은 물론 4성제(聖諦), 12인연법(因緣法)과 더 나아가 보살의 지혜와 佛果 얻음도 없음과 그러한 모든 것들은 空相(眞空이 나타난 것 즉 眞空)임을 선명하였다.

마지막으로 유식 불교의 최고의 경전 《능가경》의 핵심부분을 인용합니다.

《능가경》 일체법품 제2의 3

依於緣起相 연기의 모양에 의지하여
妄計種種名 망령되게 헤아린 갖가지의 명칭(의타기)과
彼諸妄計相 이에 대한 모든 망령된 헤아림의 모습(변계소집성)은
皆因緣起有 이것은 모두 연기로 인하여 있는 것이다.

智慧善觀察 그러나 지혜로 잘 관찰하면

無緣無妄計 인연으로 일어남도 없고, 그에 대한 망령된 헤아림도 없다.
眞實中無物 진실한 마음 가운데는 한 물건도 없나니
云何起分別 어찌하여 분별을 일으키겠는가.

圓成若是有 원성실성(圓成實性, 實相 혹은 佛性)이 있다고 하지만,
此則離有無 이는 바로 유무(有無)를 여의었나니,
旣已離有無 이미 유무(有無)를 여의었다면
云何有二性 어찌하여 두 가지의 성(의타기성과 변계소집성)이 있겠는가!

요컨대 변계소집성과 의타기성이 본래 없음을 깨달으면 가장 殊勝한 無性 즉 圓成實性(불지견, 불성, 보광명지, 원각 등으로 말하기도 함)이 드러나서 我執, 法執이 모두 소멸되어 그 소멸되었다는 것까지도 모조리 空한 究竟의 空性에 계합하면 그 자리에 본래 갖춘 금강불괴, 광명찬연, 지혜충만의 원만한 덕상과 자리이타의 불가사의한 작용이 나타난다. 禪宗에서 말하는 見佛殺佛, 見祖殺祖, 見父殺父, 見母殺母는 일체법 즉 자심이 인정하고 집착하는 모든 법(아집, 법집)을 비우는 것을 말한다. 그렇게 되면 殺活自在, 生死解脫의 眞人이 드러난다.

자심과 제법의 공성 내지 무생법인을 깨닫는 방법 중 가장 수승한 방법이 바로 염불법문이다. 이 경에서 말씀하신 發菩提心 一向專念 阿彌陀佛 염불하면서 언제나 많은 善根을 심는 수행이 바로 그것이다.

《능엄경》〈염불원통장〉에서, 대세지보살은 석가여래께, 자신은 인지에서 六根을 모두 집중하여 부처님을 생각하는 淨念을 계속 이어가서 삼마지를 이루어서 무생법인을 얻었다고 술회하면서 염불하는 중생을 거두어서 극락에 왕생케 한다고 진술하였다.

또한 세친보살은 《왕생론》에서 5념문 즉 제1문 예배, 제2문 찬탄, 제3문 작원(사마타), 제4문 관찰(비발사나), 제5문 회향을 부지런히 닦으면 현세에서 이미 蓮華藏世界(진여의 세계)에 들어간다고 설파하였다.

127) 관세음보살은 범어로 avalokiteśvara(아발로키테슈바라) bodhisattva(보디사트바)라 한다. 아발로키테는 '관찰한다'는 뜻이고, 슈바라(스바라)는 '자유자재'라는 뜻이다. 그리하여 관자재보살이라고도 칭한다. 《법화경》〈관세음보살 보문품〉에 의하면, 일체 중생이 고난에 처했을 때 일심으로 관세음보살의 명호를 칭명하면 즉시에 그 고통에서 해탈한다. 또한 중생이 모든 두려움을 없애주시는 분이므로 施無畏者라고도 한다. 또한 32응신을 나타내서 중생에게 근기와 취향에 맞는 설법으로 진리로 인도하신다. 또한 극락세계의 좌보처로서 항상 아미타불을 보필하며, 임종시 행자의 앞에 아미타불 및 대세지보살과 함께 나타나서 극락으로 인도하신다. 그러면서 동시에 사바세계의 南海 寶陀山에도 머무신다. 보살님은, 《능엄경》〈이근원통장〉에서 듣는 性을 되듣는 수행으로 원통을 증득하였음을 진술하고 계시고, 문수보살은 25성인의 원통을 얻는 수행방법 가운데 관세음보살의 이근원통이 가장 수승하다고 선택하신 바 있다. 보살님은 2가지 수승殊勝과 3가지 무작묘력無作妙力의 작용(作用: 32응신, 14무외, 4불가사의)를 갖추고 계셔서 모든 중생에게 무량한 이익을 주신다. 극락의 정법 上半夜가 지나고 下半夜가 되어 아미타불의 應身이 滅度에 드시면 관세음보살이 성불하여 佛號를 普光功德山王如來라 칭하고 그 세계를 衆寶集莊嚴世界라 한다.

128) 대세지보살大勢至菩薩: 범어로 Mahāsthāmaprāpta bodhisattva라 한다. 마하살타마발라발다보살摩訶薩馱摩鉢羅鉢跢菩薩이라 음역한다. 아미타불의 오른편 보처補處보살이시다. 《관무량수경》에서 "이 보살의 지혜 광명이 모든 중생을 비추어 3途를 여의고 위없는 힘을 얻게 하므로 대세지라 한다." 또 "이 보살이 발을 디디면 시방세계가 진동하고 그 진동하는 곳에 500억 가지 보배 꽃이 나타나고, 낱낱 보배 꽃 장엄의 높고 현저함은 극락세계와 같고, 이 보살이 앉을 때 칠보 국토가 일시에 진동한다."고 말하였다. 보살은 정수리에 보배 병을 이고 계신다. 보살님은 《능엄경》〈염불원통장〉에서 부처님 앞에서, 六根을 모두 거두어서 염불의 淨念을 계속 이어가서 삼마지를 얻는 수행으로 圓通을 얻었고, 염불 중생의 임종시 이를 맞이하여 극락으로 인도한다고 진술하였다. 극락에서 普光功德山王如來(관세음보살의 성불 명호)가 멸도에 들면 이어서 성불하신다. 佛號를 善住珍寶山王如來라 칭한다. 따라서 극락에 왕생하는 모든 유정은 세 분 부처님을 직접 모시는 무량무변 불가사의한 법익을 누리게 된다.

129) "다만 중생제도를 위하여 오탁악세에 출현하는 경우에는 예외이다."는 부분은 한번 극락에 왕생하여 불퇴전을 얻어 수행력이 증장된 보살이라도, 대원력을 펼쳐서 오탁악세에 들어가는 경우에는 탁한 세계에 몸을 받을 때의 고통과 그 세계의 영향으로 淨識이 흐려져서 신통력을 펼칠 수 없기 때문이라 생각된다.

130) 자타自他를 구분하는 생각.

131) 오온五蘊으로 이루어진 자신이 실재한다는 생각.

132) 번뇌에 뒤덮이지 않는 마음.

133) 만법의 본체를 비추어 보는 마음.

134) 세간의 티끌을 떠난 출세간의 마음.

135) 막강한 위력을 갖춘 보살의 마음.

136) 매우 광대한 마음.

137) 범부처럼 서로 비교하지 않는 마음.

138) 일체 매우 깊은 법의 뜻을 통달하는 마음.

139) 극락 보살의 수행의 지위가 높다 하여도 아직 성불하지는 못했는데, 어떻게 佛眼을 성취하여 이로써 중생을 제접할 수 있겠는가?라는 의문이 생길 수 있다.

그러나 52수행 계위(10신, 10주, 10행, 10회향, 10지, 등각, 묘각) 가운데 10信을 지나 初住의 見道에 올라 初發心을 이루면 이때 佛眼을 깨닫게 되고, 그 이후의 수행과정은 모두 그 깨달음을 성숙하고 완벽하게 하는 과정에 불과하다는 취지의 설명이 李通玄 長者의 《新華嚴經論》에 설파되어 있다. 의상대사의 《법성게》의 "初發心時便正覺"(초발심에 이를 때 정각을 이룬다.)이란 말씀도 같은 뜻이다.

이통현 장자는《新華嚴經論》에서 말했다. "이《화엄경》에서는 10주를 見道로 삼고, 十行, 十向, 十地, 十一地를 加行으로 삼는다. 이는 수행을 익숙하게 하기 위함이다. 처음에 (십주에서) 佛果가 먼저 나타나는 것은 보현행원의 悲願으로 지혜와 자비의 大用을 익숙하게 하고 自在하게 하기 위해서이며, 自心 如來의 根本 普光明智가 먼저 나타나기 때문이며, 始終과 本末에 있어서 모두 늘어남과 줄어듦, 시간과 날짜의 구분이 없기 때문이다. 법신의 근본지를 여실하게 말하자면 이는 三乘 權敎의 妄情(잘못된 집착)으로 이해하는 것과는 같지 않기 때문이다. 모든 것을 근본에 입각하여 관찰해야만 하나니, 畢竟에 佛果에 이르는 慣習은 (초발심 단계에서) 이미 성취되어 있고, 보현원행도 이미 원만하다. 한결같이 다만 일체중생을 교화하는 것을 항상 하는 일로 삼을 뿐이니, 처음부터 종말까지 시작도 없고 끝도 없으며 성취하는 것도 무너트림도 없다. 다만 널리 시방과 모든 六道에서 지혜로 상대하여 중생을 이롭게 하는 것을 영원한 業으로 삼을 뿐이다."(李長者論 云. 此華嚴經 十住爲見道 十行十向十地十一地爲加行 修行令慣熟故 佛果於初. 先現 以普賢悲願 令智悲大用 慣熟自在故 以自如來根本普光明智先現故. 始終本末 總無延促時日分劑故. 以法身根本智 如實而言 不同三乘權敎情所解故 皆須約本而觀之. 畢竟佛果慣習已成 普賢行已滿. 一往 但以敎化一切衆生 爲常恆 從初至末 無始無終 無成無壞. 但以普遍十方一切六道 以智對現利生 爲永業也.)

그리고 禪宗의 宗旨인 直指人心 見性成佛(마음을 곧장 가리켜 성품을 보아 부처를 이룬다.)의 成佛이란 바로 佛眼을 깨닫는 것을 말한다. 선종의 많은 公案, 話頭들은 바로 이 佛眼자리를 드러내고 있다.

통상 見道는 4聖諦(苦, 集, 滅, 道의 4가지 진리)에 대한 無知와 誤解로 인한 괴로움인 知的 煩惱가 소멸되어 바른 견해(바른 도)가 확립된 것을 말하지만,《新華嚴經論》에서 말한 見道는 自心 如來의 根本普光明智를 깨닫는 것을 말한다. 본《대보적경·무량수여래회》에서 말한 佛眼은《新華嚴經論》에서 말한 見道 이상의 修行位의 뜻으로 보면 된다. 결론적으로 극락보살들은 佛眼을 성취하였기에 佛眼의 覺悟(깨달음)를 학자들에게 바로 보여서 提接한다.

통현장자가 화엄론의 총결론으로 제시한 게송을 소개합니다.

佛是衆生心裏佛
隨自根堪無異物
欲知一切諸佛源
悟自無明本是佛

부처란 중생의 마음 속의 부처이니
자신의 근기 따라 만사를 감당함에 다른 물건이 아니라네.
일체 부처의 근원根源을 알고자 하는가?
자신의 무명이 그대로 부처임을 깨닫도록.

영가대사는 《증도가》에서 "無明實性卽佛性 幻化空身卽法身(무명의 실성이 곧 불성이요, 허깨비 같은 빈 몸이 그대로 법신이다.)"이라고 설파했다.

140) 無所得(얻을 바 없음)을 증득한다는 것은 一切諸法과 自性의 空性을 철저하게 證得한다는 뜻이다. 《반야심경》에서 말한 無所得과 같다. 5온, 6입, 12처, 18계는 물론 성문의 법(고집멸도), 연각의 법(12인연의 무자성을 관하는 법), 보살의 법(6 내지 10바라밀등 보살의 법) 나아가 부처의 법까지 일체제법의 자성이 없다고 선설하신 의미다. 그러나 이를 증득하지 못한 분상에서는 역시 성문 내지 부처의 법이 다 필요하므로 이에 의거하여야 한다.

이 無所得의 마음자리에 항하 모래 알 수와 같은 無限 功德相(대지혜광명, 상락아정, 진실식지 등)과 自利 利他의 不可思議 作用이 다 갖추어져 있기 때문에 이 무소득 자리를 증득하는 것이 불법의 요체이다.

141) 적멸법寂滅法 : 각자의 自心에 갖춘 寂滅本性을 깨닫는 수행 법문을 말한다. 염불, 참선, 진언 염송, 간경, 절수행, 불사 중 자신에게 맞는 것을 선택하여 至極한 一心으로 닦으면 다 적멸법이다.

142) 理趣는 道理란 뜻인데, 여기서는 眞如의 道理 내지 實相의 道理란 뜻으로 이해된다. 수행이 매우 높은 극락보살은 방편지혜로 自心 寂滅에 이르는 법문을 수행하므로 진여의 도리에 맞는 것과 이에 맞지 않는 것을 잘 간별簡別한다. 따라서 이 보살들은, 진여 실상 자리는 누구나 본래 갖추고 있지만 닦지 않으면 이를 찾아내서 사용할 수 없다는 것을 잘 알기에 본래 갖춘 진여만 집착하여 수행을 그만두지도 않고, 진여는 닦아서 새로 만들어내는 것이라는 외도가 되지도 않는다. 경문에서 극락보살이 이취理趣와 비이취非理趣에서 모두 善巧(가장 훌륭함)를 얻는다는 것은 바로 이것을 의미하는 것으로 보인다. 이취理趣는 이취理趣대로 잘 유지하고, 비이취非理趣는 이를 잘 인지하여 눈길을 주지 않으면 된다. 그러면 두 가지 모두에서 가장 훌륭한 처방이 된다.

143) 一乘妙法이란 佛乘(뭇 삶은 본래 모두 부처이며, 구경에는 뭇 삶이 모두 부처를 이룬다는 가르침)을 말한다. 《법화경》에서 여래는 중생에게 부처의 知見을 열어 보여서 중생으로 하여금 이에 깨달아 들어가게 하기 위하여 출세하신 것이라 말씀하셨다. 이것이 바로 여래께서 이 세상에 오신 一大事因緣이다. 그런데 가르침의 초기에는 중생의 근기가 아직 성숙하지 않았기 때문에 방편으로 성문, 연각, 보살 3승으로 나누어 가르침의 수준을 차츰 올리다가 종국에는 佛乘으로 이끈다고 말씀하셨다. 《종경록》의 해당 부분을 인용한다.

法華經云 爲一大事因緣故 出現於世 開示悟入 佛之知見. 夫一者 卽古今不易之一道 大者 是凡聖之心體. 故 十方諸佛 爲此一大事 出現於世 皆令衆生 於自心中 開此知見. 若立種種差別 是衆生知見 若融歸一道 是二乘知見 若一亦非一是菩薩知見.

《법화경》에서 말한다. "일대사인연을 위해 부처님께서 세상에 출현하여 중생에게 '부처의 지견(佛知見)'을 열어서 보여 주고 이에 깨달아 들어가게 한다(開示悟入)." '일대사인연一大事因緣'에서 '일一'은 '옛과 지금에 변하지 않는 도道'를 말하고, '대大'는 범부와 성인이 갖추고 평등하게 갖춘 마음의 본체'이다. 그러므로 이 일대사一大事를 위하여 세상에 출현하신 시방세계 모든 부처님께서, 중생으로 하여금 자기 마음에서 이 부처의 지견을 열게 한다. 갖가지 차별심을 일으키면 중생의 지견이요, 하나의 도에만 집착하여 귀의한다면 二乘의 지견이며, 평등한 하나의 도에서 갖가지 여러 행을 펼치는 것은 보살의 지견이다.

若佛知見者 當一念心開之時 如千日並照 不俟更言 卽是祖師西來 卽是諸佛普現. 故云 念念釋迦出世 步步彌勒下生 何處 於自心外 別求祖佛. 則知 衆生佛智本自具足. 若欲起心別求 卽成遍計之性 故六祖云 本性自有般若之智 自用智慧觀照 不假文字. 若如是者 何用更立文字. 今爲未知者 假以文字指歸 令見自性. 若發明時 卽是豁然 還得本心 於本心中 無法不了.

만약 (수행자의) 불지견이 바로 한 생각 마음에서 몰록 열릴 때 천 개의 태양이 함께 비추는 것과 같으니, 더 말할 필요 없이 그대로 달마 조사가 서쪽에서 오고 모든 부처님이 두루 나타난다. 그러므로 "생각 생각에 석가모니 부처님이 이 세상에 나오시고 걸음걸음에 미륵 부처님이 이 세상에 내려오시는데, 자기 마음 밖에 달리 어느 곳에서 조사 스님과 부처님을 찾을 것인가?"라고 말한다. 이로써 중생이 본래부터 부처의 지혜를 만족하게 갖추고 있다는 것을 알 수 있다. 마음을 일으켜서 별다른 것을 구한다면 이는 변계소집성(널리 두루 계교하고 집착하는 성)이 된다. 그러므로 육조 스님은 "본성에 반야 지혜가 있어서, 자연스레 그 반야 지혜로 비추어 볼 뿐 문자를 빌리지 않는다."고 하였다. 이렇다면 어찌 다시 문자를 쓸 것인가. 그러나 지금 이와 같은 도리를 알지 못하는 이를 위하여 임시로 문자를 빌려서 요체를 가리켜 自性을 보게 한다. 만약 자기 마음을 펼쳐서 밝힌다면 곧 저 허공처럼 툭트여 本心으로 돌아가나니, 本心은 어떠한 법도 알지 못할 것이 없다.(이상 영명 연수선사의《종경록》법문).

이와 같이 禪宗에서는 一乘 내지 佛乘이란 바로 참 마음을 가리켜서 이를 깨닫게 하는 心法 내지 참마음이라고 말한다. 心卽是佛 佛卽是心이다. 또한 마음도 아니고 부처도 아니며 한 물건도 아니라고도 한다. 중국 선종의 선지식 황벽黃蘗 단제斷際 선사禪師의《傳心法要》를 인용합니다.

[달마대사가 중국에 와서 말한 것은 오직 一心이다. 오직 이 한 가지 법(一心法)을 전했다. 부처로써 부처를 전했을 뿐 다른 부처를 말하지 않았다. 이 법(일심

법)으로써 이 법(일심법)을 전했을 뿐 다른 법을 말하지 않았다. 이 법은 곧 말할 수 없는 법이요, 부처는 취할 수 없는 부처이니, 이것이 바로 (뭇 삶의) 본원청정심本源淸淨心이다. 오직 이 하나만 사실이요, 다른 두 가지 내지 세 가지는 곧 참답지 않다. 般若는 곧 智慧이니, 이 지혜는 곧 무상본심無相本心이다. 범부는 이러한 道에 나아가지 못하여 오직 六情(안이비설신의 6근)을 마음대로 하여 六道에 윤회한다. 도를 배우는 사람이 생사의 한 생각을 내면 곧 魔의 道에 떨어지고, 한 생각 여러 見解를 내면 곧 外道에 떨어지며, 生을 보고서 그 消滅로 나아가면 聲聞의 도에 떨어지고, 生을 보지 않고 오직 滅만 보면 緣覺의 도에 떨어진다. 그러나 법은 본래 생겨나지 않으니 지금 또한 멸함이 없다. 生과 滅 두 가지 견해가 일어나지 않으니 滅을 싫어하지도 않고 生을 좋아하지도 않는다. 일체 모든 법이 오직 一心이니, 그렇게 깨달으면 곧 佛乘이다. 범부는 모두 경계를 좇아 마음을 일으켜서 그에 따라 마음이 기쁘거나 싫어한다. 만약 경계를 없애고자 한다면 마땅히 그 마음을 잊어야 한다. 그 마음을 잊으면 곧 경계가 텅 비게 되고, 경계가 텅 비면 곧 그 마음이 소멸한다. 만약 그 마음을 잊지 않고 다만 경계만 제거하고자 한다면 경계는 제거되지 않고 더욱 어지러울 뿐이다. 그러므로 萬法은 오직 마음이요, 마음은 또한 얻을 수 없으니, 다시 무엇을 구하리오? 반야를 배우는 사람이 한 법도 얻을 법이 있음을 보지 않아야 하기에 삼승(성문, 연각, 보살)에 대한 뜻을 끊어야 한다. 唯一한 眞實(一心)은 證得할 수 없다. 자신이 무엇을 증득하였고 내세우는 자들은 모두 매우 오만한 자들이다. 法華會上에서 가사를 떨치고 법석을 떠난 자들은 모두 이러한 무리들이다(스스로 삼승을 증득했다고 자만하는 자들이다.). 그러므로 부처님께서 우리들에게 말씀하시기를, 나는 無上菩提(위없는 깨달음)에 있어서 정말 얻은 것이 없고, 默然히 계합하였을 뿐이라고 하셨다.

무릇 사람이 임종시 다만 五蘊이 모두 텅 비고, 4대(지수화풍)의 자성이 없음을 관찰하면, 참 마음은 모양이 없어서 가거나 오지 않으므로 올 때도 그 性은 온 바 없고, 갈 때도 그 性은 간 바 없다. 즉 참 마음은 그윽이 맑고 원만 적멸하여 마음과 경계가 하나와 같다.

다만 이와 같이 곧 바로 단박 깨닫는다면 과거 현재 미래에 구속되지 않아서 곧 세상을 벗어난 장부가 된다. 털끝만치라도 무엇을 취향하는 바가 있어서는 절대 아니 되나니, 만약 祥瑞로운 모양과 모든 부처님의 마중 오심을 보거나 갖가지가 좋은 모양이 보이더라도 이를 따라갈 마음이 없어야 하며, 만약 갖가지 나쁜 모양이 나타나더라도 이를 두려워하지 않아야 한다. 다만 스스로 그러한 마음을 잊으면 眞如 法界와 하나 되어 곧 自在를 얻는다. 이것이 마음 공부의 중요한 대목이다.

(自達磨大師到中國, 唯說一心, 唯傳一法；以佛傳佛, 不說餘佛；以法傳法, 不說餘法；法即不可說之法, 佛即不可取之佛, 乃是本源淸淨心也。唯此一事實, 餘二則非眞。般若爲慧, 此慧即無相本心也。凡夫不趣道, 唯恣六情, 乃行六道。學道人一念計生死, 即落魔道；一念起諸見, 即落外道；見有生, 趣其滅, 即落聲聞道；不見有生, 唯見有滅, 即落緣覺道；法本不生, 今亦無滅, 不起二見, 不厭不忻, 一切諸法唯是一心, 然後乃爲佛乘也。凡夫皆逐境生心, 心遂忻厭, 若欲無境, 當忘其心；心忘即境空, 境空即心滅；若不忘心而但除境, 境不可除祇益紛擾；故萬法唯心, 心亦不可得, 復何求哉？學般若人, 不見有一法可得, 絶意三乘, 唯一眞實, 不可證得；謂我能證能得, 皆增上慢人；法華會上拂衣而去者, 皆斯徒也；故佛言我於菩提實無所得, 默契而已。凡人臨欲終時, 但觀五蘊皆空, 四大無我, 眞心無相, 不去不來, 生時性亦不來, 死時性亦不去；湛然圓寂, 心境一如；但能如是直下頓了, 不爲三世所拘繫, 便是出世人也；切不得有分毫趣向, 若見善相諸佛來迎, 及種種現前, 亦無心隨去；若見惡相種種現前, 亦無心怖畏；但自忘心, 同於法界, 便得自在, 此即是要節也。)](이상 황벽선사 법어)

선종은 이와 같이 一心의 本際(佛乘, 一乘)에 곧 바로 들어가게 하는 법문이지만, 정토법문의 핵심은 아미타 여래의 불가사의 본원력에 귀명하여 서방정토에 왕생하기를 간절하게 구하는 데 중점이 있다. 따라서 정토수행에서는 지극한 원생심을 갖추어서 언제나 한결같이 아미타불과 극락세계를 칭념, 관상하는 것이 제일 중요하다. 다만 정토법문에는, 정토염불 수행을 지극히 닦는 가운데 이 생에서 선종의 요체인 견성에 다다를 수 있는 장점이 더 있다. 이것은 아미타불의 48願 가운데 여러 願에서 천명하신 바이고, 또한 무량광 무량수 아미타불의 명호는 佛乘 내지 一乘의 究竟 즉 참마음의 不可思議 眞體와 無限 德相 및 不可思議 作用을 가장 높은 단계까지 증득하신 아미타 부처님의 명호이고, 그 명호에는 不可思議 眞體와 無限 德相 등이 모두 함축되어 있으므로 정토수행자가 이를 무수히 칭념하는 가운데 아직 왕생전에 自心 아미타불이 現前하기 때문이다.

선수행자는 임종시 황벽선사 말씀과 같이 대응하여 생사에 자재하게 되고, 염불수행자는 아미타불의 임종접인원 및 십념왕생원에 의지하여 아미타불과 성중의 마중을 받아서 곧바로 극락에 왕생하여 불퇴전 보살이 되는 것이 다르다.

그리고 염불 수행이 깊어지면 眞心이 확철하게 드러나므로 임종시 육신을 벗어남에 아무 장애가 없는 선정력을 얻게 되는 것은 선수행과 같다. 요컨대 각자의 근기와 취향에 따라 하면 된다. 모두 일심의 법성 바다에 도달하는 법문이다.

144) 한역 경문은 '於佛敎法 不由他悟'이다. 佛法을 다른 사람에 의지하지 않고 스스로 깨닫는다. 모든 有情은 각자에게 自然智(자연히 갖추어진 지혜), 無師智(스승이 필요 없는 지혜)가 있기 때문에 처음에는 반드시 부처님과 선지식의 開導에 의지하여야 하지만, 종국에는 자신의 眞性을 스스로 깨닫는 것이지 다른 사람이 깨닫게 해주는 것이 아니다. 우리가 극락에 가려는 것도 스스로 자신의 無師智, 自然智를 깨닫고 남도 깨치게 도와주기 위함이다. 이 두 마디 경문에 불법의 요체가 담겨 있다.

145) 부처님을 지칭함.

146) 물을 가르고 나아감에는 용의 힘이 제일 세고, 육지를 걸어감에는 코끼리의 힘이 제일 세므로 불경에서는 자주 부처님과 대보살을 용과 코끼리에 비유하여 말씀하셨다.

147) 니구타尼拘陀 나무 : 니구율尼拘律 나무라고도 한다. 인도 등지에서 자라고, 키가 매우 커서 10~15미터나 되고, 폭도 매우 넓은 나무이다. 이 나무의 씨는 매우 작은 데, 여기서 거대한 줄기와 잎이 무성하게 자란다. 마디가 없고, 씨로 번식하지만 줄기에서 뿌리를 내서 이것이 땅에 닿으면 새 개체로 독립하여 성

장하기도 한다. 불교에서는 매우 작은 것에서 큰 과보를 얻는 것을 비유할 때 이 나무를 말한다. 이 경에서는 극락 보살들이 많은 중생 거두어 보호함을 이 거대한 니구타 나무가 많은 생명에게 쉼터를 제공하는 것에 비유하였다.

148) 불교 우주관에서는 수미산을 중심으로 9산山 8해海가 있는데, 그 맨 밑에 쇠로 둘러싸인 캄캄한 암흑세계인 철위산이 있다고 한다. 이곳에 지옥이 있다. 그런데 이곳에서 미륵보살과 아난존자가 대승경전을 결집했다고 전해진다. 지극한 자비심의 발로라 할 것이다.

149) 군생, 중생을 말함.

150) 세간해世間解 : 세간과 출세간의 갖가지 因果諸法을 잘 알아서 중생을 제도하는 부처님과 대보살의 聖智이다.

151) 세간사世間師 : 세간과 출세간의 큰 스승.

152) 인력因力, 연력緣力 : 정영사 혜원 스님은, 인력은 과거세에 심은 선근의 힘이고, 연력은 선지식을 가까이 하여 정법을 듣는 것이라고 풀이하였고, 일본의 준제 스님은, 인력因力은 발보리심이고, 연력緣力은 널리 선지식을 찾아 정법을 듣고 온갖 선을 쌓는 것이라고 풀이하였다.

153) 연력緣力 : 위 설명 참조.

154) 황념조 노거사의 견해 : 48홍서를 일으켜서 국토를 장엄하고 중생을 성취시키는 본래의 보리심에 뜻을 두어 이를 구하면서 이와 더불어 그와 같은 서원을 성취하기 위하여 행을 일으키는 것을 원력이라 한다.

155) 발기력發起力 : 어떤 일을 일으키는 힘.

156) 세속력世俗力 : 풀이를 찾을 수 없으나, 세간의 차별법을 잘 알아서 중생교화

를 위하여 이를 잘 구사하는 능력이라고 사료됨.

157) 선근력善根力 : 《비바사론》에서 말한다. "선근이란 탐진치가 모두 없는 것을 말하며, 일체의 선법은 이 3가지가 없는 데서 나온다."《미타요해》에서 말한다. "보리정도菩提正道를 선근이라 이름한다. 곧 (성불의) 친인親因(직접적 원인)이다."라고 말했다.

158)《광석(쇼다지 캄포의 무량수경 해석)》: 삼마지력과 사마타력은 모두 적지寂止, 선정禪定, 혹은 정려적靜慮的 역량力量을 가리키는데, 삼마지는 일반적인 적지寂止, 사마타는 비바사나에 대응한 적지寂止를 말하며, 후자가 훨씬 높은 경계임을 말하기도 한다.

159) 법문을 많이 들은 힘.

160) 사력捨力 : 4무량심(慈, 悲, 喜, 捨)의 사捨의 힘을 말하는데, 여기서는 보시바라밀의 힘을 의미함. 사력捨力부터 혜력慧力까지의 6가지 힘은 6바라밀의 힘을 가리킨다.

161) 비발사나력毘鉢舍那力 : 지혜로 관찰함을 말한다. 사마타의 적지寂止와 서로 보완, 상승작용을 한다.

162) 염력念力 : 사념처(觀身不淨, 觀受是苦, 觀心無常, 觀法無我)를 수행하여 얻은 힘을 말하는 것으로 보임.

163) 각력覺力 : 칠보리분 내지 칠각지를 얻은 각력覺力을 말하는 것으로 보임.

164) 최복일체대마군력摧伏一切大魔軍力 : 일체의 큰 마군을 부수어 항복받는 힘.

165) 병타논법력并他論法力 : 다른 논법을 부수어 항복받는 능력. 당역본의 '并'은 '拼'의 오식으로 보인다.

166) 능파일체번뇌원력能破一切煩惱怨力 : 일체의 번뇌를 일으키는 원한怨恨을 훌륭하게 깨트리는 힘. 중생은 무량겁을 살아오면서 다른 무량 중생을 살해하는 등 십악오역의 죄를 저질렀다. 이러한 악행으로 인하여 죽거나 상처받은 중생을 원친채주怨親債主라고 하는데, 이들은 언제나 자신들의 억울함을 되갚으려고 빚진 중생을 찾아가서 괴롭힌다. 극락의 보살들은 이러한 원친채주를 잘 타이르고 발심시켜 보살도에 들게 하는 능력을 갖추고 있다. 현세의 중생도 원친채주로 인하여 많은 번뇌와 병에 시달리거나 목숨을 잃기도 하는데, 현대 정공법사淨空法師(1927~2022)는 원친채주를 선보살善菩薩이라고 부르면서 그들에게 참회하고 함께 염불하여 극락에 왕생하여 성불하자는 기도문을 지어서 널리 유통하고 있는데, 많은 곳에서 신통한 효험이 보고되고 있다.

167) 수승대력殊勝大力 : 극락의 보살들은 모든 면에서 범부 중생이 따라갈 수 없는 수승한 큰 힘을 갖추고 있다.

168) 37보리분법(참마음을 깨닫는 37가지 수행법)은 37조도품(도를 얻는데 도움되는 37가지 수행법)이라고도 한다.

부처님께서 《아함경》에서 도를 닦는 방법에 대하여 여러 가지를 설명하셨는데, 그 중 37조도법이란 4념처(四念處, 四念住)·4정단(四正斷, 四正勤)·4신족(四神足, 四如意足)·5근(五根)·5력(五力)·7각지(七覺支, 七覺分)·8정도八正道의 도합 37가지 도품道品 또는 선법善法 내지 수행법修行法을 말한다.
※4념처란 불교수행의 핵심인데,
첫째, 육신을 더럽다고 정확하게 관찰하여 이에 애착하지 않는 것(觀身不淨). 육신의 9구멍에서는 언제나 더러운 액체가 흘러나오고, 얇은 피부막 아래는 뇌수, 살덩어리, 오장 및 피로 가득 차 있다. 우리는 육신의 집착을 떠나 幻化空身卽法身(허깨비같이 텅 빈 육신이 곧 법신이다. 永嘉大師《證道經》)을 체증하여야 한다.
둘째, 모든 감관의 즐거움은 반드시 고통으로 막음한다고 정확하게 관찰하는 것(觀受是苦). 육신의 쾌락을 추구한 끝은 단명, 질병, 어리석음 등의 惡報이다.
셋째, (무명에서 나온) 心意識은 언제나 변천하여 무상하다고 정확하게 관찰하는 것(觀心無常). 三世心 不可得. 우리는 치열한 수행을 통하여 영원히 변치 않고 괴멸되지 않으며 언제나 무한 광명을 뿜는 자기 금강심을 체득하여야 한다. 그리하여 無明實性卽佛性(무명 망념의 자체가 곧 불성이다. 永嘉大師《證道經》)을 체증하여야 한다.

넷째, 일체법은 실체가 없다고 정확하게 관찰하는 것을 말한다.(觀法無我)
이는 제법의 空性를 철저하게 파악하는 것인데, 그렇게만 된다면 오히려 일체법이 다 眞如이다. 공성을 깨닫지 못하면 일체가 다 구속이다.

나옹화상懶翁和尚 게송

山河大地眼前花	산하대지가 허공 꽃이요(허깨비 같이 실체성이 없다는 뜻)
萬象森羅亦復然	삼라만상도 마찬가지라.
自性方知元淸淨	자기 본성이 원래 청정한 줄 깨치면
塵塵刹刹法王身	티끌마다 국토마다 자기 법왕의 몸이라네.
	(온 우주 만상이 다 자기 법신의 나타남이란 뜻)

1. 2구는 외부 삼라만상(외형 물질)과 내부 심적 요소(受, 想, 行, 識) 등 일체법이 모두 눈병 난 사람에만 보이는 허공의 꽃처럼 실재가 아님을 보였고, 3. 4구는 일체법(일체의 외부 만상과 내부 심적 요소)에 조금도 오염되지 않은 청정한 자성에서 보면 일체법이 그대로 自性 淸淨 法身의 나타남 내지 그 작용임을 보였다. 게송 전체는 1. 2구의 眞空(자성 청정체)과 3. 4구의 妙有(자성의 작용)가 同時여서 서로 不卽不離의 관계에 있음을 천명하고 있다.

위 게송은《능엄경》의 아래 말씀을 禪詩로 표현한 것이다.
즉『見(8識 見分), 見緣(8識 相分)(이상은 제8식 중 見·相 2分을 말하고 이는 모두 무명에 의지하여 일어나는 依他起性을 말함)과 相想(이는 7識, 6識, 6根 및 6塵을 말하고, 이는 의타기성이 헛것인 줄 몰라 이를 있다고 집착하여 갖가지로 분별망상(遍計)하여 일으킨 것)이 허공꽃(空華)과 같아서 본래 없다. 이 見(8식 견분)과 緣(8식 상분, 7식, 6식, 6근 및 6진을 말함)이 원래 菩提의 微妙하고 淸淨하고 밝은 自體이다. 그런데 어찌 이 가운데 이것(見性)과 이것(見性) 아닌 것이 있겠느냐?』「見(八識見分), 與見緣(八識相分, 見相二分, 皆依他起性.), 幷所想相(此乃不了依他, 而起之遍計.), 如虛空華, 本無所

有。此見及緣, 元是菩提妙淨明體。云何於中 有是非是。』」(역자: 앞의 구절은 진여심체의 不變性(空性, 法身) 내지는 性量을 나타내고 뒤의 구절은 진여심(空性)이 인연따라 만상(萬象)을 이루는 수연성(隨緣性, 法身의 表出) 내지는 성구(性具)를 나타낸 것이다.)

이러한 4가지 관찰이 확립되었다면 불교의 수행의 첫 단추가 잘 꿰어졌다고 할 수 있다.

※4정단(四正斷, 四正勤)은

① 율의단律儀斷 : 아직 생기지 않은 악을 끊기 위한 노력,

② 단단斷斷 : 이미 생긴 악을 끊기 위한 노력,

③ 수호단隨護斷 : 아직 생기지 않은 선을 나타나게 하려고 노력하는 것,

④ 수단修斷 : 이미 생긴 선을 잘 증장시키려고 노력하는 것.

※4신족(四神足, 四如意足) : 수행에 힘이 붙어서 뜻대로 성취되는 것을 말함.

① 욕신족欲神足 : 뜻한대로 잘 수행되는 것,

② 정진신족精進神足 : 정진이 잘 성취되는 것 ,

③ 염신족念神足 : 정념이 한결같이 잘 지속되는 것.

④ 사유신족思惟神足 : 선정禪定이 잘 유지되는 것.

※5근五根 : 수행의 기초가 되는 것을 확립하는 것.

① 신근信根 : 믿음을 뿌리

② 진근進根 : 정진의 뿌리

③ 염근念根 : 정념의 뿌리

④ 정근定根 : 선정의 뿌리

⑤ 혜근慧根 : 지혜의 뿌리.

※5力 : 5근에 힘이 붙은 것.

※칠보리분七菩提分 또는 칠각지七覺支란 불도수행에 있어서 시비, 선악을 잘 분별하는 7가지 지혜를 말한다.

① 택법각지擇法覺支 : 제법諸法의 善惡, 道에 도움이 되는 여부를 잘 간택, 분별하는 지혜.

② 정진각지精進覺支 : 택법을 잘 한 뒤에는 그것을 끝까지 밀고 나갈 수 있는

정진력이 있어야 한다.

③ 희각지喜覺支 : 진실한 가르침을 실행하여 얻어지는 기쁨이다. 마음에 좋은 법을 얻어서 깨달음으로 가면 기쁨이 있다. 기쁨을 느끼면 수행에 진전이 있게 된다.

④ 경안각지輕安覺支 : 거칠고 무거운 번뇌를 제거하므로 몸도 마음도 가벼워지고 편안하게 되는 것.

⑤ 사각지捨覺支 : 평등각지라고도 한다. '사捨'자는 마음을 놓으라는 의미이다. 이것은 외부의 대상에 집착하던 마음을 버리며, 과거의 그릇됨을 추억하는 마음을 버리는 것이다.

⑥ 정각지定覺支 : 모든 일에 마음이 집중되어 그것과 하나가 되면 망상이 들어올 틈이 없어져서 외부의 자극도 받지 않고, 안으로는 망상도 일어나지 않게 되니, 이때 고요하고 순일한 상태에 다다르게 된다. 이러한 상태가 곧 정定의 상태이다.

⑦ 염각지念覺支 : 한결같은 생각으로 깨달음의 길을 가는 것을 말한다.

※팔성도분八聖道分은 팔정도八正道라고도 한다.

① 정견正見 : 제법과 참나에 대한 바른 견해. 중국의 臨濟禪師는 모든 수행자는 오직 정견을 갖추어야 한다고 강조하였다.

"오늘날 불법은 배우는 사람이 가장 중히 여길 것은

진정견해(眞正見解)를 구하는 일이다.

만약 진정견해만 얻는다면 나고 죽음에 물들지 않고

가고 머무름에 자유로워 수승함을 구하지 않아도 수승함이 저절로 온다.

수행자들이여 !

옛부터 선지식들은 모두가 그들만의 특별한 교화의 방법이 있었다.

지금 산승이 사람들에게 가르쳐 보이는 것은 (각자 진정견해를 갖추어서) 다만 그대들이 다른 사람의 미혹을 받지 않게 하는 것이다.

자신의 바른 안목이 작용하게 되면 곧바로 작용할 뿐이다.

더 이상 머뭇거리거나 의심하지 마라.

요즘 공부하는 사람들이 진정견해를 얻지 못하는 것은

그 병이 어디에 있는가?

병은 스스로 믿지 않는데 있다.

그대들이 만약 스스로를 믿지 못하면,

곧 바쁘게 이리저리 쏘다니면서 일체 경계를 좇아 끌려가며,

수만가지 경계에 자신을 빼앗겨 자유롭지 못하다. "

(이상《임제록》)

선사가 말한 진정견해는 불생불멸 금강불괴인 자기 참마음을 철저하게 깨침을 말한다. 정견을 갖추면 萬德이 자동적으로 따라 온다는 취지이다.

② 정사유正思惟 : 신어身語를 하기 전의 바른 의사 또는 결의.

③ 정어正語 : 거짓말, 악담, 이간질, 기이한 말을 하지 않고 진실한 말을 하는 것.

④ 정업正業 : 선행을 하는 것을 말한다.

⑤ 정명正命 : 자신이 운명적으로 타고난 삶을 최선을 다해 사는 것을 말한다. 僧是僧 俗是俗. 학자는 학자로서 최선을 다하고, 시장 상인은 상업에 최선을 다하는 것 등.

⑥ 정정진正精進 : 正法에 바르게 노력하는 것.

⑦ 정념正念 : 불교의 3가지 진리, 즉 제행무상, 제법무아, 열반적정 등의 진리를 늘 잊지 않고 생각하는 것. 염불법문에서는 아미타불의 명호를 끊어지지 않게 칭념하는 것을 뜻한다.

⑧ 정정正定 : 바른 선정을 닦는 것.

※사바에 대한 일체의 미련을 내려놓고 철저한 원생심으로 阿彌陀佛의 聖號를 一心稱念하는 수행에 37보리분법이 다 포괄되고 남는다.

169) 이러한 극락세계의 보살들의 무량한 보살행은《화엄경》의 결론이라 할 보현행원의 실천이며,《법화경》에서 말씀하신 모든 중생이 부처된다는 일불승의 실천이라 할 것이다. 정토에 들어서야《화엄》과《법화》의 설법 취지가 가장 잘 구현된다는 의미이다.

170) 쇼다지 캄포는 "이 부분 경문을 통해서, 만약 사람이 아미타불과 그 불국토에 대하여 좋아하는 생각이 없거나, 찬탄하지도 않으며 심지어 능멸한다면 이는 다만 그 사람의 무지를 확실하게 나타낼 뿐이라는 것을 알 수 있고, 또 원만한 공

덕을 갖추신 시방의 제불께서 끊임없이 아미타불과 그 불찰을 찬탄하는데, 업력이 깊고 무거운 우리 범부들이 무엇을 믿고 찬탄하지 않는가?"라고 말했다.

171) 극락에는 아미타불께서 법음을 펴시고자 화하여 나타낸 백학, 공작 등 조류가 있다.

172) 위 경문에서 아미타불께서 광명을 비추시자 모든 불찰이 눈앞에 나타나고, 아미타불의 광명에 의하여 일체 보살 등의 광명과 사물이 가리어졌다고 말씀하심은 화엄 십현문 중 제5 은밀현료구성문隱密顯了俱成門(은밀한 것과 확연確然히 나타난 것이 함께 성취됨)을 나타내심이다. 즉 아미타불의 광명이 확연히 드러남과 일체 불찰의 숨은 것과 아미타불의 광명이 확연히 드러남과 극락 보살의 광명의 숨은 것이 함께 성취됨을 나타내셨다.

173) 극락에는 이와 같이 불도를 향하여 나아가는 데 가장 좋은 조건들만 갖추어져 있는 반면 우리가 사는 사바국토에는 도업 정진에 장애 되는 것들이 너무 많아서 일심을 이루기 어렵다. 이런 이유로 우리는 반드시 극락에 가려는 서원과 의지를 굳건히 해야 한다.

174) 쇼다지 캄포는 수승한 외형적 물자를 제한 없이 받아쓰는 면에서는 극락과 타화자재천이 같지만 극락은 무루無漏 공덕을 이루고, 타화자재천은 언젠가는 소진될 유루有漏라는 점에서 명확한 차이가 있다고 말했다.

175) 태胎는 이 경에서 말하는 바와 같이 모든 좋은 환경과 신체를 갖추고 있지만 佛法이 없는 領域(연태蓮胎)를 가리킨다. 육체적 모태가 아니다.

《관경觀經》의 연태蓮胎에 관하여
蓮胎는 《무량수경》에 의하면, 국토와 신체의 장엄이 갖추어진 정토이긴 하나 불보살님을 뵈올 수 없고, 불법이 없어서 불법을 닦을 수 없는 곳이라고 설해져 있습니다. 따라서 사람 등 포유류의 모태와 같이 일정한 곳(연꽃 속)에 갇혀 있다는 뜻이 전혀 아닙니다. 《관경》의 표현상 다소 그렇게 오해될 소지가 있는 것은 사실이지만, 연태는 母胎와 같은 일정한 공간에 갇혀서 자유가 없는 곳이 아니고 불법이 없는 정토라는 뜻입니다. 정토에 왕생하였으되 연태에 머물게 되는 것은 오직 행자의 부처님 지혜에 대한 의심 때문이다. 이에 대한 믿음만 확립되면 바로 연화대에 앉아서 구품에 따라 왕생한다. 불법에 대한 믿음은 결국 믿음의 大海(부처님 지혜의 바다)에 자신의 몸과 마음을 통째로 던져버리는 바로 그것이다.

그리고 원래 우리의 참마음은 본래 시간 공간이 없고 그것의 주인이며 그 점에 있어서는 불보살님과 하등의 차이가 없습니다. 무량대겁도 다 내 마음속의 현상에 불과합니다.

내 한마음이 본원에 돌아가면 시간 공간이 끊어져서 대자유를 얻게 될 것이니, 연태의 제약이 애초부터 없다는 것도 자연 깨닫게 될 것입니다. 사실 부처님과 중생의 本源의 나이는 똑같습니다. 불성은 무시무종이니까.

176) 욕계 6천의 제2천 도리천의 별칭이다. 우주의 중심인 수미산 정상에 있는 33천을 도리천이라 부르며, 야마천(육계 6천의 제3천)은 그 바로 위에 있다.

177) 불지佛智 : 아래 5가지 지혜의 총칭이다.

178) 보편지普遍智 : 아래 광대지廣大智와 더불어 일체중생을 차별 없이 널리 평등하게 구제하는 여래의 평등성지平等性智를 가리킴. 원효대사는《무량수경종요》에서, "대승광지大乘廣智는 평등성지이다. 이 지혜는 널리 중생을 제도하므로 소승을 향하지 않는다. 말하자면 무아無我이므로 나 아님이 없고, 나 아님이 없으므로 차별적으로 중생을 섭수하지 않아서 이 동체지혜의 힘으로 널리 무변 중생을 태워서 모두 무상보리에 도달하게 하나니, 그러므로 대승광지라 이름한다."라고 말씀하셨다.

179) 성소작지成所作智를 가리킴. 원효대사는《무량수경종요》에서, "(여래께서) 불과 여섯 자를 넘지 않는 몸으로 나타나셔도 누구도 정수리를 볼 수 없고, 한 모공(털구멍)도 늘이지 않고 시방세계에 두루할 수 있으며, 한 생각의 칭명 염불로 많은 겁의 무거운 죄를 소멸케 하고, 십념 염불로 극락에 왕생

케 하시나니, 이와 같은 일들은 지혜가 낮은 사람들이 헤아릴 수 없으므로 불사의지不思議智라고 이름한다.”라고 말씀하셨다.

원효대사는《무량수경종요》에서, “불가칭지不可稱智란 묘관찰지를 말함이다. 여래께서는 이 지혜로 불가칭경의 경계를 관찰하신다. 말하자면 일체법은 모두 헛깨비,꿈과 같아서 있는 것도 아니고 없는 것도 아니며 말과 사려가 끊어졌기에 말로써는 칭량할 수 없다. 그러므로 불가칭지라 이름한다.”고 말씀하셨다. 부처님께서 제법을 철저하게 파악한 지혜에 입각하여 중생의 근기에 맞추어 묘하게 설법하는 지혜를 의미하기도 한다.

180) 무등지無等智 : 대원경지大圓鏡智를 가리킨다(《대경해》). 원효대사는《무량수경종요》에서,

“무등무륜최상승지無等無倫最上勝智라 함은 바로 여래의 대원경지大圓鏡智이다. 처음으로 본식本識(제8아리야식)을 돌려서 비로소 마음의 근원으로 돌아가니 일체의 갖가지 경계를 원만히 비추지 않음이 없다. 그러므로 대원경지라 이름한다.”고 말씀하셨다.

181) 해설을 찾을 수 없다. 부처님의 위덕삼매威德三昧에서 나온 지혜로서, 위엄威嚴을 갖춘 지혜를 의미하는 것으로 보입니다. 위엄이 없으면 설법해도 대중이 믿지 않기 때문입니다.

182) 주 179) 참조.

183) 미륵보살을 달리 ‘아일다’ 보살이라고도 칭한다. 아일다는 무능승無能勝(누구도 이 보살을 이길 수 없다는 뜻)으로 번역된다. 자씨慈氏 보살이라도 한다. 秦譯《불설아미타경》에서도 아일다보살이라고 하였다.《미륵하생경》에 의하면, 지금 미륵보살은 도솔천 내원궁에 계시면서 중생을 제도하고 있는데, 석가모니불이 입멸入滅한 뒤 56억7,000만 년이 되는 때, 즉 인간의 수명이 8만 세가 될 때 이 사바세계에 강림하여 화림원華林園의 용화수 아래서 성불하여 3회의 설법으로 272억인을 교화한다고 하였다. 아일다 보살이 이 무량수여래회의 법회에 참석한 것은 미래세에도 역시 정토법문으로 많은 중생을 제도함을 나타낸 것이다.

184) 고대 인도에서 통치 계급인 크샤트리아를 찰제리라고 하였음.

185) 원효보살은 《무량수경종요》에서,
"만약 사람이 이와 같은 4가지 의심(부처님의 4가지 지혜에 대한 의심)을 해결하지
못하면 비록 저 국토에 왕생하더라도 변지邊地에 처한다. 그런데 만약 사람이
비록 앞에서 말한 여래의 4가지 지혜의 경계에 대하여 밝게 이해하지 못했더라
도 스스로를 낮출 것이며, 마음의 눈을 열지 못했더라도 여래를 우러러 공경하
며 한결같이 엎드려 믿도록 하라. 이와 같은 사람은 그 수행에 따라 저 국토에
왕생하되 변지邊地에 처하지 않는다. 변지에 나는 사람은 별다른 부류라서 9품
에는 속하지 않는다. 그러므로 마땅히 망령되게 (여래의 4가지 지혜에 대하여) 의혹
을 갖지 말 것이니라."라고 말씀하셨다.

부처님의 4가지 지혜에 대하여 의혹을 품은 중생은 극락에 왕생하더라도 9품에
들지 못하는데, 그곳을 《위역본》에서는 변지邊地라 하였고, 《당역본》에서는 연태
蓮胎라 하였다. 《무량수경종요》는 《위역본》에 대한 것이므로 변지라 한 것이다.

186) 《한역본》과 《오역본》에서는 사바세계에서 720억의 아유월치보살(불퇴전보살) 극
락에 왕생하고, 그밖에 왕생하는 작은 보살들(아직 불퇴전에 이르지 못한 보살)의
수는 무앙수無央數여서 다 셀 수 없다고 말씀하셨다.

187) 《티베트본》에서는 성광여래星光如來의 국토에서도 많은 불퇴전보살이 극락세계
에 왕생한다고 말씀하셨다.

188) 이렇게 무량무수의 중생이 서방 극락세계에 왕생하면 반드시 성불하므로 《법
화경》의 모든 중생이 부처된다는 일불승의 가르침은 극락정토에 왕생한 후에
비로소 구체적으로 실현된다고 말할 수 있다. 물론 근기가 수승한 수행자는 사
바에서 불지견을 얻어 불퇴전에 오를 수도 있고, 실지 그러한 큰 수행자가 있지
만, 이는 매우 어려운 일이다.

189) 이 경에 대하여 導師라는 생각을 가져야 한다는 것은 이 경을 부처님처럼 받

들고, 이 경의 가르침대로 수행하며 이 경을 널리 연설, 배포하여야 한다는 뜻이다. 송역본宋譯本《불설대승무량수장엄경》에서는 《무량수경》 독경하는 것을 정토왕생의 요건으로 들고 있다.

190) 부처님의 지혜는 모든 것을 다 아는 일체지一切智 중에서도 가장 뛰어난 지혜이기에 일체지一切智에 지智를 하나 더 붙여서 일체지지一切智智라 한다.

191) 여래께서 응당 해야 할 바 극락세계, 아미타불, 극락의 보살들 및 《무량수경》의 불가사의 공덕 설함을 다해 마치셨다는 뜻이다.

192) 부처님의 지혜에 대한 믿음을 철저히 하여 극락 변지의 연태에 들지 않도록 하라는 말씀이다.

193) 세간을 구제하는 이러한 행 : 쇼다지 캄포는, 이 《무량수경》을 정성 다해 부지런히 수지독송하거나 널리 남을 위하여 연설하는 행을 가리킨다고 말했다.

194) 《티베트본》에는 이 부분 두 구절의 순서가 바뀌어 있다. 즉 "훌륭하고 즐겁게 부처의 무상보리 구하는 이런 사람은 과거부터 나의 진정한 벗이로다."로 되어 있다. 《티베트본》의 순서가 맞는 것으로 보인다.

195) 불퇴의 법인法忍 : 무생법인無生法忍을 말한다.

정토필지淨土必知

(정토수행자의 필지사항)

정토淨土 5경五經 1론一論

팔만대장경 총 940여 부 가운데 270여 부에서 아미타불, 극락세계 및 염불법을 말씀하셨는데, 종래《불설아미타경》,《관무량수불경》 및《무량수경》과 세친보살 저작《왕생론》을 합하여 정토의 제일 중요한 세 가지 경과 한 가지 론(3경1론)으로 칭하였는데, 근세 중국불교에서《화엄경華嚴經》〈보현행원품 普賢行願品〉을 정토의 제4경으로,《수능엄경》〈대세지보살염불원통장〉 정토의 제5경으로 받들어 정토 5경 1론이 되었다.

《무량수경》은 아미타 정토불교에 관한 근본경전으로서 법회 성중의 무량함과 수승함, 법회의 상서, 법장비구의 48대원을 일으킴, 홍서 성취를 위한 무앙수 겁의 수행, 극락국토의 무량한 청정 장엄, 불보살님들의 불가사의 공덕, 극락보살들의 대승불법의 수행, 왕생의 방법 내지 품위, 5가지 악업을 끊고 정토왕생 발원할 것을 권유하심, 간곡한 정법의 부촉, 설법의 이익 등을 매우 상세하게 말씀하신 경전이다. 그리하여 이 경을《대경大經》또는《대본大本》이라고 함에 대하여,《아미타경》은 정토 교리의 핵심만을 간략하게 설하고 있으므로 이를《소경小經》또는《소본小本》이라고 칭한다.

《대경大經》은 현재 아래 ① 내지 ⑤의 5가지 한역본漢譯本이 전해지는 데, 아래 ③의 경전이 가장 널리 유통되고 있다. 그리고 고래로 3가지 회집 경전이 전해진다.

① 《무량청정평등각경無量淸淨平等覺經》: 후한後漢 때 월지국月支國 사문 지루가참支婁迦懺이 낙양洛陽에서 번역한 경본.

② 《불설제불아미타삼야삼불살루불단과도인도경佛說諸佛阿彌陀三耶三佛薩樓佛檀過度人道經》 : 일명 《무량수경無量壽經》이라 하며, 《아미타경阿彌陀經》이라고도 한다. 오吳 나라 때 월지국月支國 우바새優婆塞 지겸支謙이 번역한 경본.

③ 《불설무량수경佛說無量壽經》 : 조위曹魏 때 인도 사문 강승개康僧鎧가 낙양洛陽의 백마사白馬寺에서 번역한 경본. 다만 최근 축법호竺法護 삼장법사가 번역하였다는 이설이 강력하게 대두되고 있다.

④ 《대보적경·무량수여래회大寶積經·無量壽如來會》 : 당唐 고종때 남인도에서 오신 보리유지菩提流志 삼장법사가 번역하였고, 이 번역본은 총49회로 이루어진 《보적경寶積經》의 한 회會임. 이 본은 정토의 근본경전으로서 갖추어야 할 내용 즉 아미타불의 불가사의 중생구제의 본원력과 대승보살의 나아갈 길을 모두 설하고 있음은 물론, 漢譯의 표현이 優美하고 法流의 흐름이 매우 자연스럽게 전개된 본이다. 특히 한역하신 분이 천축 삼장법사 보리유지 대사라는 점에서 원본과 한역의 정확성이 담보된다 할 것이다. 藕益大師는 이 본이 가장 수승한 선본이라고 찬탄하시고, 주석서를 저술하려 하였으나 그만 세연이 다하여 저술하지 못하고 왕생하셨다. 최근 티벳의 쇼다지 캄포(索達吉 堪布)가 이 본을 완강하였으니, 이는 불교 역사상 처음 있는 큰 경사이다. 역자의 의견으로는 한역본 5본 중 이 본이 가장 잘 된 본(善本)이라고 생각합니다.

⑤ 《불설대승무량수장엄경佛說大乘無量壽莊嚴經》 : 송宋 나라 때 서역 사문 법현法賢이 번역한 경본.

⑥ 《불설대승무량수장엄청정평등각경佛說大乘無量壽莊嚴淸淨平等覺經》 : 현대 하련거夏蓮居 노거사老居士가 위 ① 내지 ⑤를 회집한 경전. 황념조 노거사의 《대경해》는 바로 이 회집 경전의 해설서이다.

《대경大經》은 대승불법의 요체를 모두 아우르고 있는바, 일불승을 설한 《법화경》, 법계 무한 연기와 극락회귀의 보현행원을 설한 《화엄경》, 상락아정의 열반경계를 설한 《열반경》, 법성공 내지 중도를 설한 《반야경》, 唯識無境, 唯識所變을 설한 《능가경》 등 唯識 諸經의 요체를 포함하고 있다. 또한 부처님께서 마하가섭에 전한

禪과 라훌라에게 전한 密教도 포괄되어 있다.

《대경》은 정토의 근본경전이므로 자주 독송하여야 하지만 매우 분량이 많은 경이어서 매일 일부씩 나누어 독경하는 것도 좋은 방법이며, 특히 법장비구의 48홍서 발원부분을 자주 독경하여 아미타불의 48원의 근본서원은 나와 모든 유정을 위한 것임을 골수에 새기도록 하고, 종국에는 자신의 서원으로 삼아야 할 것입니다.

《관무량수불경》은 4기말 서역西域에서 그곳의 언어로 편찬된 경을 유송劉宋 424년 서역西域의 삼장법사 강량야사畺良耶舍가 한역한 경이며, 그 내용은 부처님 당시 마가다국의 아사세 태자가 부왕 빈바사라의 왕권을 빼앗고 부왕을 7겹의 감옥에 가둠에 태자의 모친이자 왕비인 위제희 부인이 빈바사라왕에게 몰래 가서 음식을 제공한 것이 적발되어 모친까지 옥에 갇히자 되자, 위제희 부인이 감옥에서 아들의 패악으로 인한 극심한 고통 속에서 부처님 뵈옵기를 간절히 구하였다. 그리하여 부처님께서 이에 응하여 기사굴산에서 왕궁에 이르러, 어떠한 근심과 걱정도 없는 곳에 태어나기를 원하는 위제희 부인의 청에 따라 시방의 무량한 불국 정토의 모습을 보여주시자, 위제희 부인은 서방의 아미타불의 정토에 왕생을 선택하여 아미타불의 정토를 사유하여 삼매에 드는 방법 말씀해 주시기를 청하매 부처님께서 ① 먼저 13가지 관법(제1관 내지 제13관)을 닦아서 현생에서 극락의 삼성을 뵈옵고 극락의 법락을 누리며 임종 시 극락에 왕생하도록 말씀하시고 나서, ② 위제희 부인이 묻지 않았음에도 제14관 내지 제16관에서 다시 중생이 임종 시 3배 9품으로 극락에 왕생하는 방법과 차별에 대하여 말씀하신 경이다.

《관경》에서 「부처님께서는 아난존자에게 이 경의 이름은 《극락국토,무량수불,관세음보살 및 대세지보살을 관찰하는 경》 또는 《업장을 정화,제거하여 모든 부처님 앞에 왕생하는 경》이라고 말씀하셨다.(佛告阿難, 此經名《觀極樂國土, 無量壽佛, 觀世音菩薩, 大勢至菩薩, 亦名《淨除業障, 生諸佛前》》)」

따라서 이 경의 수행의 핵심은 극락의 의정장엄의 觀察이고, 9품왕생 법문 중 하품의 십념 칭명염불은 하근 중생을 위하여 대자비의 방편으로 특별히 베푸신 수행법이라 할 것이다.

부처님은 경의 서두에서 정토에 왕생하고자 한다면 반드시 삼복三福 닦을 것을 말씀하셨다. 삼복이란,

① 첫째, 부모에게 효도하고, 연장자를 받들어 모시며, 자비심으로 살생하지 말 것이며, 열 가지 선업을 닦도록 하라.

② 둘째, 삼귀의계를 받아 지니고 갖가지 계율을 만족하게 지니며, 위의를 범하지 말라.

③ 셋째, 보리심을 일으켜서 인과를 깊이 믿고, 대승경전을 독송하며 타인에게 불법을 닦도록 권유하라.

세존께서는 3복은 과거, 현재, 미래 모든 부처님이 닦는 정업정인淨業正因이라고 말씀하셨다.

그리고 이 경은 기본적으로 극락의 의정장엄을 관상觀想하는 경이지만, 경의 말미에서 부처님은 아난존자에게 "그대는 여래의 이 법문을 잘 지니도록 하라. 이 법문을 잘 지닌다는 것은 곧 무량수불의 명호를 정성 다해 지니는 것이니라."고 말씀하심으로써 아미타불의 명호를 칭념하는 수행이 정토수행의 핵심임을 함께 강조하셨다. 《관경》 역시 정토행자가 자주 봉독하여야 할 경전입니다. 칭명수행을 오래하여 익어지면 칭명과 관상을 동시同時에 닦는 것도 좋은 수행법이라고 사료됩니다.

《소경小經》의 한역본은 구마라집鳩摩羅什 삼장법사三藏法師(344~413)가 5세기 초 요진姚秦에서의 번역한 본과 당唐 현장玄奘 삼장법사(602?~664)가 번역한 본(경의 제목은 《칭찬정토불섭수경稱讚淨土佛攝受經》)이 있으나, 구마라집 삼장법사의 번역본이 고래로 압도적으로 널리 유통되어 왔고, 대가들의 주석서도 대부분 이 번역본에 대한

것이었다. 구마라집 삼장법사 번역본의 원래의 경명經名은 경 가운데의 표현인《칭찬불가사의공덕 일체제불 소호념경》(아미타불의 불가사의한 공덕을 찬탄하신 모든 부처님께서 호념하시는 경)이지만, 법사는 간단명료하게《불설아미타경》(석가여래께서 아미타 부처님에 대하여 말씀하신 경)이라고 명명하셨다.

진역《아미타경》은 정토의 교리의 핵심을 간략하고 명료하게 운율을 갖추어서 힘차게 설시하고 있어서 옛날부터 조석 수행에서 필수적으로 이 경을 독송하였고,《아미타경》의 독송을 주된 수행으로 삼아서 왕생하신 분도 있다.

한편 현장 법사 번역의《칭찬정토불섭수경稱讚淨土佛攝受經》(당역본唐譯本)과 구마라집 법사의 진역본秦譯本을 비교하자면, 진역본이 당역본 보다 경의 대의大意와 핵심核心을 간결, 명확하고 유창하게 말씀한 장점이 있지만, 양자 간에 법회 대중이 서로 다르고, 진역본은 오직 지명염불만 말씀하셨음에 비하여 당역본은 관상염불도 함께 말씀하신 점, 진역본 보다 당역본의 극락의 의성상엄 설명이 좀 더 상세한 점, 당역본에서는 극락보살의 무량행원의 실천을 강조하셨음에 비하여 진역본에는 이 부분 말씀이 없는 점, 진역본은 6방 제불의 찬탄을 말씀하셨음에 비하여 당역본은 10방 제불의 찬탄을 말씀하신 점 등은 두 경의 차이점 내지 당역본 특유의 장점이라 할 것이므로 당역《칭찬정토불섭수경稱讚淨土佛攝受經》또한《소경小經》의 수승殊勝한 선본善本이라 할 것이다.

그리고《화엄경華嚴經》〈보현행원품 普賢行願品〉은 그 닦는 바의 십대원왕十大願王을 모두 극락으로 인도하여 돌아가게 하셨기에 근래의 정토의 스승들은 이를 정토의 제4경으로 받들고 있습니다. 무량한 화엄華嚴의 법해法海 가운데서 미래세가 다하도록 끝없는 행원을 강조한 〈보현행원품〉은 선재동자의 구법순례 53선지식 중 마지막 보현보살의 법문으로《화엄경》의 결론 내지는 핵심이라 할 것입니다. 아래 〈보현행원품 普賢行願品〉의 중서게重誓偈는 보현행자의 지극한 극락발원을 표출하고 있어서 정토행자의 일상에 자주 염송되고 있습니다.

나의 이 수승한 보현행원의

끝없는 복을 모두 회향합니다.

널리 원하오니 고해에 빠진 모든 중생들

신속하게 무량광불의 국토에 왕생하여 지이다.

또한 《수능엄경首楞嚴經》〈대세지보살염불원통장大勢至菩薩念佛圓通章〉에서는, 「만약 중생의 마음에 부처님을 기억하고 생각한다면, 지금이나 미래에 반드시 부처님을 뵙게 되며, 부처님과(의 거리가) 멀지 않다. 그런 중생은 방편을 빌리지 않고 자연히 마음이 열린다. …중략… 저는 인지에서 수행을 할 때 염불하는 마음으로 무생법인에 들어갔나이다. 저는 지금 이 사바세계에서는 염불하는 이들을 모두 거두어 서방정토로 돌아가게 하나이다. 부처님께서 저에게 원통의 방법을 물으시매 저(대세지보살)는 아무런 다른 선택이 없고 오직 육근을 모두 다잡아 깨끗한 염불심을 계속 이어가서 삼마지를 얻는 그것이 제일이나이다.」라고 말씀하셨다. 그리하여 이를 정토의 제5경으로 받들고 있다. 현생에서의 무생법인 증득과 임종 시의 극락왕생을 함께 명시한 매우 중요한 경전입니다.

그 외에 역자의 관견으로는 중국 정토종의 제1조이신 혜원慧遠 조사님과 그 문하의 유유민劉遺民 거사 등 123인이 의지하신 《반주삼매경般舟三昧經》을 제6의 정토경전으로 받들어야 할 것으로 생각한다. 《반주삼매경》에서는,

「보살이 이 사바국토에서 아미타불에 대한 설법들 듣고 끊임없이 아미타불을 생각하기 때문에 (현생에서) 아미타불을 친견하느니라(數數念故 見阿彌陀佛). (보살이 부처님의 위신력으로) 아미타불을 뵙고 나서 "마땅히 어떤 법을 닦아 지녀야만 아미타불의 국토에 왕생할 수 있나이까?"라고 여쭈자, 그때 아미타불께서 이 국토의 보살들에게, "나의 국토에 왕생하고자 한다면 언제나 끊임없이 나를 생각하고 언제나 그 뜻(아미타불을 언제나 생각하고자 하는 뜻)을 마땅히 지켜서 쉬지 않아야 하느니라. 이와 같이 한다면 나의 국토에 왕생하게 되느니라(欲來生我國者 常念我數數 常當守意 莫有休息 如是得來生我國)."라고 말씀하셨다. 이어서 부처님(석가세존)께서 말씀하시기

를, 이러한 보살이 이와 같이 염불하기 때문에 당연히 아미타불의 국토에 왕생하나니, 언제나 마땅히 이와 같이 부처님의 신체는 32상이 갖추어져 있고 광명光明이 충만되어 (널리 법계를) 꿰뚫어 비추며 단정端正하기가 비할 바 없는 모습으로 비구대중 가운데서 경을 말씀하시되 경을 말씀하시는 모습이 허물어지지 않는다고 생각할(관觀할) 지니라.」라고 말씀하셨다.

그리고 《반주삼매경般舟三昧經》에서는 쉽게 염불삼매에 들어가는 방법 중 하나로 불화佛畵나 불상佛像을 모셔서 부처님의 32상과 80수형호를 관찰하는 수행법(관상염불觀像念佛)을 말씀하셨음은 물론 매우 깊은 반야般若 진공묘유관眞空妙有觀의 염불수행念佛修行을 겸하여 말씀하셨다. 즉 일체 부처님께서 지금 나투신 모양을 비유비무(非有非無; 있는 것도 아니고 없는 것도 아님)로 관찰하도록 하셨다.

또 이 경에서는 1일 내지 7일의 집중 염불이나, 90일의 기간을 정하여 한 곳에만 머물며 세간사를 잊고 철저한 계행과 육바라밀의 수행 등 대승의 기본에 충실한 바탕 위에서 '모든 부처님께서 현재 나투어 계신 삼매' 닦을 것을 말씀하셨다.

요컨대 사바에 있는 그대로 아미타불을 뵈옵는 수행과 임종 시 극락에 왕생하는 수행을 함께 말씀하신 《반주삼매경》을 정토삼부경과 같은 비중으로 받아 지녀야 할 것이다.

한편 정토 교학의 유일한 논論은 인도 세친보살(4~5세기)의 저작 《무량수경우바제사원생게無量壽經優婆提舍願生偈》(약칭 《왕생론往生論》 또는 《정토론淨土論》)이다. 옛 부터 정토의 3경 1론이라 함은 바로 이 논을 말한다. 이 논은 유가유식瑜伽唯識의 입장에서 대소大小의 《무량수경》을 근거로, 아미타불에 대한 세친보살 자신의 신앙심을 고백하고 간절한 왕생원을 피력하면서 왕생의 방법으로 5념문(예배, 찬탄, 작원(사마타), 관찰(비발사나), 회향)을 제시한 것으로 유명하다.

세친보살은, 예배, 찬탄을 통한 임종 때의 왕생은 물론 작원의 사마타와 관찰의 비발사나의 수행으로 왕생 전에 이미 불법(자성 법신)을 체증體證하여 연화장세계(법성공法性空)에 들어가서 극락의 법락을 받아쓰면서 이를 널리 회향하여 일체중생도 함께 정토수행의 법락을 누리도록 하여 함께 무상보리 이루는 것이 바로 아미타

정토법문의 요체라고 말씀하고 계신다.

특히 보살은 《무량수경》에 근거하여, 극락의 3가지 장엄(국토의 장엄, 부처님의 장엄, 보살의 장엄)은 모두 아미타불의 원심願心(본원력)에 의하여 성취된 것이며, 이 세 가지는 모두 일법구一法句(하나인 법의 글귀)로 압축되고, 일법구는 청정구淸淨句(청정이란 글귀)이며, 청정구는 진실지혜무위법신眞實智慧無爲法身이라고 하였는바, 이 말씀은 무량수불의 48홍원이 일어난 근본이 오직 진실지혜무위법신眞實智慧無爲法身임은 물론 48홍원으로 중생을 서방정토로 인도하여 반드시 얻도록 하는 것도 진실지혜무위법신眞實智慧無爲法身인 것을 드러낸 것으로 이해된다.

법처法處 비구가 세간자재왕 여래 앞에서, "제가 부처될 때 제 국토의 유정이 만약 결정코 등정각을 이루어서 대열반을 증득하지 못한다면, 저는 무상보리를 얻지 않겠나이다.(제11 결정성불원決定成佛願)" 라고 서원하신 것은 바로 극락에 왕생한 중생으로 하여금 모두 결단코 진실지혜무위법신眞實智慧無爲法身을 얻도록 하기 위함이다.

요컨대 《왕생론》은, 정토법문이 임종 왕생 뿐만 아니라 왕생 전부터 강렬한 원생심과 보리심으로 반야를 체증하고 방편지까지 얻는 완벽한 대승수행의 체계임을 밝혔다는 점에서 불교 역사상 매우 중요한 의의가 있는 논이다.

《대방광불화엄경보행원품》(발췌)
大 方 廣 佛 華 嚴 經 普 賢 行 願 品

문수사리보살의 용맹한 지혜와
보현보살의 지혜 행도 이와 같으니
제가 지금 모든 선근 회향하여서
저 분들의 모든 것을 따라 항상 배우리.
삼세의 부처님께서 찬탄하시는
이와 같이 수승한 모든 대원과
제가 지금 모든 선근 회향하여서
보현보살의 수승한 원행을 얻고자 하옵니다.
제가 임종하려 할 때
일체의 모든 장애 제거되어
눈앞에 아미타불 뵈옵고
즉각 안락불찰에 왕생하여 지이다.
제가 저 국토에 가서 나고는
곧 바로 이 대원을 성취하여서
일체를 원만히 갖추어 남음 없이
일체중생 세계를 이롭고 기쁘게 하리라.
저 부처님 회상의 대중은 모두 청정하여
제가 수승한 연꽃에서 화생할 때
직접 무량광 여래를 뵈오면
그 자리에서 제게 보리기 주시네.
저 부처님의 수기를 받은 후에는
백구지의 화신 나투어서
지혜의 힘이 광대하여 시방에 두루하고
널리 일체중생 세계를 이롭게 하리라.
허공계와 중생계, 중생의 업 및 중생의 번뇌가

다하면 나의 서원도 다하려니와
이와 같은 것은 다할 수 없기에
나의 서원도 끝내 다할 수 없나이다.
나의 이 수승한 보현행원의
가없는 수승한 복 모두 회향하여서
널리 고해에 빠진 모든 중생이
어서 속히 무량광의 불찰에 왕생하기를
원하옵니다.

文殊師利勇猛智，普賢慧行亦復然，
我今迴向諸善根，隨彼一切常修學。
三世諸佛所稱歎，如是最勝諸大願，
我今迴向諸善根，為得普賢殊勝行。
願我離欲命終時，盡除一切諸障礙，
面見彼佛阿彌陀，即得往生安樂剎。
我既往生彼國已，現前成就此大願，
一切圓滿盡無餘，利樂一切眾生界。
彼佛眾會咸清淨，我時於勝蓮華生，
親睹如來無量光，現前授我菩提記。
蒙彼如來授記已，化身無數百俱胝，
智力廣大遍十方，普利一切眾生界。
乃至虛空世界盡，眾生及業煩惱盡，
如是一切無盡時，我願究竟恆無盡。
我此普賢殊勝行，無邊勝福皆迴向，
普願沉溺諸眾生，速往無量光佛剎。

南無阿彌陀佛!

세친보살世親菩薩의 5념문五念門

정토교학의 핵심 경론은 3경1론인데, 그 1론이 바로 세친보살의 저작 《왕생론》이다. 이 논은 아미타 정토신앙에 관하여 인도의 논사가 지은 유일한 저술로서 그 중요성은 재론을 요하지 않는다. 이 논의 핵심인 5념문은 보살께서 정토 대경(무량수경) 및 소경(아미타경)의 요점을 간추려서 유식학적 토대에 올린 다음 대승大乘의 보리수증菩提修證 법문(보리를 닦아 증득하는 법문)으로 체계화시킨 것이다. 이는 정토 수행의 나침반일뿐만 아니라 대승불교의 보리를 닦아 증득하는 수행체계이다. 아래에서 《왕생론》의 요점인 5념문(정토 수행의 5가지 요건)과 그에 대한 온금가溫金柯 거사의 해설을 인용합니다.

세친보살 《왕생론》의 5념문五念門

가) 5념문의 요지

세친보살은 《왕생론》에서 《무량수경》의 《대경》과 《소경》에서 원생심願生心과 보리심菩提心이라는 두 가지 요소를 추출하여 이를 근본으로 삼아서 정토왕생의 수행법인 5념문(예배·찬탄·작원·관찰·회향)을 세우셨다.

요지는 다음과 같다.

「① 어떻게 예배하는가? 신업身業으로 아미타여래阿彌陀如來·응응應應·정변지正遍知께 예배하나니, 저 국토에 왕생하려는 뜻이 있기 때문이다.」

「② 어떻게 찬탄하는가? 구업口業으로 찬탄讚歎하나니, 저 여래의 명호를 불러서 저 여래의 광명지상光明智相과 같이, 저 여래의 명호의 뜻과 같이 실답게 수행하여 이와 상응하고자 하기 때문이다.」

「③ 어떻게 작원作願하는가? 마음으로 언제나 발원하되, 일심으로 오직 결정코 안락국토에 왕생하기만을 생각함으로써 실답게 사마타奢摩他를 닦고자 하기 때문이다.」

「④ 어떻게 관찰하는가? 지혜로 관찰하나니, 정념正念으로 저 국토의 의정 장엄을 관찰함으로써 실답게 비바사나毘婆舍那를 수행하고자 하기 때문이다.」

「⑤ 어떻게 회향하는가? 고뇌에 빠진 일체 중생을 버리지 않고 언제나 마음으로 원을 세워서 회향함을 으뜸가는 책무로 삼아 대비심大悲心을 성취하기 때문이다.」

「云何禮拜? 身業禮拜阿彌陀如來、應、正遍知, 爲生彼國意故。」「云何讚歎? 口業讚歎, 稱彼如來名, 如彼如來光明智相, 如彼名義, 欲如實修行相應故。」「云何作願? 心常作願, 一心專念畢竟往生安樂國土, 欲如實修行奢摩他故。」「云何觀察? 智慧觀察, 正念觀彼, 欲如實修行毘婆舍那故。彼觀察有三種。何等三種? 一者觀察彼佛國土功德莊嚴, 二者觀察阿彌陀佛功德莊嚴, 三者觀察彼諸菩薩功德莊嚴。」「云何迴向? 不捨一切苦惱眾生, 心常作願, 迴向爲首, 成就大悲心故。」

이렇게 「오념문五念門」을 닦아 익힌 공덕에 대하여, 세친보살은 《왕생론》 말미에서 아래와 같이 말씀하셨다.

「이 5가지 문 가운데 제1문부터 제4문까지는 '들어가는 공덕'을 성취함이며, 제5문은 '나가는 공덕'을 성취함이다. ① 아미타불께 예배함으로써 저 국토에 왕생하고자 하기 때문에 안락세계에 왕생함을 얻는다. 이것을 '들어가는 제1문'이라고 이름한다. ② 아미타불을 찬탄함으로써 부처님의 명의(名義;명호의 뜻, 무량광·무량수)에 수순(따르고 순종)하여 여래의 명호를 불러서 여래의 광명지상(光明智相;광명지혜의 법상)에 의거하여 닦기 때문에 큰 법회 대중의 수효에 들어간다. 이것을 '들어가는 제2문'이라고 이름한다. ③ 일심전념으로 저 국토에 왕생하기를 작원作願하여 사마타의 적정삼매행寂靜三昧行을 닦기 때문에 연화장 세계蓮華藏世界에 들어간다. 이것을 '들어가는 제3문'이라고 이름한다. ④ 전념專念하여 저 국토의 미묘한 장엄을 관찰함으로써 비파사나를 닦기 때문에 저 국토에 도달하여 갖가지 법의 맛과 즐거움을 받아쓴다. 이것을 '들어가는 제4문'이라고 이름한다. ⑤ 대자비로써 일체 중생의 고뇌를 관찰하여 응화신을 보여서 생사 동산의 번뇌의 숲으로 들어가서 신통으로 유희하고 교화처에 이른다. 이는 본원력으로 회향하기 때문이다. 이것을 '나오는 제5문'이라고 이름한다. 보살은 들어가는 4가지 문으로 자리自利를 성취함을 마땅히 알아야 한다!

보살은 나오는 제5문으로 회향하여 타인을 이롭게 하는 행을 성취함을 마땅히 알아야 한다!

보살은 이와 같은 5념문 행의 자리와 이타를 함께 닦아서 신속하게 아뇩다라삼 먁삼보리를 성취하기 때문이다.」

「此五種門, 初四種門成就入功德, 第五門成就出功德。入第一門者, 以禮拜阿彌陀佛, 為生彼國故, 得生安樂世界, 是名入第一門。入第二門者, 以讚歎阿彌陀佛, 隨順名義, 稱如來名, 依如來光明想修行故, 得入大會眾數, 是名入第二門。入第三門者, 以一心專念作願生彼, 修奢摩他寂靜三昧行故, 得入蓮華藏世界, 是名入第三門。入第四門者, 以專念觀察彼妙莊嚴, 修毘婆舍那故, 得到彼處, 受用種種法味樂, 是名入第四門。出第五門, 以大慈悲觀察一切苦惱眾生, 亦應化身迴入生死園煩惱林中, 遊戲神通, 至教化地, 以本願力迴向故, 是名出第五門。菩薩入四種門, 自利行成就應知, 菩薩出第五門, 利益他迴向行成就應知。菩薩如是修五門, 行自利利他, 速得成就阿耨多羅三藐三菩提故。」

나) 대만 온금가溫金柯 거사의 해석

거사(1960년~)는 세친보살님의 5념문 법문을 다음과 같이 풀이하였는바, 매우 탁월한 견해라 사료된다.

[위 세친 보살의 결론 부분의 말씀을 통하여 알 수 있는 것은, 세친보살은 우선 「안락세계에 왕생함(得生安樂世界)」, 「큰 법회 대중의 수효에 들어감(得入大會眾數)」 즉 극락세계에 왕생하여 연지해회의 대중이 되는 것을 제1, 2문을 닦아서 얻는 공덕으로 삼았다는 것이다. 이것은 모두 오직 목숨을 마친 후 극락세계에 왕생하는 것에 대한 말씀이다. 주의를 요하는 것은, 제3문은 곧 현세의 이 몸으로 「연화장세계 蓮華藏世界(법성공法性空)」 즉 모든 부처님의 청정보토(法性空)에 들어감을 말하는 것이고, 제4문의 「저 곳에 당도하여 갖가지 법의 맛과 기쁨을 받아 씀(得到彼處, 受用種種法味樂)」은 응당 그 말씀의 뜻이 곧 현세의 이 몸으로 완연히 극락세계에 있는 것과 같이 극락세계의 갖가지 법의 맛과 기쁨을 받아씀을 가리킨다는 것이다.

《관무량수경觀無量壽經》에서 「이 삼매를 행하는 사람은 지금 현재의 몸으로 무량수불과 두 분의 대사를 뵈옵는다.」, 「무량수불의 화신은 무수하여 관세음보살 및 대세지보살과 함께 언제나 이 행을 닦는 사람의 처소에 오신다.」고 말씀하심과 같다. 이러한 전제하에 나가는 제5문은 장차 공덕을 회향하여 중생 교화의 이타행을 하고 보살행을 원만히 하여 무상정등정각을 성취한다. 이와 같이 「오념문五念門」이 말하는 바는 목숨 마친 후 아미타불의 정토에 왕생하는 것과 지금의 이 몸으로 신속하게 무상보리를 성취하는 두 가지가 모두 가능하다는 것을 포함하고 있다.

그러므로 「오념문五念門」이 말하는 바는 한편으로는 「목숨마친 후 극락세계에 왕생하는(命終往生極樂世界)」 방법이면서, 또 한편으로는 「현재의 이 몸으로 완연히 극락정토에 있는 것과 같이 신속하게 무상보리를 성취하는(現身宛如處於極樂淨土, 速得成就無上菩提)」 방법이다.

정토삼부경에 따라 「극락정토 왕생을 발원함(願生極樂淨土)」과 수행인의 내세來世와 현세現世의 몸을 살펴보면,

정토삼부경은 「안락국토 왕생을 발원함(願生安樂國)」을 핵심으로 삼았으므로, 이에 의하여 「목숨 마친 후 극락세계에 왕생함(命終往生極樂世界)」과 「현재의 이 몸으로 완연히 극락정토에 있는 것과 같이 신속하게 무상보리를 성취함(現身宛如處於極樂淨土, 速得成就無上菩提)」을 통째로 거두어들인다. 이것이 아미타불 극락정토 법문의 핵심적 취지이다. 이러한 관점은 세친보살의 《무량수경우바제사無量壽經優婆提舍》에서의 발명發明이 전혀 아니고, 정토삼부경의 공통적 뜻으로서 전체를 관통하고 있다.

정토삼부경 가운데 《소경小經(아미타경)》의 큰 중점은 극락정토의 의정장엄을 들은 사람에게 그 국토에 왕생하려고 발원하는 마음 일으킬 것을 권유하여 곧 「목숨 마친 후 극락세계에 왕생하는(命終往生極樂世界)」 이익을 얻게 하는데 있기에 「현재의 몸으로 신속하게 무상보리를 성취함(現身速得成就無上菩提)」에 대하여는 곧 숨겨서 드러내지 않았고, 오직 경의 가장 마지막 문단에서 대략 한 문장을 언급하였을 뿐이다. 즉 「사리불이여! 만약 선남자 선여인이 이 경을 듣고 받아 지니거나 모든 부처님의 명호를 듣는다면, 이 모든 선남자 선여인은 일체 모든 부처님의 호념을 받아서 모두 아뇩다라삼먁삼보리에서 물러나지 않느니라.」라고 말씀하셨다.

《관경觀經》은 곧 먼저 위제희 부인의 권청에 의하여 현재의 몸으로 지계하고 관행 닦아서 업장을 깨끗하게 제거하여 이 삼매를 행하는 사람은 지금 현재의 몸으로「무량수불과 두 분의 대사를 뵈옵는다.」,「무량수불의 화신은 무수하여 관세음보살 및 대세지보살과 함께 언제나 이 행을 닦는 사람의 처소에 오신다.」라는 법익 감득함을 말씀하셨다.

이「현재의 이 몸으로 완연히 극락정토에 있는 것과 같이 신속하게 무상보리를 성취함(現身宛如處於極樂淨土, 速得成就無上菩提)」이라는 수행방법(제1관 내지 제13관을 말함) 외에 석가세존께서는 (제자의 질문이 없음에도) 스스로 9품 왕생 즉 그 공덕의 크고 작음, 죄와 복의 여하에 관계없이 왕생을 발원하면 임종 시 모두 아미타불의 마중을 받는 내용을 설하셨다(제14관 내지 제16관을 말함).

《대경大經(무량수경)》과《관경觀經》은 모두 현재의 몸으로 완연히 극락정토에 있는 것과 같이 신속하게 보리를 증득함과 내세에는 극락에 왕생함의 두 가지 측면을 명확하게 밝히고 있다.《대보적경·무량수여래회大寶積經·無量壽如來會》(무량수경 당역본)제18원, 제19원, 제20원에서와 같이 모두「나의 이름 설함을 듣고 자신의 선근을 극락으로 회향하면(聞說我名, 以己善根迴向極樂)」반드시 임종시 아미타불의 마중을 받는다고 말씀하셨다. 그리고 제43원 등 경문에서는 곧「타방보살이 저의 이름을 듣고서 모두 평등삼마지문을 얻고 이 정定에서 언제나 무량무등의 모든 부처님께 공양올림으로부터 보리에서 끝내 퇴전하지 않게 되지 않으면 정각을 성취하지 않겠나이다.」라고 말씀하셨다.

세친보살께서 이러한 경전의 말씀을 받들어서 제시한「오념문五念門」은 위 두 가지 뜻을 모두 거두어들였으니, 가히 정토경전의 뜻을 완전히 천명하고 풀이한 것이라고 말할 수 있다.(이상 온금가 거사의 소론)]

다시 거사는 말하기를, [《대경大經》의 아미타불의 48본원의 주요내용은, 극락세계의 의정장엄과 시방세계 중생이 어떻게 하여야 왕생할 수 있는 지 등등에 관한 것이고, 이것은「중생의 극락왕생(衆生往生極樂世界)」에 관한 말씀들이다. 그 이외에는 오히려 아미타불께서 (아직 왕생하지 않은) 타방중생을 거두어 교화하시는 내용을 말씀하셨다는 것은 앞에서 이미 간략하게 말한 바 있다.

이러한 서원의 내용들 즉 타방세계 중생의 현신(現身; 현재의 몸)에게 주시는 이익에 관하여는 《대보적·경무량수여래회》의 7품 큰 서원(48원) 일으킴 부분의 제33원의 '두루한 시방의 무량무수 불가사의 무등 세계 중생', 제34원의 '모든 불찰의 보살', 제36원의 '무등 불찰의 보살대중', 제37원의 '시방의 무량한 모든 불찰의 보살', 제41원의 '다른 불찰의 중생', 제42원, 제44원 및 제47원의'다른 불찰의 보살' 제45원의 '타방의 보살', 제48원의 '다른 불국토의 보살'등 다수의 발원문의 문구에 의하면, 아미타불의 중생제도를 위한 불가사의 공덕의 법익을 받는 대상이 극락왕생 전의 타방 중생 내지 보살임을 분명하게 알 수 있다.

위 경문의 내용에 의하면, 아미타불의 본원에는 타방 중생을 거두어들여서 곧 원래의 국토에서, 곧 현재의 몸 그대로 신속하게 수행을 성취하도록 하는 것이 포함되어 있다는 것을 알 수 있고, 더욱이 아미타불의 타방 중생 거두어들임의 관건은 「부처의 위신광명에 비추어 접촉됨(蒙佛威光所照觸)」 혹은 「제 이름을 듣고 나서(聞我名已)」인 바, 이러한 경문의 표현은 타력적他力的 색채色彩를 명확하게 드러내고 있다.

불법의 수행을 지증문智證門에 의하여 설명하자면, 그 주요한 것은 「지관止觀」 혹은 「정혜定慧」를 통해서 수행자의 심성心性을 변화시켜서 법성法性의 대해大海로 융화하여 들어가게 하는 것이다. 위에서 인용한 《대경大經》의 경문에 의하면 아미타불께서 타방중생을 거두어 교화하심을 알 수 있는데, 이는 타방중생의 정혜定慧를 성취하게 하시는 아미타불의 덕상德相이라고 표현할 수도 있다. 타력법문적인 (무량수경의) 이러한 의취意趣에 대하여 한전불교漢傳佛敎(중국에 전래된 불교)에서 「불지佛智에 잠겨 이를 통달하고, 자신도 모르는 사이에 도道의 미묘微妙에 계합함(潛通佛智, 暗合道妙)」라고 칭하는데, 《무량수경우바제사無量壽經優婆提舍》에 있어서는 곧 그 표현이 「지止」와 「관觀」에 대한 더욱 새로운 해석으로 나타나 있다.]라고 하였다.(이상 온금가 거사의 논문).

그럼 《왕생론》에서 말하는 '일심전념一心專念 필경왕생畢竟往生 안락국토安樂國土(일심 전념으로 결단코 안락국토에 왕생하고자 함)'의 원생심이란 어느 정도의 원생심을 말하는가? 이에 대하여 현대 중국의 선지식 태허대사(1896~1947)는 다음과 같이 해설하였다.

「작원문作願門에 대하여. 작作이란 일으켜 세운다는 뜻이다. 즉 왕생하고자 하는 원願을 일으킴을 말한다. 사마타奢摩他란 지止로 번역된다. 정토행자淨土行者는 이미 왕생하려는 원을 일으켰으므로 마음 가운데 오직 결정코 안락국토에 왕생하려는 생각만 있고, 다른 생각일랑 전혀 없으므로 반드시 사마타행을 닦게 된다. 즉 마음을 오직 안락국토의 경계에만 집중하고 세간의 오욕경계로 흘러나가지 않게 하는 것을 말한다.… 평상시 마음은 산란하고 들떠 있어서 오롯한 일심이 될 수 없다. 견문취각지見聞嗅覺知는 물질 등 오진五塵 경계상에 유전하여 쉬지 않는다. 그런데 만약 마음이 오직 극락세계로 돌아가 지향하면 일체의 산란심이 깨끗하게 씻겨져서 곧 일심一心이 된다. ……정심定心과 산심散心을 막론하고 모두 찰라간 생멸한다. 정심定心 중에도 비록 생멸生滅이 있지만 하나의 경계와 인연함이 계속되어서 그 생멸을 자각하지 못함에 불과하다. 산란심은 찰나간 생멸하여 간단間斷(틈과 끊어짐)이 있지만 ……만약 일심을 이루어서 곧 찰나에도 틈이 없게 되면 이것을 이름하여《전념專念》이라 한다.《일심전념一心專念》은 사마타행奢摩他行이며, 사마타奢摩他는 산란심을 멈추어 쉬게 하여 곧 적정寂靜을 얻는다. ……《삼매三昧》는 정정定定으로 번역된다. 앞의 예배禮拜와 찬탄讚歎은 산심散心으로 닦음이고, 이 작원作願은 정심定心으로 닦음이다. 그러므로《삼매행三昧行》이라고 말한다. 삼매행三昧行으로 말미암아 연화장세계蓮花藏世界에 들어간다는 것은 무슨 뜻인가? 연화장세계蓮花藏世界는 곧 아미타불의 안락세계가 연화장세계이다. 극락세계는 삼매경계三昧境界이고, 극락의정장엄 공덕에 의지하여 일심전념을 이루어 틈이 없으면 삼매행을 성취한 즉 극락의 삼매경계가 현전하므로 극락세계의 연화장세계에 들어갈 수 있다. 연화장세계에 들어감은 곧 아미타불의 실보장엄토實報莊嚴土 즉 타수용토他受用土에 들어감이다.」

요컨대 세친보살의《왕생론》에 의하면, 수행자의 원생심이 매우 강렬하여 세간에 대한 털끝만큼도 미련이나 집착이 없고 일심전념一心專念으로 결정코 안락국토에 왕생하고자 발원하면, 그것이 바로 제3의 작원문作願門의 사마타奢摩他의 적정 삼매행寂靜三昧行이며, 이에 터잡아 바로 제4 관찰(극락의 의정장엄을 관찰함)의 비바사나毗婆舍那를 닦아서 내생에 극락에 왕생함은 물론 현재의 몸으로 연화장세계에 들어가서 불찰佛刹의 모든 법의 맛과 즐거움을 향유함에 비하여, 제1 예배문, 제2 찬탄문에서는 아직 원생심이 일심전념 필경왕생의 상태가 되지 않았기에 현생에 그러한 불가사의 공덕을 향유하지는 못하지만 극락에 왕생하는 것은 같다는 것이다.

그런데 매우 강렬한 원생심도 결국 아미타불의 본원 위신력으로 일어나게 되는바, 이에 관한 온금가 거사의 논문을 인용한다.

[주의 깊게 《대경大經》(무량수경 당역본)과 《소경小經》(아미타경 진역본)에서 '기쁘게 저 국토에 왕생하려는 마음(원생심) 일으킴'에 관하여 묘사한 표현을 살펴보면 「저에 대하여 청정한 생각을 일으킴(於我所起淸淨念)」, 「청정심으로 무량수여래를 향함(以淸淨心向無量壽如來)」, 「일념으로 청정한 믿음을 펼쳐서 환희하고 매우 즐거워함(能發一念淨信歡喜愛樂)」등인바 이 모든 것은 「저의 명호를 듣고 나서(聞我名已)」 생긴다. 그렇다면 이 원생願生의 마음의 발기(일어남)의 주된 원인은 아미타불의 위신력에 의하여 촉진되어 일어난 것이라고 말할 수 있다. 다시 《대경大經(대보적경·무량수여래회)》제45원에서의 아미타불(법장비구)의 서원을 인용한다. 「제가 부처될 적에 타방의 보살들은 제 이름을 듣고서 모두 평등삼마지문을 얻어서 그 정定 가운데서 언제나 무량무등의 모든 부처님께 공양올림으로부터 무상보리에서 끝내 퇴전하지 않게 될 것입니다. 만약 이와 같이 되지 않는다면 저는 정각을 얻지 않겠나이다.」여기서 부처님의 명호를 듣고 나서 평등 삼마지문을 얻는다는 저 삼마지는 역시 부처님의 위신력威神力에 의하여 촉진되어 얻었다는 뜻이다.](이상 온금가 거사의 설명)

다) 생각건대 세친보살께서 무착보살을 이어 평생을 바쳐 확립하신 유식학唯識學의 중요한 귀결점은 오히려 《왕생론》의 5념문에 있고, 그 중에서도 특히 제2 작원문에 있다고 봅니다. 왜냐하면 금강金剛 같이 견고한 작원作願 내지는 맹렬하게 타오르는 불덩이 같은 작원作願(일심전념 필경왕생 안락국토의 절대적 원생심)으로 나의 무명無明 업식業識을 다 녹여서 나의 원성실성圓成實性에 계합하는 삼매三昧를 이루어서 반야지혜를 체득한다고 말씀하셨기 때문입니다. 또한 《왕생론》에 의하면, 법장비구의 48원에 의하여 성취된 극락의 의정장엄과 아미타불이란 명호는 곧 아미

타불의 진실지혜무위법신眞實智慧無爲法身 그 자체이므로, 나의 본유本有 진실지혜무위법의 마음으로 아미타불의 진실지혜무위법신인 극락의 의정장엄과 아미타불의 명호를 항상 일념으로 생각하면 나도 모르는 사이에 나의 진실지혜무위법신이 드러나서 홀연히 무생법인을 얻게 됨도 너무나 당연하다 할 것입니다. 이러한 막대한 법익의 향유는 아미타불 48홍원의 불가사의不可思議 가지력加持力으로 말미암은 것이다. 학자께서는《대경》의 법장비구의 48홍원 부분을 낱낱이 직접 읽어 보시고 이를 확인하시기 바랍니다. 확인하셨다면 뒤를 돌아보지 말고 나무아미타불 염불 정진을 끊임없이 계속하시기를 당부드립니다.

한편《십왕생경十往生經》에서는,

「만약 중생이 오직 아미타불만 생각하면서 그 국토에 왕생하기를 원한다면, 저 부처님(아미타불)께서는 즉시 관세음보살, 대세지보살 등 25인의 보살을 보내서 그림자처럼 그 행자를 옹호케 하신다. 밤이든 낮이든 언제 어디서라도 악귀와 악신이 틈타지 못하게 하여 그를 언제나 편안하게 하신다.」고 말씀하셨고,

또한《수능엄경首楞嚴經》〈대세지보살염불원통장大勢至菩薩念佛圓通章〉에서는,「만약 중생의 마음에 부처님을 기억하고 생각한다면, 지금이나 미래에 반드시 부처님을 뵈옵게 되며, 부처님과(의 거리가) 멀지 않다. 그런 중생은 방편을 빌리지 않고 자연히 마음이 열린다. …중략… 저는 인지에서 수행을 할 때 염불하는 마음으로 무생법인에 들어갔나이다. 저는 지금 이 사바세계에서는 염불하는 이들을 모두 거두어 서방정토로 돌아가게 하나이다. 부처님께서 저에게 원통의 방법을 물으시매 저(대세지보살)는 아무런 다른 선택이 없고 오직 육근을 모두 다잡아 깨끗한 염불심을 계속 이어가서 삼마지를 얻는 그것이 제일이나이다.”라고 말씀하셨다. 여기의 염불하는 사람은 강렬한 원생심으로 염불하는 사람을 가리킨다. 그러한 염불인은 당연히 이 생에서 무생법인을 성취하고 임종 시 즉각 극락에 왕생한다는 것이 위 경문에 명시되어 있다.

《칭찬정토불섭수경》에서는,「또 사리자여! 만약 선남자 혹은 선여인이 무량수불

의 극락세계 청정 불국토의 공덕장엄 얻을 것을 이미 발원하였거나 장차 발원하거나 지금 발원한다면, 이 사람은 반드시 이와 같은 시방의 항하 모래알 수 모든 부처님 세존께서 껴잡아 주시나니, 여래의 가르침대로 수행하는 모든 사람은 결정코 아뇩다라삼먁삼보리에서 퇴전하지 않고 모두 반드시 무량수불 극락세계의 청정 불국토에 왕생하느니라.」

《불설아미타경》에서도 《칭찬정토불섭수경》과 같은 말씀을 하셨다.

이러한 말씀은 원생심이 강렬한 사람은 현생에서부터 불퇴전에 오르고 임종 시 반드시 극락에 왕생한다는 뜻이다.

여러 경론의 말씀과 같이 수행자가 강렬하게 왕생하고자 하는 마음으로 지극 정성으로 무량수불과 극락정토를 생각하거나 무량수불의 명호를 지녀 가면서 인연 따라 갖가지 불법을 닦고 널리 천양하면, 자신도 모르게 무생법인을 깨달아 연화 장세계(법성공)에 들어가서 시방의 모든 부처님과 보살님들의 가지加持를 받게 될 것이니, 법에 대한 무슨 갈증이 있을 것이며 세간사에 무슨 어려움이 있겠는가! 그리고 임종 시 반드시 극락에 왕생하여 불퇴전 보살이 되게 되는 막대한 법익을 향유할 수 있으니, 무얼 걱정하겠습니까!

【역자 보충 설명】
정토왕생을 위하여는 강렬한 원생심願生心을 갖추어야 합니다.

경문상의 근거
수행자는 마땅히 매우 강렬하게 극락에 왕생하고자 하는 의지와 서원을 갖추어야 합니다.

진역본秦譯本《불설아미타경》에서 부처님께서는 3차례에 걸쳐서 지극한 원생심 갖출 것을 당부하셨습니다.

즉 [사리불이여! 중생이 이러한 법문을 듣거든 마땅히 저 국토에 왕생하기를 발원해야만 하느니라. 왜 그런가 하면, 그곳에서는 이와 같이 가장 훌륭한 모든 사람들과 함께 머물 수 있기 때문이니라.],

[사리불이여! 나는 이러한 이익(염불로 왕생하는 막대한 이익)을 보았기 때문에 이러한 말을 하나니, 만약 어떤 중생이 나의 이 설법을 듣거든 마땅히 저 국토에 왕생하기를 발원해야만 하느니라.]

[이러한 까닭에 사리불이여! 모든 선남자 선여인이 만약 이 경의 설법을 믿는다면 마땅히 저 국토에 왕생하기를 발원해야만 하느니라.]

당역본唐譯本《칭찬정토불섭수경》에서도

「또 사리자여! 만약 모든 유정이 저 서방의 무량수불 청청 불국토의 갖가지 무량공덕에 의한 장엄에 대하여 설법을 들었다면, 마땅히 모두 저 불국토에 왕생할 것을 발원해야만 하느니라.」

「또 사리자여! 나는, 중생이 이와 같은(염불왕생하는) 이익과 안락을 얻는 일대사인연一大事因緣을 관찰하였기에 온갖 정성 다 기울여 진실한 말을 하나니, 만약 청정한 믿음을 가진 모든 선남자 혹은 선여인이 이와 같은 무량수불의 불가사의 공덕 자체인 명호와 극락세계 청정 불국토의 공덕장엄에 대하여 들었다면, 마땅히 모두 믿고 받아 지니며 왕생하기를 발원하고 여래의 가르침대로 수행하여 저 불국토에 왕생하여야만 하느니라.」

「그러므로 사리자여! 만약 청정한 믿음을 가진 선남자 혹은 선여인이라면 모두 마땅히 무량수불 극락세계의 청정 불국토에 대하여 마음 깊이 믿고 이해하여 그곳에 왕생하기를 발원할 것이며 방일하지 말 것이니라.」는 말씀과 같이 부처님께서는 3차례에서 걸쳐 이 정토법문을 들은 중생은 모두 극락에 왕생하기를 발원해야만 한다고 매우 간절하게 말씀하셨다.

강렬한 원생심願生心은 정토왕생의 핵심적 요건이다. 정토삼부경은 물론《화엄경》〈보현행원품〉,《반주삼매경》에서도 모두 원생심을 갖추어야 한다고 말씀하셨다. 아무리 염불을 많이 닦아 삼매를 이루었다 하여도 정토에 왕생하고자 하는 간절한 서원誓願과 의지意志가 없다면 왕생하지 못한다. 이는 유심唯心의 원리原理상 당연하고, 아미타불의 본원력과 합되지 않았기 때문이다.

특기할 것은《무량청정평등각경無量淸淨平等覺經(한역본)》과《불설제불아미타삼야

삼불살루불단과도인도경佛說諸佛阿彌陀三耶三佛薩樓佛檀過度人道經(오역본)》에는 왕생 등급에 따라 출가 유무 및 닦는 내용에 차이가 있지만 염불 방법에 관한 구체적인 말씀이 전혀 없고, 탐·진·치를 끊고 계행을 지니며 정진하면서 오직 간절하고 강렬한 원생심願生心을 끊어지지 않게 계속 이어가는 것을 왕생수행법으로 말씀하셨다는 것입니다. 이는 시사示唆하는 바가 매우 크다 할 것이다. 즉 간절하고 강렬한 원생심이 없으면 아무리 많은 염불수행을 하더라도 정토왕생의 열매를 맺을 수 없습니다. 《대경》의 다른 3가지 역본(위역본, 당역본, 송역본)에서도 원생심願生心을 염불수행과 더불어 왕생의 필수요건으로 명시적으로 말씀하셨다.

《관무량수경》에서 말씀하신 3심三心 가운데 회향발원심이 바로 원생심이다. 그런데 《관무량수경》의 9품 왕생의 상품上品 중생中生부터 중품中品 중생中生(4개 품)까지는 염불수행에 대한 말씀이 전혀 없으시고 "반드시 방등경전을 받아 지니고 독송하여 그 뜻을 잘 이해하지 못하더라도 제일의第一義에 마음이 놀라지 않고 인과因果를 깊이 믿고 대승을 비방하지 않는 공덕을 회향하여 극락국토에 왕생하기를 발원하면…" 등 염불 이외의 다른 공덕을 쌓아서 극락왕생을 위하여 지극히 회향발원하면 모두 다 왕생한다고 말씀하셨는바, 이는 확고부동한 원생심이 확립되어 있는 중생이라면 제일의第一義의 진리와 인과를 깊이 믿고 대승을 찬탄하는 등의 공덕을 지극 회향하면 모두 왕생할 수 있다는 취지이다. 따라서 확고부동한 원생심을 갖춘 수행자는 대승경전의 독경, 다라니 수행, 참선, 불사수행佛事修行 등을 닦아서 정토왕생을 위하여 회향 발원하더라도 역시 왕생할 수 있음을 재론을 요하지 않는다 할 것이다.

《관무량수경》 9품왕생에서, 중품 하생부터 하품하생까지의 중생은 선근이 박약하고 평소 극악한 행을 이어온 사람들로서 임종 최후의 순간에 지극한 왕생심往生心을 즉 십념十念을 일으켜서 "나무아미타불" 6자 칭명염불을 하면 모두 왕생할 수 있다고 말씀하셨다(임종 고통으로 인하여 발성을 할 수 없어서 마음속으로 나무아미타불을 염하는 경우에도 당연히 왕생할 수 있다. 임종 조념 염불은 이런 이유로 필요한 것이다.). 요컨대 《관경》의 제1관부터 제13관까지의 법문은 물론 9품 왕생 법문의 핵심은 결국 강렬하고 확고한 원생심이 왕생의 제일 중요한 요건이라는 데 있다.

철오선사(중국 정토종의 조사)의 계송

一句彌陀	한 구절 아미타불 수행의
要在切願	요체는 애절哀切한 원생심에 달렸나니
寸心欲焚	극락에 가고자 하여 가슴은 타들어 가고
雙目流血	두 눈엔 피눈물 흐르네.

제1문 예배문과 제2문 찬탄문의 願生心(극락에 가고자 하는 의지와 서원)으로써도 극락에 갈 수는 있지만, 이는 아직 사마타奢摩他를 이룰 정도의 고도의 집중상태가 아니어서 왕생 전에 이 사바에서 연화장세계蓮華藏世界(자성법신自性法身)을 깨닫지는 못한다. 그런데 제3 작원문作願門의 원생심은 사마타奢摩他를 이룰 정도로 일체의 잡념이 끼어들지 않는 매우 집중 강화된 일심전념一心專念 필경왕생畢竟往生의 경지를 말하며, 이러한 원생심을 이루면 왕생 전에 이미 이 사바에서 연화장세계蓮華藏世界(자성법신自性法身)을 깨닫고 서방삼성을 뵈옵기도 한다. 이러한 제3 작원문의 사마타의 바탕위에서 제4 관찰문의 비발사나를 닦는다.

아직 왕생 전의 중생이 이렇게 무량한 법익을 누림은 모두 아미타불의 불가사의 본원력에 의한 것이다. 즉《대보적경·무량수여래회》의 7품 큰 서원(48원) 일으킴 부분의 제33원의 '두루한 시방의 무량무수 불가사의 무등 세계 중생', 제34원의 '모든 불찰의 보살', 제36원의 '무등 불찰의 보살대중', 제37원의 '시방의 무량한 모든 불찰의 보살', 제41원의 '다른 불찰의 중생', 제42원, 제44원 및 제47원의'다른 불찰의 보살' 제45원의 '타방의 보살', 제48원의 '다른 불국토의 보살'등 다수의 법장비구의 발원에 의하면, 아미타불의 중생제도를 위한 불가사의 공덕의 법익을 받는 대상이 극락왕생 전의 타방 중생 내지 보살임을 분명하게 밝히고 있다. 따라서 아미타불께서는 이미 극락 왕생한 중생에게 무량한 법익을 누리게 하심은 물론 아직 왕생하기 전의 타방 중생에게도 미리 불가사의 공덕의 법익을 누리게 하신다는 것을 명확하게 알 수 있다.

특히 《대경大經(대보적경·무량수여래회)》제45원에서는 「제가 부처될 때 타방의 보살들은 제 이름을 듣고서 모두 평등 삼마지문을 얻어서 그 정定 가운데서 언제나 무량무등의 모든 부처님께 공양 올림으로부터 무상보리에서 끝내 퇴전하지 않게 될 것입니다. 만약 이와 같이 되지 않는다면 저는 정각을 얻지 않겠나이다.」라고 서원하고 계시는바, 아미타불께서는 타방 보살이 아미타불의 명호를 듣고 나서 지극한 마음으로 왕생하기를 서원하면 곧 바로 평등 삼마지문(연화장세계의 법성공의 삼매)을 얻게 하시겠다는 서원을 펼치셨다. 즉 아미타불께서는 일심전념 필경왕생의 서원을 가진 타방중생으로 하여금 아직 왕생하기 전부터 평등 삼마지를 얻게 하신다.

요컨대 제1, 2문으로도 아미타불의 본원력으로 임종시 극락에 당도할 수 있지만, 이 사바에서 보리수증의 성취가 아직 미약하다. 그러므로 우리 정토행자들은 철저한 제3 작원, 제4 관찰의 수행으로 이 사바에서부터 연화장세계에 들어가고 임종시 편안하고 상서롭게 왕생하여 극락보살이 되어 무량중생을 돕고 끝내 부처 이루시길 바라옵니다.

원효보살元曉菩薩의
정토법문淨土法門

먼저 원효대사께서 위역본魏譯本 양권兩卷 《무량수경無量壽經》에 대한 요지를 저술하신 《무량수경종요》중 大意와 宗致를 발췌 소개한다.

'먼저 경의 대의(요지)를 말한다. 대저 중생의 心性은 融通하고 걸림이 없어서, 그 크기가 태허공과 같고, 깊고 맑기는 거대한 바다와 같다. 허공과 같기에 그 本體가 平等하여 따로 모양을 얻을 수 없나니, 어찌 청정하고 더러운 곳이 따로 있으리오. 또한 중생의 심성은 거대한 바다와 같기에 그 性이 유연하여 갖가지 인연을 따를 뿐 이를 거역하지 않나니, 어찌 動搖와 寂靜의 時分이 없겠는가. 그러므로 어떤 때는 六塵[1]의 바람으로 인하여 오탁 악세에 빠져 윤전하며 고해의 물결 따라 오래도록 흘러 다닌다. 또한 어떤 때는 善根을 타고 사류四流(욕애慾愛, 유유, 견혹見惑 및 무명無明)를 끊어서 오탁에 돌아오지 않고, 저 열반 언덕에 이르러 영원히 寂靜을 누린다. 그러나 이와 같은 動搖와 寂靜은 모두 크나 큰 꿈이다.

本覺에 입각하여 말하자면, 此岸과 彼岸이 없고, 예토와 정토가 본래 一心이요, 생사와 열반이 끝내 두 가지로 나뉘지 않는다. 그러나 중생이 大覺으로 돌아가자면 많은 공을 쌓아서 얻어지는 것이기에 흐름을 따라 긴 꿈을 꾸면서는 단박에 大覺을 열 수 없다. 그러므로 성인께서 자취를 드리우심에 가깝기도 하고 멀기도 하며, 언교를 베푸심에 칭찬하시기도 하고 나무라시기도 하셨다. 석가모니 부처님께서는 이 사바에 오시어서 五惡을 금하고 善行을 권유하셨으며, 아미타여래께서는 안양국토를 주재하시면서 중생을 세 부류로 나누어 왕생토록 이끄신다. 성인의 이와 같은 교화의 자취와 방편은 이루 말로 다 할 수 없다.

---

1   6근(안이비설신의)의 대상인 색성향미촉법. 6근이 6진에 작용하여 6가지 식이 생긴다. 6가지 식의 바탕에 제7 말라식, 제8 알아야식이 있다.

지금 이 2권의 무량수경은 대저 보살장교菩薩藏敎의 격언格言이요, 佛國淨土 건립의 原因 修行과 그 結果의 實報土를 밝힌 진전眞典이다. 이경은 아미타불의 비밀하고 깊은 원행願行을 밝히고, 아미타불의 果德의 長遠함(매우 수승하고 불가사함)을 보인다.

극락의 18가지 圓淨은 삼계를 넘어 뛰어나고, 극락 중생의 五根과 相好가 수승하기에 제6천의 것을 겸하고도 남음이 있으며, 진기한 향과 법 음식의 맛으로 몸과 마음을 기르고 수양하나니, 누가 아침에 배고프고 저녁에 목마른 고통이 있겠는가. 이곳은 옥으로 된 숲과 향기로운 바람이 불어 따스하고도 시원하여 늘 쾌적하고, 겨울 추위와 여름 더위의 고통이 본래 없다.

수많은 上善人들과 함께 모여 때때로 8가지 공덕을 갖춘 연못에 목욕한다. 이로 말미암아 누구나 극력 싫어하는 흰머리와 주름진 피부를 영원히 떠난다. 수승한 도반들과 항상 어울려 시방 불국토를 노닐며, 이곳에서는 위안하기 곤란한 근심과 괴로움을 멀리 떠난다.

또한 법향法響을 듣고 無相三昧에 들어가고, 佛光을 보고서 無生法忍을 깨닫는다. 無生을 깨닫기에 生하지 못할 것이 없고, 無相에 들어가기에 내지 못할 相이 없다.

극락 중생이 누리는 지극한 청정과 지극한 즐거움은 마음의 분별로 측량할 수 없으며 시간 공간의 한계가 없으니, 어찌 언설로 다 설명하랴! 다만 능히 말할 수 있는 사람 중에 부처님이 으뜸이시며, 국토와 신체 가운데 오래 사는 것을 主된 것으로 삼기에《불설무량수경》이라고 말한 것이다. 한 축軸만 열면 중생의 마음을 열기에 부족하고, 만약 3축軸이라면 양손으로 다 들 수 없다. 지금 이경은 상 하 양권으로 되어 있어서 흠결된 것도 없고 남는 것도 없어서 양손의 보배로 삼기에 적당하다. 그러므로《불설양권무량수경상》이라고 말한다.

그 다음 경의 宗體와 意致를 설명한다. 이 경은 바로 정토의 원인 수행과 결과의 실보토實報土로써 그 종체宗體를 삼는다. 이 경은 群物을 거두어서 극락에 왕생토록 함을 의치意致로 삼는다. 총체적으로 말하면 비록 이와 같지만, 분별하여 말하자면 먼저 부처님의 과덕을 밝히고 나중에 원인의 수행을 드러낸다.

言大意者。然夫衆生心性。融通無礙。泰若虛空。湛猶巨海。若虛空故。其體平等。無別相而可得。何有淨穢之處。猶巨海故。其性潤滑。能隨緣而不逆。豈無動靜之時。爾乃或因塵風。淪五濁而隨轉。沈苦浪而長流。或承善根。截四流而不還。至彼岸而永寂。若斯動寂。皆是大夢。以覺言之。無此無彼。穢土淨國。本來一心。生死涅槃。終無二際。然歸原大覺。積功乃得。隨流長夢。不可頓開。所以聖人垂迹。有遐有邇。所設言敎。或褒或貶。至如牟尼世尊。現此娑婆。誠五惡而勸善。彌陀如來。御彼安養。引三輩而導生。斯等權迹。不可具陳矣。

今此經者。蓋是菩薩藏敎之格言。佛土因果之眞典也。明願行之密深。現果德之長遠。十八圓淨。越三界而迢絕。五根相好。侔六天而不嗣。珍著 [1] 法味。遂養身心。誰有朝餓。夜渴之苦。玉林芳風。溫涼常適。本無冬寒夏熱之煩。羣仙共會。時浴八德蓮池。由是長別。偏可厭之皓皺。勝侶相從。數遊十方佛土。於玆遠送以難慰之憂勞。況復聞法響入無相。見佛光悟無生。悟無生故。無所不生。入無相故。無所不相。極淨極樂。非心意之所度。無際無限。豈言說之能盡。但以能說五人之中。佛爲上首。依正二報之內。長命爲主。故言佛說無量壽經。設其一軸。不足開心。若至其三。有餘兩掌。今此經者。有上有下。無缺無餘。適爲掌珍。言之卷上。故。言遵佛說無量壽經卷上。

第二簡 經之宗致

第二簡宗致者。此經正以淨土因果。爲其宗體。攝物往生。以爲意致。總標雖然。於中分別者。先明果德。後顯因行。(이상 원효대사의 말씀)

위 말씀 가운데 '이 경은 보살장교菩薩藏敎의 격언格言이요, 불국정토佛國淨土 건립의 원인수행原因修行과 그 결과結果의 실보토實報土를 밝힌 진전眞典이다. 이경은 아미타불의 비밀하고 깊은 원행을 밝히고, 아미타불의 과덕果德의 장원長遠함(매우 수승하고 불가사의함)을 보인다.' '이 경은 바로 정토의 원인 수행과 결과의 실보토로써 그 종체宗體를 삼는다. 이 경은 群物을 거두어서 극락에 왕생토록 함을 의치意致로 삼는다.'라는 두 부분에서 원효대사의 종요宗要의 핵심이 드러나 있다.

법처보살은 무한 겁 동안 수행한 결과로 十劫 전에 성불함과 동시에 건립하신 극락을 주재하시면서 임종하는 염불 중생을 구품연대로 접인하여 극락의 수승한 의정 장엄의 법락을 누리게 하고 성불의 인지를 닦도록 교화하고 계신다. 이러한 불가사의 공덕은 시방 삼세에서 오직 아미타불만 갖고 계신 가장 수승한 중생구제의 본원력 내지 위신력이다.

보살장교의 격언이란 발심한 보살들이 모범으로 받들어 닦아야 할 규범이란 뜻으로서 보살들은 아미타불의 법장비구(법처비구) 당시의 모든 因地修行을 모범으로 하여 지혜를 닦고 복을 지어서 오는 세상에 반드시에 극락 같은 정토를 건립하고 붓다가 되어서 무량 중생을 제도하여야 한다는 것이다.

그리고 중생이 삼계의 흐름을 따른 긴 꿈을 꾸면서는 그 꿈을 깨기가 너무나 어렵기 때문에 아미타불의 본원력에 의지하여 선업을 쌓고 오직 아미타불을 염함으로써 반드시 삼계를 떠나 극락으로 돌아가서 불퇴전을 얻고서 일체 유정의 성불을 위하여 무한 시분이 다하도록 보현행원을 실천하여야 한다.

원효보살은 또한 《무량수경종요》에서 경의 삼배왕생의 원인을 설명하기 전에 독특한 정토사상을 피력하였다. 즉 "무릇 여러 가지로 말씀하신 왕생의 원인(수행)에 의하여 (극락의) 정보장엄 뿐만 아니라 의보정토를 감득한다. 그러나 이것은 오직 아미타 여래의 본원력을 받아서 아미타 부처님의 감응을 따라 수용하는 것이지 중생 스스로의 업의 힘으로 성취하는 것은 아니다. 그러므로 (이러한 전제하에서만) 왕생의 원인을 설하는 것이다."(凡諸所說往生之因。非直能感正報莊嚴。亦得感具依報淨土。但承如來本願力故。隨感受用。非自業因力之所成辦。是故說爲往生因。)

이 말씀은, 중생이 서방정토에 왕생하는 것은 아미타여래의 중생구제의 근본서원의 힘(본원력)으로 성취되는 것이지 중생의 자력적인 능력과 노력으로 왕생하는 것이 아니므로 이러한 대전제를 떠나서는 왕생의 원인(중생의 왕생을 위한 수행)이라는 것도 있을 수 없다는 것으로 이해된다. 이는 극단적인 본원력사상本願力思想(오직 아미타불의 중생구제의 본원력과 위신력에 절대적으로 귀의하는 사상)이라 할 것이다.

그리고 보살은 다시 《무량수경종요》에서, 중생이 아미타 여래의 본원력을 받아서 서방정토에 왕생하려면 "비록 (경의) 앞에서 말한 부처님의 4가지 지혜의 경계에 대하여 명확하게 이해하지 못했더라도 스스로 겸손할 줄 알고, 마음의 안목이 열리지 못했더라도 오직 아미타 여래를 우러러보며 한 결 같이 엎드려 믿어야 한다(仰惟如來 一向伏信 阿彌陀佛). 이러한 사람은 그 닦은 정도에 따라 저 국토에 왕생하여 변지에 처하지 아니한다.(雖未明解如前所說四智之境。而能自謙。心眼未開。仰惟如來。一向伏信。如是等人。隨其行品往生彼土。不在邊地。)"라고 하였는바, 이 말씀 역시 우리가 겸허한 마음으로 아미타불께 절대적으로 귀명하여 오직 아미타불만 생각하면서 극락왕생을 발원하면 그 원대로 왕생한다는 것이다.

또한 보살은 《유심안락도遊心安樂道(극락의 도에 마음을 둠)》에서 , "아미타불의 48원은 우선적으로 업장이 무거운 10신 이하의 범부(일반) 중생을 구제하기 위한 것이고, 이와 겸兼하여 3승(성문, 연각, 보살) 성인聖人도 구제한다."이라는 취지의 말씀을 하셨습니다. 즉 아미타불 48원의 우선적인 구제 대상은 업장이 무거운 범부(일반) 중생이라는 것입니다. 이 얼마나 기쁜 소식입니까!

나아가 원효보살은 왕생극락의 정토교의를 널리 펼치기 위하여 승복을 벗어 버리고 거사의 몸으로 시장바닥과 산촌으로 다니면서 신분이 낮고 문자를 해득하지 못하는 모든 서민들과 함께 생활하면서 그들에게 나무아미타불 6자 법문을 널리 펼쳐서 함께 극락으로 돌아가게 하였습니다.

보살의 법문과 정토 교화를 종합하면, 죄업이 무거운 우리 일반 중생은 아미타불의 불가사의 본원력에 의하여 이미 구원받았다고 철저히 믿고, 아미타불께 깊이 감사하면서 언제나 아미타불을 우러러 공경하며, 극락왕생을 지극히 발원한 다음 자신의 여건에 맞추어 염불하면서 각자의 인륜을 다하면, 이생에서 벌써 한 소식하고, 임종 시 편안하게 아미타불의 서방정토에 왕생하여 극락의 수행자가 될 수 있을 것입니다. 이것이 바로 사바에서의 안심입명安心立命이라 할 것입니다.

《법화경》〈비유품〉에서 부처님은 "지금 이 삼계는 모두 나의 교화의 대상이고, 그 가운데의 중생은 모두 나의 子息인데 지금 이 삼계에 윤회하면서 갖가지 환란을 당하고 있나니, 오직 나 한 사람만이 자식들을 잘 구제하고 보호할 수 있느니라.", "너희들 모두는 나의 子息이고, 나는 너희들의 아버지(父)이니라."고 말씀하셨습니다. 그리고 부처님을 장자長者(온갖 재물과 높은 지위 및 명예를 갖춘 분)에, 장자의 자식(고향 떠나 갖은 고생을 하다가 돌아온 자식)을 우리 중생에 비유하셨습니다. 《능엄경》〈대세지보살염불원통장〉에서도 염불의 원리를 아들이 어머니를 언제나 간절하게 생각하는 것에 비유하셨습니다. 이렇듯 부처님과 중생은 부모와 자식 사이입니다. 우리는 예불할 때 부처님을 사생자부四生慈父(태, 난, 습, 화 4생의 대자비의 아버지)라고 칭합니다. 따라서 자주 大悲慈父 阿彌陀佛이라고 칭할 필요가 있습니다. "어버이 아미타불", "아버지 아미타불", "우주 대생명 아미타불"이란 호칭도 널리 사용할 필요가 있다고 생각합니다. 더욱 친근감을 가지고 부처님께 다가가기 위함입니다. 장자(부처님)의 대각大覺과 대지혜광명大智慧光明 등 무량무변 불가사의 공덕은 모두 자식子息(중생)의 것이기 때문입니다.

타력 신앙을 극단적으로 전개한 종교가 바로 기독교의 유일신앙이다. 예수님은 18세부터 약 10년 내지 12년간 인도와 티벳에서 불도를 수행하여 높은 경지에 이른 다음 본국에 돌아가서 불교의 唯心, 大慈悲 및 淨土 등의 교의를 토대로 구약舊約의 한 부족部族의 神을 모든 생명의 어버이이신 우주 편만遍滿 보편普遍의 神(法身)으로, 외형적外形的 습속적習俗的 신앙을 唯心的 自在的 신앙으로, 계급적 차별과 편애를 平等과 博愛로 개편하여 개창한 종교가 바로 원래의 기독교이다. 기독교는 본질에 있어서 불교이다. 이는 근래 중국의 대선지식 허운화상(虛雲和尙: 1840~1959)은 예수의 수제자 베드로의 저술 〈水上門徒行傳(대영박물관 소장)〉 등을 열람하신 후 확언確言하신 말씀이다.

우리 정토행자는 티벳의 많은 불자들이 삼배 일배 오체투지 하면서 수백리의 성지를 순례하는 헌신적 태도와 기독교 신자의 열화熱火 같은 절대 유일 신앙적 태도를 참고하여 아미타불에 대한 절대적 신심과 원생심으로 염불수행을 하여야 할 것입니다.

《무량수경》의 "일향전념 아미타불", 《아미타경》의 "전지명호 일심불란", 세친보살 《왕생론》의 5념문 중 제2 작원문作願門의 "일심전념 필경왕생 안락국토"는 모두 아미타불에 대한 철저한 신앙과 강렬한 극락에의 원생심을 나타낸 말씀입니다.

부처님에 대한 절대적 귀명과 헌신 및 부처님을 끊임없이 생각하는 염불수행은 唯心의 원리상 반드시 자기 마음의 부처에 대한 절대적 귀의 및 구경 성불로 귀결

된다. 염염이 부처를 생각하는 마음이 극極에 이른 곳에 홀연히 자기 부처가 나타난다. (장엄염불의 말미의) 삼백육십만억 일십일만 구천오백 동명동호 대자대비 아미타불(三百六十萬億 一十一萬 九千五百 同名同號 大慈大悲 阿彌陀佛)이다. 타력신앙의 미묘微妙함은 바로 여기에 있다.

【역자 주】

*18원정圓淨: 모든 부처님이 계신 淨土(受用土,實 報土)에 갖추어진 18가지 圓滿의 수승한 공덕. 18圓滿, 18具足이라고도 한다. 1) 色相圓淨(顯色원정, 色類구족이라도 함): 모든 부처님의 수용토에서는 널리 광명이 방사되어 일체세계를 두루 비춘다. 2) 形貌원정(形色원정, 相貌구족, 莊嚴구족이라도 함): 모든 부처님께서 교화하시며 노니는 곳과 머물러 계신 곳은 낱낱이 모두 수많은 미묘微妙 장식裝飾으로 장엄되어 있다. 3) 量원정(分量원정, 量구족이라고도 함): 모든 부처님이 계신 정토는 광대무변하여 측량할 수 없다. 4) 處원정(方所원정, 方所구족): 淨土는 三界를 초월하는 行處로서 苦, 集 2諦에 포섭되지 않는다. 5) 因원정(因원만, 因구족이라고도 함): 정토는 수승한 출세간의 선법의 공능이 생겨나기 때문에 세간법의 集諦의 原因이 되지 않는다. 6) 果원정(果원만, 果구족이라고도 함): 정토는 여래와 보살의 淸淨自在唯識의 지혜로써 그 體性을 삼기 때문에 苦諦의 體性이 되지 않는다. 7) 主원정(主원만, 主구족이라고도 함): 정토는 여래의 진영鎭營으로서 여래께서 그 중앙에 항상 居하신다. 8) 助원정(輔翼원만, 伴구족, 助伴구족): 정토는 여러 대보살의 안락처安樂處로서 그 보살들은 정토에서 항상 佛道를 돕고 이익 되게 하며, 正敎를 받들어 행하고 또한 타인으로 하여금 正敎를 받들어 행하게 한다. 9) 眷屬원정(권속원정, 권속구족이라고도 함): 정토에는 8부 중생의 무리가 수행하는 곳이다. 10) 持원정(住持원만, 住持구족): 정토에서는 모든 보살과 그 권속들이 능히 광대한 法味의 기쁨과 즐거움을 지니면서 길이 法身을 기른다. 11) 業원정(事業원만): 정토에서는 보살이 범부와 이승을 위하여 이익되는 사업을 짓는다. 12) 利益원정(攝益원만, 順攝구족이라고도 함): 정토는 삼계의 일체 번뇌, 재난, 纏垢(때에 얽힘)를 멀리 떠났다. 13) 無怖畏원정(무외원정, 무외구족):

정토에는 一切의 天魔, 死魔 등 衆魔의 침요侵擾를 멀리 떠나 공포와 두려움이 없다. 14) 住處원정(주처원만, 주처구족): 정토는 여래께서 머물러 계신 곳이며, 또한 일체 수승한 장엄이 의지하는 곳이다. 15) 路원정(노원만, 道路구족): 정토는 大乘正法 가운데서 聞, 思, 修의 3慧로써 그 왕생회향往生廻向과 환상회향還相廻向에 통달하는 길을 삼는다. 16) 乘원정(승원만, 승구족): 정토는 사마타(止)와 비발사나(觀)로써 그 타는 바의 道法(所乘之道法)을 삼는다. 17) 門원정(문원만, 문구족): 정토는 空, 無相, 無願 등 3해탈문으로써 그 들어가는 문을 삼는다. 18) 依止원정(依持원만, 依持구족): 정토는 無量功德을 모두어 뭉친 大寶蓮華王으로써 그 依止(의지하고 머무름)를 삼는다. 18원정은 무착보살의 《섭대승론》에 설명된 내용이다.[이상은 대만《불광대사전》에서 옮긴 것임.]

원효보살은 《遊心安樂道》에서 중생이 반드시 서방정토에 반드시 왕생해야만 하는 이유에 대하여 아래와 같이 말했다.

娑婆世界 雜惡之處 於緣多退 安養寶刹純善之地 唯進無退

사바세계는 갖가지 악이 있는 세계이기 때문에 그러한 악연을 맞아 대부분 퇴전하지만, 안양(安養: 서방정토)의 보배 세계는 순전한 선善의 땅이므로 오직 보리로 나아갈 뿐 퇴전이란 없다.

故起信論云 復次衆生初學是法 欲求正信 其心怯弱 以住於此娑婆世界 自畏不能常値諸佛親承供養 懼謂信心難可成就 意欲退者 當知如來有勝方便攝護信心 謂以專念佛因緣故 隨願得生他方佛土 常見於佛永離惡道 如修多羅說 若人專念 西方極樂世界 阿彌陀佛 所修善根廻向 願求生彼世界 即得往生 常見佛故 終無有退 若觀彼佛眞如法身 常勤修習畢竟得生正定聚故

그러므로 《기신론》에서 "또 중생이 대승법을 배움에 바른 믿음을 구하고자 하나 그 마음이 겁 많고 나약하여 이 사바세계에 머물러 있어서 항상 모든 부처님을 뵈옵고 직접 공양 올리지 못함을 스스로 두려워하고, 두려워하여 신심을 성취하기 어렵다고 하면서 그 뜻이 퇴전하고자 하는 사람은 마땅히 알아야 할 것이니, 여래 께서는 수승한 방편이 있어 초학자들의 신심을 거두어 보호하신다. 말하자면 전의 로(專意로: 오직 집중된 뜻을 다하여) 부처님을 생각하는 인연(염불하는 인연)으로 원원을 따라 타방(서방정토) 부처님의 국토에 왕생하여 항상 부처님을 뵈옵고 영원히 악도(지옥, 아귀, 축생)를 떠나게 하신다. 수다라(經)에서 말씀하시기를, "오직 한 마음으로 서방정토 극락세계의 아미타부처님을 생각하고(염불하고) 그 닦은바 공덕을 그 국토 에 나기 위한 발원과 갈구함를 위하여 회향한다면 곧 왕생하여 항상 아미타부처님 을 뵈옵기 때문에 영원히 퇴전하지 않는다.' 만약 저 부처님(아미타부처님)의 진여법신 을 관하고* 항상 부지런히 이를 닦아 익히면 필경 그곳에 왕생하여 정정(正定: 퇴전 없는 지위)에 머물기 때문이다"라고 하셨다.

【역자 주】
원효대사의 저술《기신론해동소》해당부분을 소개합니다.

復次眾生以下 第三示修行者不退方便 於中有二 先明初學者畏退墮 後示不退轉 之方便 此中有三 一者明佛有勝方便 二者別出脩多羅說 若觀以下 第三釋經所 說意趣 若觀法身畢竟得生者 欲明十解以上菩薩 得少分見真如法身 是故能得 畢竟往生 如上信成就發心中言以得少分見法身故 此約相似見也 又復初地已上 菩薩 證見彼佛真如法身 以之故言畢竟得生 如楞伽經歎龍樹菩薩云 證得歡喜 地 往生安樂國故 此中論意約上輩人明畢竟生 非謂未見法身不得往生也 住正定 者 通論有三 一者見道以上方名正定 約無漏道為正定故 二者十解以上名為正 定 住不退位為正定故 三者九品往生皆名正定 依勝緣力得不退故 於中委悉 如 無量壽料簡中說.

"復次眾生" 이하 부분은 세 번째로 수행자의 불퇴방편을 보였다. 이 가운데 2부분이 있으니, 먼저 초학자가 두려워하여 퇴타하는 것을 밝히셨고, 나중에는 불퇴전에 이르는 방편을 보이셨다. 이 가운데 3부분이 있으니 첫 번째는 부처님께 수승한 방편이 있음을 밝히셨고, 두 번째는 수다라(경)의 말씀을 별도로 펼치셨다. "若觀" 이하 부분에서는 세 번째로 경에서 말씀하신 의취意趣를 풀이하셨다. 만약 法身을 觀하여 반드시 서방정토에 왕생한다 하심은 十解(十住) 이상의 보살이 조금 眞如法身을 보기 때문에 반드시 서방정토에 왕생할 수 있음을 밝히신 것이다. 위에서 말씀하신 바와 같이 믿음을 성취한 발심(十住 이상) 가운데서는 조금 법신을 보기 때문이다. 이는 相似見(相似覺)에 의한 것이다. 또한 初地 이상의 보살은 저 아미타부처님의 진여법신을 증견(證見: 확실히 봄)하기 때문에 반드시 왕생한다고 말씀하신 것이다. 《능가경》에서 부처님께서 용수보살을 찬탄하시면서 말씀하신 바와 같이, 용수보살은 歡喜地(初地)를 증득하여 안락국에 왕생하기 때문이다. 이 가운데 《기신론》의 취지는 상배인上輩人은 반드시 왕생한다는 것에 의한 것이지, 법신을 보지 못하면 왕생하지 못한다는 것을 말하는 것이 아니다. 정정취에 머문다는 것에 대하여는 통상 세 가지로 나누어 논한다. 첫째는 見道(初地) 이상이 되어야 비로소 正定이라고 이름한다. 無漏道에 의하여 正定을 삼기 때문이다. 둘째는 十解(十住) 이상의 지위를 正定이라고 이름하나니, 불퇴전지에 머무는 것을 正定이라고 이름하기 때문이다. 셋째는 서방정토의 9품에 왕생하는 사람을 모두 정정이라고 이름하나니, 부처님의 수승한 인연의 힘에 의지하기 때문이다. 이 가운데 자세한 것은 《無量壽經料簡》(원효대사 저술로서 失傳)에서 말한 것과 같다.(이상 《기신론 해동소》)

《기신론》에서는 마음의 生, 住, 異, 滅 4相 가운데 滅相이 없어지는 단계를 不覺이라 하여 10信位의 수행자가 이에 해당하고, 다음 異相이 없어지는 단계를 相似覺(깨달음 비슷한 상태)이라 하여 10住 이상부터 10回向位까지의 수행자가 이에 해당하며, 다시 住相이 없어지는 단계를 隨分覺(법신을 부분적으로 깨닫는 것)이라 하여 地上菩薩로부터 等覺菩薩까지가 이에 해당하며, 마지막으로 生相이 없어지는 단계를 究竟覺(최후의 깨달음)이라 하여 묘각 부처님의 경계라고 설명하신다.

見道란 無漏의 聖道를 처음으로 발견하여 聖者의 무리에 든 지위로서 見諦道라 한다. 소승에서는 성인의 무리에 들어가는 預流向, 대승에서는 初地보살의 지위를 각각 견도라 한다. 고집멸도의 四聖諦를 16行相으로 관찰하는 단계이며 여기서는 見惑(理知的 後天的인 見解의 미혹)을 다 끊고, 그 다음 2地부터 8地까지는 思惑(貪瞋痴慢 등 事情的 先天的인 情緒의 미혹)을 끊는 修道의 지위이고, 그 다음 10地부터 佛地를 비로소 無學道라고 칭한다.

'阿彌陀佛 眞如法身觀'에 대하여 《해동소》나 불교용어사전 등에는 별다른 설명을 찾을 수 없고, 오직 《관무량수불경》에 아미타부처님의 報身을 관하는 방법만 설명되어 있을 뿐입니다. 생각건대 아미타부처님의 진여법신은 삼세제불의 진여법신과 동일체이고, 《기신론》 등에 의하면 眞如法身이란 다름 아닌 一心의 眞如인 如實空, 如實不空(大智慧光明, 眞實識知, 遍照法界, 常樂我淨 등)으로 이루어진 眞理의 몸이라 할 것이므로, 진여법신관은 一心의 如實空, 如實不空을 철저히 관하여 이것을 現前하도록 하는 것이라고 생각합니다. 이러한 바탕위에 《觀經》에서 말씀하신 아미타여래의 보신을 관하는 등의 16관법의 수행도 겸하면 금상첨화가 아닐까 생각합니다. 다만 이러한 관법은 근기에 맞아야 하므로 일반적으로는 칭명염불을 주로 하고, 진여법신관이나 관상염불은 보조적으로 닦는 것이 온당하다고 생각합니다.(이상 역자 주)

一切凡夫 雖念佛 未至十解 體是退位 若在穢土 逢四退緣 即使退轉 若生西方 有四緣故 終不退還

일체 범부중생이 비록 염불을 한다 하더라도 십해(十解: 十住와 같음)에 이르지 못하면 그 자체는 결국 물러날 지위이다. 만일 예토에 살면서 4가지 물러날 인연을 만나게 되면 곧 물러나게 된다. 그러나 서방극락세계에 나면 4가지 인연이 있기 때문에 물러나지 않는다.

言四緣者 一由長命無病故不退 穢土由短命多病故退

이 네 가지 인연이란, 첫째, 오래 살고 병이 없기 때문에 물러나지 않는다. 그러나 사바세계는 명命이 짧고 병이 많기 때문에 퇴전退轉하게 된다.

二由諸佛菩薩 圓善智識故不退 如經言 得與如是諸上善人俱會一處故 穢土由多惡知識故退也

둘째, 모든 부처님과 보살님들이 선지식善知識이 되어 주시기 때문에 물러나지 않는다. 이것은 경經에서 "이와 같이 높은 수행지위에 있는 수많은 사람들과 한곳에 모여 살 수 있기 때문이다."고 말씀하신 것과 같다. 사바세계는 악지식(惡知識: 잘못되도록 인도하는 사람)들이 많기 때문에 퇴전하게 된다.

三由無有女人 六根境界 並是進道緣 故不退 如經曰 眼見色即發菩提心等 穢土由有女人故退

셋째, 여인女人이 없기 때문에 육근六根의 경계가 모두 道로 나아가는 인연이어서 물러나지 않는다. 경에서 "눈으로 (극락의) 색(色: 색상과 물질)을 보면 곧 보리심菩提心을 낸다"는 등의 말씀을 하심과 같다. 예토에는 여인이 있기 때문에 퇴전하게 된다.

四由唯有善心 故不退 經云 無毛端計造惡之地 穢土 由有惡心無記心 故退也

넷째, 극락세계는 오직 착한 마음만 있기 때문에 물러나지 않는다. 경經에서 "(극락세계에서는) 털끝만큼의 악을 지을 여지도 없다"고 말씀하셨다. 사바세계는 악한 마음과 무기심(無記心: 선도 아니요 악도 아닌 마음)이 있기 때문에 퇴전하게 된다.

又彼二經皆說 其往生者 皆得不退 不言但不退人乃得往生也 猶如此間具三受
人 若生彼土 則無苦捨 唯有樂受也

그러나 저 두 경전에서는 극락세계에 나는 사람은 모두 물러나지 않는다고 말씀
하시고, 물러나지 않는 지위에 있는 사람만이 극락세계에 난다고 말씀하시지 않으
셨으니, 이 세계에서 마치 고苦·낙樂·사捨의 삼수三受*를 갖춘 사람이라도 만일 저
극락세계에 난즉, 고수苦受와 사수捨受는 없고 오직 낙수樂受만 있다는 것과 같다.

【역자 주】
*삼수三受란 괴로움(苦), 즐거움(樂), 괴롭지도 않고 즐겁지도 않은 것(捨: 不苦不樂)
의 3가지를 느끼는 것을 말함.

總而言之 初地以上 悲願自在 無所不生更何須勸 十解以去種姓決定 復無悲退
亦非正為 十信以前及諸凡夫 發心未固 昇降隨緣 厭穢欣淨 故佛勸攝

이상에서 말한 것을 종합해 보면 초지初地 이상은 대자비와 원력願力이 자재하
여 나지 못할 곳이 없으니 어찌 권유할 필요가 있겠는가. 십해十解 이상도 보살 종
성種性이 결정되었고, 자비와 퇴전함이 없으니, 정식으로 위하심(正為)*이 아니다.
그러나 십신十信 이전의 모든 범부들은 발심發心이 견고하지 못하여 오르고 내리는
인연을 따르며, 예토를 싫어하고 정토를 좋아하기 때문에 부처님께서 (극락왕생을)
권유하시어 그들을 거두어들이셨다.

【역자 주】
*정위正為: 정토법문은 十信 이하 범부를 정식正式으로 위하심이고, 십해 내지
십지를 정식으로 위해서 설법하심이 아님. 십해 내지 십지는 정위正為가 아니고 겸
하여 위하심(兼為). 정토법문은 억겁의 뿌리 깊은 번뇌장, 소지장 및 업장으로 생사
고해에 떠다니는 보통 사람들을 제도하기 위한 법문이라는 것이다. 따라 우리 보통

범부는 우리의 바탕과 기틀에 맞는 정토법문을 닦는 것이 가장 합당하다.

西方長壽 一生修行登地 娑婆短命 多劫勤勞猶退

서방극락세계는 수명이 길기 때문에 극락의 한 생을 닦아 지상보살(地上菩薩: 초
지부터 10지까지의 보살)에 오르지만, 사바세계는 수명이 짧기에 많은 겁劫 동안 수고
를 해도 오히려 퇴보한다.

故華嚴日 如此娑婆世界一劫 於西方安樂世界 爲一日一夜 如是乃至百萬阿僧祇
世界 最後世界一劫 於勝蓮華世界賢首如來刹 爲一日一夜 敎起意致略述如此

그러므로 《화엄경華嚴經》에서 "사바세계의 1겁은 서방 안락세계의 1일一日 1야一
夜가 되고 이와 같이 내지 백만 아승지阿僧祇 세계, 최후세계의 1겁이 승연화세계勝
蓮華世界의 현수여래찰賢首如來刹의 일일 1야一夜가 된다"라고 말씀하셨다. 가르침이
일어난 종취를 간략히 서술함은 이와 같다.

【역자 주】
아래에서는 《유심안락도》의 이해의 돕기 위하여 대승불교 수증(修證: 닦아 증득함)
의 계위(階位: 계단)를 개략적으로 설명합니다.

〈修證의 階位〉(52位 또는 57位)

《수능엄경》에서는 아래와 같이 57위를 설하셨는데, 여기의 3점차三漸次는 하나
의 계위이다. 《보살영락본업경》에서는 위 57위에서 3점차와 4가행위가 없는 52위
를 설하셨다. 《화엄경》에서는 십주, 십행, 십회향, 십지, 불지의 41위를 말씀하셨다.
통상은 52위로 보살의 수행계위를 설명한다.

三漸次 ─ 除其助因(5辛菜 不食), 刳其正性(淫業 제거), 違其現業(신구의 3업 淸淨)

十信 ┬─ 凡位(善人) ──── 不覺

十住 ┬─ 信相應地 ─┬
十行 ┤   ├─ 相似覺(三賢人)
十回向┘

欲愛乾慧

四加行(煖位, 頂位, 忍位, 世第一位) ─ 賢位

十地 ─ 聖位 ──────── 隨分覺

等覺

金剛乾慧

妙覺 ─ 佛位 ──────── 究竟覺

다시 52위를 상세히 설명하면 아래와 같다.

1) 십신十信: 보살계위 52위중 1위부터 10위까지의 계위이다.

①신심信心: 부처님의 가르침을 일심으로 믿어 의심이 없고, 이를 배워서 즐거이 성취하고자 하는 마음이다.

②염심念心: 항상 6념을 수행함이니, 즉 念佛, 念法, 念僧, 念戒, 念施, 念天이 그것이다.

③정진심精進心: 보살장(菩薩藏: 보살을 위한 경율론)을 듣고, 부지런하고 끊임이 없이 선업을 닦아 익히려는 마음이다.

④정심定心: 事나 義를 대함에 마음이 편안함에 머물러 일체의 허위, 경솔, 과거 기억이나 분별을 멀리 떠난 마음이다.

⑤혜심慧心: 보살장을 듣고, 일체법을 사량하고 관찰하여, 일체법이 無我, 無人, 無自性, 空寂함을 아는 마음이다.

⑥계심戒心: 보살의 청정 계율과 위의를 받아 지녀 신,구,의 삼업을 청정하게 하고 모든 허물을 범하지 않고, 만약 범함이 있으면 참회하여 이를 제거하는 마음이다.

⑦회향심廻向心: 선근을 닦아 보리에 회향하고 모든 有를 원하지 않으며, 중생을 위하여 회향하고 나만을 위하지 않으며, 實際를 구하기 위하여 회향하며 名相에 집착하지 않는 마음이다.

⑧호법심護法心: 자기 마음을 막고 보호하여 번뇌를 일으키지 않는 것인데, 다시 침묵으로 보호하고, 생각으로 보호하며, 지혜로 보호하고, 마음을 쉼으로써 보호하고, 다른 방법으로도 위와 같은 5종의 보호하는 행을 하는 마음이다.

⑨사심捨心: 몸과 재물을 아끼지 않고 얻은 바를 능히 버릴 수 있는 마음이다.

⑩원심願心: 수시로 갖가지 청정한 원을 닦아 익히려는 마음이다.

2) 10주十住: 信成就發心의 지위. 十解라고도 한다. 보살의 수행과정을 52계위로 나누면, 그중 11내지20계위는 住位에 속하고 이를 10住라 칭한다.

①발심주發心住: 發意住라고도 한다. 向上하는 善根의 사람이 참다운 방편으로 10信의 마음을 일으켜 삼보를 믿고 받들며 항상 8만 4천 반야바라밀에 머물러 있다. 일체의 수행과 일체의 법문을 받아서 닦으며, 항상 10信의 마음을 일으켜서 邪見을 짓지 않고, 10중죄와 5역죄와 8도倒*를 짓지 않는다. 수행하기 어려운 곳에 태어나지 않고 항상 佛法을 만나 널리 듣고 지혜가 증장한다. 여러 가지 방편을 求하여 비로소 공계空界에 들어가 공성空性의 튼튼한 좌석에 머문다. 아울러 空의 이치와 지혜의 마음으로 옛 부처님의 법을 닦음으로써 마음으로부터 일체의 공덕을 발생시킨다(空觀을 닦아 眞無漏智에 들어감. 10信의 用을 포섭하는 圓成一의 지위).

*8도倒란 有爲生滅하는 法을 常樂我淨이라고 고집하는 범부의 4가지 뒤집힌 견해와 無爲涅槃의 법을 無常, 無樂, 無我, 無淨이라고 고집하는 2승의 4가지 뒤집힌 견해를 합한 것을 말한다.

②치지주治地住: 앞의 지위에서 항상 공심空心과 청정한 8만 4천 법문을 따르므로 그 마음이 밝고 깨끗하기가 마치 투명한 유리 안에 순금이 비치는 것과 같다. 대개 초발의初發意 보살의 妙心으로 밝고 다스려 땅이 되게 하기 때문에 치지주라 이름한다(空觀을 닦아 妙心을 실천함).

③수행주修行住: 앞의 발심과 땅을 다스린 2住의 지혜를 모두 갖추어 이미 명료

해졌으므로 시방에 다녀도 장애가 없다(萬善萬行을 닦음).

④생귀주生貴住: 앞의 妙行으로 말미암아 그윽이 묘한 이치에 계합하여 장차 부처님의 집에 태어날 법왕자가 된다. 그 행이 부처님과 더불어 같으니 부처님의 기분氣分을 받는다. 마치 중음신中陰身이 스스로 부모를 구하고 어둠 속의 믿음이 그윽이 통하는 것 같이 여래종如來種에 들어간다.

⑤방편구족주方便具足住: 무량한 선근을 닦아 자리이타自利利他의 방편이 구족하고 상모相貌에 결함이 없다.

⑥정심주正心住: 제6반야를 성취하였기 때문에 보통의 상모가 아니다. 마음 또한 부처님과 같다.

⑦불퇴주不退住: 이미 무생無生에 들어갔으니 퇴전하지 않는 불퇴주이다. 마음은 항상 空, 無相, 無願을 행한다. 몸과 마음이 화합하여 나날이 증장한다.

⑧동진주童眞住: 發心으로부터 일어나 처음부터 끝까지 뒤바뀌거나 물러나지 않으며, 삿된 마구니를 일으켜 보리의 마음을 깨뜨리지 않으니, 여기에 이르면 부처님의 열 가지 몸의 신령한 모습이 일시에 모두 갖추어진다.

⑨법왕자주法王子住: 처음의 발심부터 제4생귀주에 이르기까지는 성인의 모태에 들어가는 것이고, 제5방편구족주로부터 제8동진주까지는 성인의 모태가 길러진다. 이 법왕자주는 곧 상호와 모습이 구족하니 이는 모태로부터 나온 것이다. 마치 부처님의 가르침을 따라 깨달음을 얻고 부처의 지위를 이어서 융성하게 하려는 것과 같다.

⑩관정주灌頂住: 보살이 이미 부처님의 자식이 되어, 부처님의 일을 맡아 실행하므로 부처님이 지혜의 물로 그의 정수리에 뿌려 주신다. 마치 찰제리 왕이 그 왕자의 정수리에 물을 뿌려주는 것과 같다. 이미 관정주 보살에 이르면 세 가지 특별한 모습을 갖춘다. 첫째는 널리 중생을 제도하는 것이니, 능히 수행하여 10가지 지혜를 성취하여 능히 중생을 제도한다. 둘째는 매우 깊은 경계에 들어가기에 일체 중생과 제9법왕자주의 보살이 관정주 보살의 경계를 능히 헤아릴 수 없다. 셋째는 널리 10가지 지혜(十種智)를 배우고 일체 법을 분명히 안다.

3) 십행위十行位: 남을 이롭게 하는 육바라밀보살. 10행위는 보살계위 제21부터 제30위까지로서 10가지 중생을 이롭게 하는 행으로 중생교화를 실천하는 단계이다. 十行心이라고도 한다. 믿음을 성취하고 발심하여 깊은 이해와 더불어 육바라밀행으로 남을 이롭게 하는 육바라밀보살이다.

①환희행歡喜行: 보살이 여래의 무량한 妙德으로써 시방의 중생에게 수순隨順한다.

②요익행饒益行: 일체 중생에게 매우 잘 이익이 되도록 한다.

③무진한행無瞋恨行: 인욕을 닦아, 성냄과 원한을 떠나고, 겸손하고 스스로를 낮춤으로써 상대방을 공경하며, 자신과 타인을 해롭게 하지 않고, 원망할 일이 있어도 잘 참는다.

④무진행無盡行: 보살이 대정진을 행하고, 발심하여 일체 중생을 제도하고, 대열반에 이를 때까지 게으름이 없도록 한다.

⑤이치난행離痴亂行: 항상 바른 생각에 머물러 산란하지 않고, 일체 법을 대하여 어리석음과 어지러움이 없다.

⑥선현행善現行: 실다운 法이 없는 줄을 알아서, 몸과 말과 뜻에 있어서 적멸(寂滅: 眞空)하여, 그에 얽매임과 집착함이 없으나, 또한 중생 교화함을 버리지 않는다.

⑦무착행無着行: 여러 국토를 두루 다니면서 부처님께 공양하고 법을 구하되 마음에 싫어하거나 만족하지 않고, 또한 적멸로써 모든 법을 관찰하기 때문에 일체에 집착하는 바가 없다.

⑧존중행尊重行: 善根, 智慧 등의 법을 존중하여 이를 모두 성취하고 이로 말미암아 자타에 이익 됨이 증장한다.

⑨선법행善法行: 4무애四無碍 다라니법문, 즉 온갖 교법에 통달한 법무애法無碍·온갖 교법의 핵심적인 뜻을 잘 아는 의무애義無碍·여러 가지 말을 알아 통달한 사무애辭無碍·일체 교법을 말하는 데 자재한 요설무애樂說無碍 등의 법을 얻어 다른 사람들을 교화하는 갖가지 善法을 성취하고, 正法을 수호함으로써 부처의 종자가 끊어지지 않도록 한다.

⑩진실행眞實行: 제일의제第一義諦의 말을 성취하여, 말과 같이 능히 행하고 행과 같이 능히 말하여, 말과 행이 상응相應하니 色과 心이 모두 순종한다.

十行을 닦는 목적에 네 가지가 있다. 첫째, 유위법有爲法을 멀리하고자 함이다. 둘째, 보리를 구하여 부처님의 德을 만족시키고자 함이다. 셋째, 현재와 미래세 가운데서 중생을 구제하고 제도하고자 함이다. 넷째, 실제(實際: 實相)를 구하여 法의 眞如를 증득하고자 함이다. 이 때문에 여러 가지 행을 닦는다.

4) 십회향위十廻向位: 解行發心한 보살. 십회향위는 보살계위 31위부터 40위까지의 수행 단계이다. 회향이란 곧 대자비심으로 일체중생을 구호한다는 뜻으로서 자비심으로 자신이 쌓은 공덕을 남을 위해 돌려 베푼다는 뜻을 포함한다. 발심하여 물러섬이 없으니 해행발심解行發心한 불퇴전不退轉보살이다.

①구호일체중생이중생상회향救護一切衆生離衆生相廻向: 일체중생을 구호하되 衆生相을 떠나 회향한다. 즉 6바라밀과 사섭법四攝法을 행하여 일체 중생을 구호하되 원망과 친함에 평등(平等: 차등 없음)하다.

②불괴회향不壞廻向: 무너지지 않는 회양으로서, 삼보에 대하여 얻은 불괴(不壞: 무너지지 않음)의 믿음으로, 이 선근을 회향하여 중생으로 하여금 좋은 이익을 얻게 한다.

③등일체제불회향等一切諸佛廻向: 삼세의 모든 부처님과 동일하게 짓는 회향으로서, 생사에 집착하지 않고 보리를 떠나지 않고 회향을 닦는다.

④지일체처회향至一切處廻向: 일체처에 이르는 회향으로서, 회향의 힘으로 닦은 선근으로써 일체 삼보와 중생의 처소에 널리 이르러 공양하고 이익 되게 한다.

⑤무진공덕장회향無盡功德藏廻向: 다함없는 공덕장으로 회향하는 것으로서, 일체 다함없는 선근을 따라 기뻐하고, 회향하여 불사를 지음으로써 다함없는 공덕과 선근을 얻는다.

⑥수순평등선근회향隨順平等善根廻向: 회향으로 닦은 선근을 회향하여 부처님의 처소를 수호하고 능히 일체의 견고한 선근을 성취한다.

⑦등수순일체중생회향等隨順一切衆生廻向: 일체 선근을 증장하고, 이로써 일체중생을 이익 되게 회향한다.

⑧진여상회향眞如相廻向: 眞如의 모습에 수순하여 장차 성취할 선근을 위하여 회향한다.

⑨무박무착해탈회향無縛無着解脫廻向: 일체법에 대하여 집착하거나 얽매임이 없어 解脫心을 얻고 이러한 善法을 회향하여 보현보살의 廣大한 願行을 행하고 일체종류의 공덕을 갖춘다.

⑩입법계무량회향入法界無量廻向: 일체 다함이 없는 선근을 닦고 익혀, 이를 회향하여 법계의 차별된 무량공덕을 願하고 求하기 위하여 회향한다.

5) 십지위十地位: 證發心한 보살. 십지위는 보살계의 41위부터 50위까지의 보살행이다. 십지는 一心을 證得한 보살이 발심하여 중생을 교화하는 지위이다. 일심을 증득한 지위에서의 발심이므로 증발심證發心이라 하며, 제10地 이상은 일생보처一生補處보살이다. 일생보처보살은 금생에만 부처님의 중생교화를 돕고 다음 생에는 반드시 부처의 지위를 성취한다는 뜻이다. 地는 머무는 땅(지위)이라고 풀이하며, 초지보살 이전의 보살은 지전地前보살, 초지보살부터 십지보살까지는 지상地上보살이라 부른다. 지상보살은 갖가지 변화의 몸을 보이며 중생을 제도한다.

①환희지歡喜地: 淨心地라고도 한다. 처음으로 聖者가 되어 비로소 큰 환희심을 일으키는 경지이다.

②이구지離垢地: 번뇌의 때를 모두 벗어버린 자리이다. 잘못된 마음, 破戒, 번뇌의 때 등을 다 버리고 떠난 깨달음의 땅이다.

③발광지發光地: 明地라고도 한다. 禪定에 의지하여 지혜의 광명을 얻고, 이와 함께 聞思修의 3慧를 닦아 진리가 점점 밝아지게 하는 자리이다.

④염혜지焰慧地: 앞의 3地의 분별된 견해를 버리고 떠나 지혜의 불로 번뇌의 섶(薪)을 태워 이로 인하여 지혜의 본체를 깨닫는다. 즉 그 깨달음에 의거하여 일어나는 阿含光이 구슬의 光焰과 같은 지위라는 뜻이다.

⑤난승지難勝地: 이미 바른 지혜를 얻었기에, 다시 그를 능가하기가 어려운 지위이다. 혹은 이미 출세간지를 얻었었기에 그 자재의 방편력으로 구제하기 어려운 중생을 구제하는 지위라고도 한다.

⑥현전지現前地: 반야바라밀을 듣고 큰 지혜가 눈앞에 드러나는 지위이다.

⑦원행지遠行地: 方便具足地, 有行有開發無相住라고도 한다. 無相行을 닦아 마

음의 작용이 世間에서 멀리 떠난 지위이다. 이 지위는 더 이상 위로 구할 보리가 없으며, 더 이상 아래로 제도 받을 중생을 없어서 이로 말미암아 無相寂滅의 이치에 들어가서 더 이상 수행을 할 수 없는 우려가 있다. 이때 시방의 모든 부처님께서 이 보살을 7가지 법으로 격려하여 정진하게 하여, 다시 고무되어 수행할 용기를 일으켜 제8지에 이른다.

⑧부동지不動地: 色自在地, 決定地, 無行無開發無相住, 寂滅淨地라고도 한다. 끊이지 않고 無相의 지혜가 일어나 절대적으로 번뇌에 움직이지 않는 깨달음의 지위이다.

⑨선혜지善慧地: 心自在地, 決定行地, 無碍住라고도 한다. 보살이 걸림 없는 힘으로 설법하여 이타행을 완성한다. 즉 지혜의 작용이 자재한 깨달음의 지위이다.

⑩법운지法雲地: 究竟地, 最上住라고도 하며, 大法身을 얻어 自在力을 갖추는 깨달음의 지위이다.

6) 등각等覺: 보살수행 계위 제51위이다. 지혜가 부처님과 대개 같다는 뜻으로 등각이라 한다.

7) 묘각妙覺: 불과佛果를 말한다. 보살수행의 계위 52위이다. 등각에 있는 보살이 다시 최후의 1품의 무명을 끊고 이 지위에 들어간다.

(이상 보살계위에 대한 설명은 대만 《佛光大辭典》의 내용을 간추려 번역한 것입니다.)

위 보살의 수행계위에 비추어 볼 때 독자 제위의 수행단계가 어느 정도인지를 스스로 판단해 보아, 만약 스스로 반야공의 이치를 잘 깨달아 법신을 조금이나마 보는 초발심주의 불퇴전지에 오르지 못했다고 생각한다면, 한시라도 지체 없이 이행도易行道인 나무아미타불 염불 수행을 결택하여 간절하고 치열하게 염불 정진함으로써 서방정토에 왕생하여 불퇴전지를 얻음이 마땅하다고 사료됩니다. 서방정토에 왕생하는 순간 그때부터는 佛地를 향한 전진만 있을 것이니, 이 얼마나 기쁜 일입니까! 나무아미타불! (이상 역자 주).

선禪과 염불念佛

禪은 사람의 본 마음을 바로 가리켜 本性을 보아 성불하게 하는 수행문이다.

석가세존께서 영산 회상에서 꽃을 들어 보이심에 많은 대중 가운데 오직 마하摩訶 가섭迦葉만이 파안미소破顏微笑하였다. 이에 세존께서 "나의 敎外別傳, 實相無相, 涅槃妙心, 正法眼藏을 가섭에게 부촉하노라."라고 하심이 禪의 시발이다.(그러나 禪은 古佛이 나기 전부터 미래세 무진 억겁이 다하도록 不動이다.)

선수행에는 수많은 방법이 있으나 크게 1) 오로지 坐定하여 深默寂照(깊은 침묵 속에서 자신의 본심을 되비추는 수행)를 닦는 默照禪 2) 조사의 話頭를 參究하는 看話禪이 있다. 둘 다 실상무상 열반묘심 정법안장인 각자의 본성을 깨치는 수행법이다. 선법은 자력적 수행법이다.

염불법은 〈무량수경〉 등 정토삼부경 및 그외 많은 경과 〈왕생론〉에서 설하신바와 같이, 아미타불의 불가사의 공덕 내지 중생구제 본원력과 위신력을 철저히 믿고 극락에 왕생하려는 誓願과 意志를 갖추고 1) 아미타불께 예배, 2) 아미타불 명호 칭념, 3) 사마타(止)를 이룰 정도의 강렬한 願生心으로 4) 극락의 의정 장엄을 관찰하는 비발사나(觀)를 닦아서 이 생에서 이미 연화장세계蓮華藏世界(진여 실상, 열반묘심)에 들어가고, 임종시에는 아미타불의 국토인 극락에 왕생하여 구경에는 붓다를 이루고자 하면서 5) 동시에 위의 닦은 모든 공덕을 회향하여 일체 중생의 고통을 뽑아주고 기쁨을 주어서 大悲心을 成就하는 법문이다.

따라서 염불법은 아미타불의 위신력에 철저하게 의지하여 수행한다는 점이 자력적인 선수행과 크게 다르다. 선수행과 염불수행으로 도달하고자 하는 곳은 다같이 法性大海(실상무상, 열반묘심)이지만, 兩 수행의 전제와 방법이 크게 다르다.

행자는 각자의 근기와 취향에 맞는 수행법을 선택하여 정진하면 될 뿐 어떤 수행법이 더 낫다는 생각을 해서는 절대 안된다. 다 같이 부처님의 정법이고 다 같이 붓다 이루는 법문이기 때문입니다. 다만 자력수행이라 할지라도 수행자가 목숨을 걸고 철저하게 정진하면 모르는 사이에 불보살님의 加持가 드리워질 것이고, 타력수행이라도 본인이 노력하지 않으면 불보살님의 加持를 받을 수 없다. 따라서 자력과 타력의 구분은 절대적인 것이 아니다.

한 가지 첨언하면, 현재의 중생은 참선수행을 감당할 만큼 근기가 예리하지 못하기 때문에 염불법문에 정진함이 가장 온당穩當하고, 원생심이 무쇠처럼 철저하고 염불수행이 깊어지면 阿彌陀佛의 加持로 이 生에서 자신의 本性(열반묘심,정법안장)이 드러나는 법익을 누린다.

한편 선수행으로 眞性을 활연히 깨친 다음 극락왕생을 발원하고 정토법문을 널리 천양하신 분이 많이 계신다.

먼저 백장百丈 회해懷海선사(720~814)가 계신다. 선사는 六祖 惠能(638~713)-南岳 懷讓(677~744)-馬祖 道一(709~788)로 이어지는 달마 禪法을 이으시고, 黃檗 希運(?~850)과 潙山 靈祐(771~853)에게 禪法을 傳하였다. 선사는 禪院의 規範을 최초로 매우 상세하게 나누어서 成文化하였는데, 이를 칙수백장청규勅修百丈淸規라 한다.(약칭 백장청규라 한다.) 선사의 일상은 매우 엄격하였는데, 「하루를 일하지 않으면 그날은 굶는다.(一日不作 一日不食)」고 할 정도였다. 백장청규 중 백장대지선사총림요칙(百丈大智禪師叢林要則) 20개조의 제2조에 '修行은 念佛이 가장 온당穩當하다.(修行, 以念佛爲穩當)'고 명시되어 있다.

백장청규 가운데 가벼운 병이 난 사람과 重病에 걸린 사람에 대한 각기 다른 법요 처방이 있다. 중병 부분만 번역합니다.

[만약 중병에 걸린 사람이 있으면 먼저 아미타불을 10번 칭념한다. 그 다음 아미타불 찬탄 게송(아미타불신금색 상호광명무등륜 백호완전오수미 감목징청사대해 광중화불무수억 화보살중역무변 48원도중생 구품함령등피안)을 염송한다. 이어서 「오늘 아침 병이 난 비구 모인某人의 다생多生에 맺힌 원결을 풀어주소서. 그의 한량없는 세월의 모든 허물을 참회하나이다. 각별한 지성 기울여 청정한 성중聖衆을 우러러 의지하나이다. 부처님의 聖號를 칭양稱揚하오니 某 비구의 뿌리 깊은 재앙을 씻어주소서. 우러러 세존과 성중을 의지하며 염불하나이다.」라고 발원한다.

이어서 나무아미타불 여섯 자를 100번 칭념하고, 나무관세음보살과 나무대세지보살과 나무일체청정대해중보살을 각각 10번씩 칭념한다.

그리고 다음과 같이 말하면서 회향한다. 「엎드려 원하오니, 병에 걸린 비구 모인某人이 (세상과의) 모든 인연이 아직 다하지 않았으면 속히 경안輕安(몸과 마음이 가볍고 편안함)을 얻게 하시고, 만일 대명大命을 피하기 어려우면 원하옵건대 극락에 왕생케 하소서. 시방삼세 부처님께 발원합니다.」

이렇게 염불, 발원, 회향함에는 마땅히 마음을 깨끗하게 거두어 잡아야 하고, 다른 모든 잡념과 반연을 내려놓아야 한다.

病僧念誦

凡有病僧。鄉人道舊對病者榻前。排列香燭佛像。念誦讚佛云(水澄秋月現。懇禱福田生。惟有佛菩提。是真歸[3]依處。今晨則為在病比丘某甲。釋多生之冤對。懺累劫之愆尤。特運至誠仰投清眾。稱揚聖號蕩滌深殃。仰憑尊眾念。清淨法身[4]毘盧十號云云)回向云(伏願。一心清淨四大輕安。壽命與慧命延長。色身等法身堅固。再勞尊眾念。十方三世云云) 如病重為十念阿彌陀佛。念時先白讚云(阿彌陀佛真金色。相好端嚴無等倫。白毫宛轉五須彌。紺目澄清[5]日大海。光中化佛無數億。化菩薩眾亦無邊。四十八願度眾生。九品咸令登彼岸。今晨則為在病比丘某甲。釋多生之冤對。懺累劫之愆尤。特運至誠仰投清眾。稱揚聖[6]號蕩滌深殃。仰憑尊眾念。南無阿彌陀佛一百聲。觀世音菩薩大勢至菩薩。清淨大海眾菩薩各十聲)回向云(伏願在病比丘某甲。諸緣未盡早逐輕安。

大命難逃徑生安養。十方三世云云)當念佛時眾宜攝心清淨。不得雜念攀緣。」

이로 미루어 볼 때, 백장선사는 禪의 최고봉에 노닐면서도 학자들을 염불과 극락으로 인도하셨고, 선사 또한 극락으로 회향하셨다는 쉽게 알 수 있다. 禪淨雙修의 最初 最高의 模範을 보이신 분은 바로 백장 회해선사입니다.

그 다음으로 정토를 광대하게 찬양하신 분은 영명永明 연수대사延壽大師 (904~975)이다. 대사는 唐末 五代의 법안종 3대, 정토종 6대 조사이다. 대사는 일찍이 천태天台 덕소국사德韶國師의 선법禪法을 잇고 나서 천태산 국청사에 머물면서 항상 21일 기한의 법화참法華懺을 닦아오던 중 선관禪觀 중에 관세음보살님께서 감로로 대사의 입을 씻겨 주시는 가피를 입은 후부터는 대변제大辯才를 얻어서《종경록》100권,《주심부》4권,《만선동귀집》3권,《유심결》,《신서양양부》등 중국 불교 역사상 가장 많은 저술을 남겨서 후학에게 바른 길을 열어주었다. 또한 대사는 선정쌍수禪淨雙修, 선교일치禪敎一致, 유불선 삼교일치三敎一致를 주창하여 諸敎圓融의 宗旨를 드날렸다.

먼저 대사의 저술 중 유심唯心의 이치를 매우 심오하게 밝힌《유심결唯心訣》의 법문을 인용합니다.

「萬善同歸集」中有數條, 明於淨業。
問:即心是佛, 何須外求, 若認他塵, 自法即隱。

(큰스님께서는) 만선동귀집의 여러 항목에서 정토업을 닦아야 한다고 밝히셨는데, 질문합니다. 마음이 부처일진대 어찌 밖에서 구하겠습니까! 만약 밖의 티끌을 인정한다면 자심에 갖춘 법이 곧 숨어버리지 않겠습니까?

答:諸佛法門, 亦不一向皆有自力他力、自相共相、十玄門之該攝, 六相義之融通, 隨緣似分, 約性常合；從心現境, 境即是心；攝所歸能, 他即是自；且如課念尊號, 故有明文唱一聲而罪滅塵沙, 具十念而形棲淨土。拯危拔難, 殄障消冤, 非但一期暫拔苦津, 託此因緣終投覺海。寶王論云：浴大海者, 已用於百川, 念佛名者, 必成於三昧；亦猶清珠下於濁水, 濁水不得不清, 念佛投於亂心, 亂心不得不佛；既契之後, 心佛雙亡。雙亡, 定也；雙照, 慧也；定慧既均, 亦何心而不佛, 何佛而不心？ 心佛既然, 則萬境萬緣, 無非三昧也。誰復患之於起心動念, 高聲念佛哉？

답한다. 모든 부처님의 법문은 역시 한결같지 않아서 자력과 타력, 자상과 공상, 10현문의 포괄성, 6相 뜻의 융통 등이 각기 인연을 따를 때는 서로 갈라진 것 같지만, (일진一眞의) 性에서 보면 언제나 합일合一된다. 마음 따라 경계가 나타나므로 경계는 곧 마음이다. 객관을 거두어서 주관으로 돌아가므로 객관이 곧 자신이다. 더욱이 (염불행자는) 부처님의 존호尊號를 칭념함에 힘쓰기 때문에 한 번 부처님 명호를 칭함에 진사塵沙(항하 모래 알 수) 겁 동안 지은 죄를 소멸하고, 十念으로 염불하면 정토에 왕생한다는 경의 명문明文이 있다. 염불로 위난에서 구제되고, 어려움을 뽑아내며, 장애를 없애고 원한을 소멸시키는 등으로 현세의 일시적 고통을 건넬 뿐만 아니라 이러한 인연으로 끝내 (염불자의 몸이) 대각의 바다에 던져지게 된다. 《보왕론》에서 말한다. 큰 바다에 목욕하면 이미 백천 강의 물을 다 쓴 것과 같아서 부처님의 명호를 칭념하는 사람은 반드시 삼매를 성취한다. 이는 마치 물을 맑히는 구슬을 흐린 물에 넣으면 흐린 물은 반드시 맑아지는 것과 같이 어지러운 마음에 염불하는 마음이 들어가면 어지러운 마음은 반드시 부처된다. 이와 같이 부처님 명호와 자기 마음이 계합하면 마음과 부처가 둘 다 잊혀진다. 둘다 잊혀지는 것은 곧 禪定이다. 또 부처와 마음이 서로 비춤은 지혜智慧이다. 이렇게 선정과 지혜가 均等하게 되었으니 어떤 마음이 부처가 아니며, 어떤 부처가 마음이 아니겠는가! 마음과 부처가 이미 이러한 즉 모든 경계와 인연이 삼매 아님이 없다. 누가 다시 기심동념起心動念하여 고성염불함을 걱정하겠는가!(고성염불 수행이 밖을 향하여 달리는 법문이라고 걱정하겠는가!)

又問:觸目菩提, 擧足皆道, 何須別立事相道場? 役念勞形, 豈皆妙旨?

또 묻습니다. 눈에 보이는 것이 다 보리요, 발을 드는 곳마다 도량이거늘 어찌하여 반드시 事相의 도량을 세워야 하는가? (부처님을) 念하고 (부처님께) 예를 갖추느라 수고하는 것이 어찌 모두 불법의 妙旨에 부합하겠습니까?

答:道場有二:一, 理道場, 二, 事道場.理道場者, 周遍刹塵;事道場者, 淨地嚴飾;即事明理, 須假莊嚴, 從俗入眞, 唯憑建立爲歸敬之本, 作策發之門, 睹相嚴心, 自他兼利.上都儀云:夫歸敬三寶者, 要指方立相, 住心取境, 不明無相離念也.佛懸知凡夫繫心尚乃不得, 況離相耶? 如無術通人居空造舍也.金剛三昧經云:有二入. 一理入, 二行入;以理導行, 以行圓理;又菩提者, 以行入無行, 以行者緣一切善法, 無行者不得一切善法, 豈可滯理虧行, 執行違理.大乘起信論云:信成就發心有三:一直心, 正念眞如法故.二深心, 樂集一切諸善行故.三大悲心, 欲拔一切衆生苦故.

답한다. 道場에는 2가지가 있다. 하나는 理道場이요, 다른 하나는 事道場이다. 理道場은 (자심의 빛이) 진진찰찰에 두루함이다. 事道場은 心地를 淨化하고 (갖가지 공덕으로 마음을) 장엄하고 꾸미는 것이다. 事에 즉하여 理를 밝혀야 하기 때문에 반드시 장엄을 갖추어야 한다. 俗諦(일체를 긍정하는 진리)에 의거하여 眞諦(일체를 부정하는 진리)로 들어가기 때문에 오직 건립함(指方立相:방향을 가리키고 모양을 세우는 것)에 의지하는 것으로써 歸敬의 근본을 삼는다. (보리로 향하는) 책발策發(채찍질하여 펼치게 함)의 門을 지어야 하기 때문에 눈에 보이는 相으로 마음을 장엄한다.《上都儀》에서 말하기를, 무릇 三寶에 歸敬함의 요체는 방향을 가리키고 모양을 세워서 마음이 머물 경계를 취함이지, 相을 떠나고 念 없음을 밝히는 것이 아니라고 하였다. 부처님은 범부 중생이 相에 마음을 묶어 두는 것도 할 수 없다는 것을 미리 아시는데, 하물며 중생이 相을 떠날 수 있겠는가! 이는 마치 술법을 통달하지 못한 사람이 허공에 집을 지으려고 하는 격이다.

《금강삼매경》에서 말했다. 眞實智에 들어감에는 2가지가 있는데, 하나는 理로 들어감이요, 또 하나는 事로 들어감이다. 즉 理로써 行을 引導하고, 行으로써 理를 圓滿하게 한다. 또한 보리菩提(깨달음)는 行으로써 無行에 들어가는 것인데, 行은 일체선법과 인연함이고, 無行은 일체선법을 얻지 않음이니, 어찌 理에 막혀서 行을 이지러지게 하며, 行에 집착하여 理에 위배되겠는가! 《대승기신론》에서 말했다. 믿음을 성취하는 발심에는 3가지가 있나니, 첫째는 直心이니 진여법을 바르게 생각함이고, 둘째는 深心이니, 일체 모든 선행을 즐겁게 쌓아 모음이며, 셋째는 大悲心이니, 일체중생의 고통을 뽑아주고자 함이다.

대사는 《만선동귀집》에서 용수보살의 《대지론大智度論》의 말씀을 인용하였다.

"비유컨대 어린아이가 만일 부모를 가까이하지 않으면 자칫 구덩이에 떨어지거나 혹은 우물에도 빠지며 또는 물, 불과 같은 어려운 난을 당하여 죽기 쉽다. 그러므로 어릴 때는 반드시 부모의 보살핌을 받아야 하고, 차츰 성장하고 신체가 장대해지면 비로소 능히 부모를 대신하여 가업을 이을 수 있다. 이렇게 초발심보살(십주보살)도 반드시 정토淨土에 나서 諸佛을 가까이 하고 法身을 增長하게 되면 그때 비로소 부처님의 家業을 이어서 十力(부처의 10가지 위신력)을 골고루 운용할 수 있다. 이렇게 뛰어난 이익이 있기 때문에 佛子는 淨土에 나기를 발원하는 것이다."(이상 《대지론大智度論》).

이어서 "모름지기 일생을 阿彌陀佛께 귀명歸命하여 육신이 다하도록 염불 정진하고 닦아 익히되, 앉고 누움에 언제나 얼굴을 서쪽으로 향하고, 行道禮敬과 念佛發願 時 간절하게 정성을 다하며, 다른 생각이 전혀 없어서 모습이 마치 죽은 사람과 같고 감옥에 갇힌 듯하고, 도적에게 쫓기고 큰 물과 불의 재난을 당한 것과 같이 부처님께 一心으로 구원해 주시기를 간구하되, '제가 정토에 왕생하여 이 윤회고를 벗어나서 속히 無生法忍을 증득하여 널리 함식含識(중생)을 건지고 三寶를 이어서 맹세코 4가지 은혜를 갚아 지이다.'고 발원할지니, 이와 같이 뜻이 정성스러우면 반드시 헛되이 버려지지 아니한다."라고 훈시하셨다.

신서안양부神棲安養賦

(중생의) 신식神識이 안양(극락)에 사는 부賦

영명연수대사永明延壽大師(904~975) 찬撰

각성覺性 스님 감수

彌陀寶刹, 安養嘉名.

아미타불의 보배 찰토엔 안양이란 가명(아름다운 이름)있나니,

處報土而極樂, 於十方而最淸.

그 실보토는 즐거움이 지극하고 시방 제일 청정한 곳이라네.

二八觀門, 修定意而冥往.

28관문(『관경觀經』의 16관) 삼매 닦아 그윽이 왕생하고.

四十八願, 運散心而化生.

아미타불 48대원은 산심散心 중생도 연꽃에 화생케 하시나니,

爾乃畢世受持, 一生歸命.

그러므로 목숨 다하도록 왕생법 받아 지니고 일생토록 귀명하면,

仙人乘雲而聽法, 空界作唄而讚詠.

신선이 구름타고 설법 경청하며 허공에서 범패로 찬탄하고 노래하는 가운데,

紫金台上身登, 而本願非虛.

자마금대에 그대 몸이 오르나니, 아미타불의 본원은 헛되지 않으며

白玉毫中神化, 而一心自慶.

부처님의 백옥호광 가운데 그대 몸 신화神化하여 온 마음으로 자축하리라.

詳夫廣長舌讚, 十刹同宣, 但標心而盡契, 非率意而虛傳.

시방제불께서 이구동성 광장설상으로 찬탄하심은 오직 마음 나타냄의 극

진함이요, 가벼운 생각으로 헛되이 전한 것이 아니라네.

地軸回轉, 天華散前.

지축이 회전하여 하늘에서 꽃비 그대 앞에 내리고,

一念華開, 見佛而皆登妙果.

한 생각 찰나에 연꽃 열려서 부처님 뵙고 모두 묘과에 오르게 되나니,

千重光照, 證法而盡厠先賢.

천 겹의 부처님 광명 비쳐 불법 증득하여 다 함께 앞선 현인들 대열에 동참하네.

考古推今, 往生非一.

고금에 극락 왕생한 이가 하나 둘이 아니라네.

運來而天樂盈空, 時至而異香滿室.

타방에서 온 보살들이 연주하는 하늘 음악 허공에 가득하고 때가 되면 신이한 향기 실내에 충만하네.

一眞境內, 現相而雖仗佛威 ; 七寶池中, 睹境而皆從心出.

하나인 진여 경계에 나타난 모양은 부처님 위신력에 의지하였기에 칠보 연못에 보이는 경계는 모두 마음 따라 나타나네.

故知, 聖旨難量, 感應猶長.

그러므로 알라. 성인의 뜻은 사량하기 어려우며 감응은 오히려 장구하다는 걸.

變凡成聖而頃刻, 卽迷爲悟而昭彰.

범부 돌려 성인됨이 잠깐인 즉 미혹이 깨달음으로 변화되어 뚜렷하게 나타나도다.

探出仙書, 眞是長生之術 ; 指歸淨刹, 永居不死之鄕.

위대한 신선되는 책(『관경觀經』)을 꺼내어 보니 참다운 장생술인 즉 정토로 돌아가 죽지 않는 고향에서 영원히 사는 방도를 가리키었네.

更有出世高人, 處塵大士, 焚身燃臂以發行, 挂胃捧心而立軌, 仙樂來迎而弗從, 天童請命而不喜。

더욱이 세간을 뛰어넘는 높은 사람(출가인을 지칭함)과 티끌속의 대사(大士
; 재가 보살을 말함)는 분신, 연비하여 수행을 일으키고, (정애법사靜藹法師는)
배를 갈라 심장心臟을 적출하여 부처님 향하여 양손에 받쳐 들어 궤범을
세웠으며,² (원생심願生心 견고한 이는) 신선이 마중와도 따라가지 않고, 천동
이 가자해도 기뻐하지 않네.

或火烈山頂, 光明境裏, 絶聞惡趣之名, 永抛胎獄之鄙。

혹은 불꽃 번쩍이는 산 정상 광명의 경계(극락) 안에는 악취란 이름조차
끊어졌고, 영원히 태와 지옥에 들어가는 더러움을 떠났네.

眼開舌固而立驗, 牛觸鷄鴿而忽止。

(불법비방한 사람이) 눈뜬 채 혀가 굳는 영험 있었고, (염불소리 에) 소와 닭이
동작을 중지하고 가만히 들었나니,

處鐵城而拒王敕, 須徇丹心 ; 坐蓮台而賴佛恩, 難抛至理。

지옥의 철성에서 왕명을 거역하려면 모름지기 정성스런 마음내라.
그러면 연화대에 앉아서 부처님 은혜에 의지하게 되나니 지극한 도리 버
리기가 어렵도다.

---

2   정애법사靜藹法師(534~578) : 법사는 북주北周 무제武帝의 폐불廢佛에 대하여 처음에는 표를
    올려 그쳐줄 것을 탄원하였으나 받아들여지지 않자, 이에 항거하고 불법의 영험함을 알리기
    위하여 무제 선정 원년 578년 7월 16일 머물던 동굴의 옆의 반석 위에서 칼로 자신의 내장을
    도려내어 나뭇가지에 걸어 두고 모든 내장을 다 밖으로 들어냈으며 심장을 적출하여 부처님을
    향하여 양손에 바치고 가부좌한 채로 왕생하였다. 반석 위에는 피가 아닌 우유 같은 백색 액
    체가 엉켜 있었다고 한다. 그때 법사의 나이는 45세였다. 법사는 왕생하신 반석 위에 손가락
    필체로 다음과 같은 글을 남기셨다.
    인연 있는 이들이여!
    남녀, 출가, 재가를 막론하고 언제나 마음을 편안하게 하도록 하고 불법에서 퇴전할 생각을
    하지 마시라. 만약 불법에서 퇴전할 생각을 하면 많은 선근의 이익을 잃게 됩니다. 나는 아래
    3가지 이유로 이 몸을 버립니다. 첫째 나는 이 몸이 모든 고환의 원인이 된다는 것을 잘 알았
    기 때문이며, 둘째 나는 불법을 잘 지켜낼 능력이 없기 때문이며, 셋째 어서 빨리 부처님을 뵙
    고 싶어졌기 때문입니다.

其或誹謗三寶, 破壞律儀, 逼風刀解體之際, 當業鏡照形之時, 忽遇知識, 現不思議。

그 혹은 삼보를 비방하고 율의를 깨트려 칼바람이 닥쳐와 육신이 찢기우고 업경대에 몸이 비추어 질 때 홀연 선지식을 만나 부사의를 보게 되면,

劍林變七重之行樹, 火車化八德之蓮池。

지옥의 칼 숲이 일곱 겹으로 줄지어선 칠보 나무로 변하고, 불 수레는 여덟 가지 덕을 갖춘 연못으로 변하나니,

地獄消沈, 湛爾而怖心全息 ; 天華飛引, 俄然而化佛迎之。

지옥이 가라앉고 마음 맑아져서 공포심이 모두 쉬며, 하늘 꽃 날아 들어 갑자기 부처님이 마중 나오시네.

慧眼明心, 香爐墮手。

지혜의 안목으로 마음 밝혀 손에 향로 들려지고

應懺而蓮華不萎, 得記而寶林非久。

참회함에 따라 연꽃은 시들지 않고, 수기 얻고서 보배 숲은 열려있도다.

奇哉! 佛力難思, 古今未有。

기이하도다! 부처님의 위신력은 생각하기 어렵고, 고금에 다시 없도다.

그리고 대사는 선을 낮추고 정토를 찬양한 사료간四料簡을 남기셨다.[3]

有禪有淨土	참선수행도 하고 염불수행도 하면
猶如戴角虎	마치 뿔 달린 호랑이 같아
現世爲人師	현세에 사람들의 스승이 되고
來世作佛祖	장래에 부처나 조사祖師가 될 것이다.

3　근래 중국의 허운대사(1840~1959)는 영명대사의 모든 저작을 다 살펴보았는데, 사료간을 발견하지 못하였다면서 이 사료간은 대사의 작품이 아니라고 한다. 선의 대종장이신 영명대사 께서 선을 매우 낮추고 염불을 높인 이런 사료간을 지을 리 없다는 것이다.

無禪有淨土	참선수행은 없더라도 염불수행하면
萬修萬人去	만 사람이 닦아 만 사람이 모두 극락가나니
若得見彌陀	단지 극락가서 아미타불을 뵙기만 한다면
何愁不開悟	어찌 깨닫지 못할까 근심 걱정 하리오.

有禪無淨土	선수행만 하고 염불수행 하지 않으면
十人九蹉路	열 사람 중 아홉은 잘못된 길로 빠지나니
陰境若現前	중음 경계가 나타나면
瞥爾隨他去	눈 깜짝할 사이 그만 (업력에 따라) 휩쓸려 가버린다.

無禪無淨土	참선수행도 없고 염불수행도 없으면
鐵床並銅柱	뜨거운 쇠 침대 위에서 구리 기둥 껴안는 격이니
萬劫與千生	억 만겁이 지나고 천생을 거치도록
沒箇人依怙	믿고 의지할 사람 몸 하나 얻지 못하리.

宋代 장로자각 종색선사長蘆慈覺 宗賾禪師(1053-1113)는 원래 雲門宗의 스님으로서 먼저 선수행으로 心地를 철저히 밝힌 후 참선 지침서《좌선의》를 저술하셨다. 나중에 '蓮華勝會'라는 念佛契를 만들어서 승속을 불문하고 참여케 하여 염불 왕생하도록 인도하였다.

하루는 선사의 꿈에 흰 옷에 검은 두건을 두르고 환하고 아름다운 약30세쯤 되어 보이는 사람이 선사에게 공손하게 인사면서 "저도 연화승회에 참가하려고 하는데, 제 이름을 그 명단에 넣어 주실 수 있겠는지요?"라고 말하였다. 이에 선사는 받아 적을 준비를 하고 나서 "성함이 어떻게 되시는지요?"라고 물었다. 이에 흰 옷 입은 사람은 "보혜普慧"라 합니다. 라고 대답하였다. 선사가 받아 적은 후 흰 옷입은 사람은 다시 "제 어머니도 같이 가입할 수 있는지요?"라고 말했다. 선사는 "당신 어머니의 이름은 무엇인지요?"라고 물었다. 흰옷 입은 사람은 "보현普賢입니다."라고 말하고는 곧 사라졌다.

날이 밝자 선사는 연로하고 대덕 스님들을 모이게 하여 《대방광불화엄경》〈이세간품〉의 보현, 보혜 양대보살님이 불법을 드날리시는데, 우리들이 지금 염불회(蓮華勝會)를 만들어 함께 서방극락세계에 왕생하기를 기약하자, 兩大 보살님께서 은연 중 우리를 찬조贊助하시는 가피를 입게 되었습니다."라고 말씀하셨다. 이에 양대 보살님을 염불회의 지도 보살님으로 받들게 되었다. 이에 멀고 가까운 모든 사람들이 선사의 교화를 입게 되었다.

北宋代 無爲子 楊傑(字, 次公) 거사는 天衣義懷 선사(992~1064)의 禪法을 잇고 禪旨를 드날렸으며, 말년에 觀像念佛을 닦아서 歸西하였다.

양차공 거사는 말한다. 「애욕이 무겁지 않으면 사바세계에 태어나지 아니하고, 염불이 한결같지 못하면 극락정토에 왕생하지 못한다.' 이 두 구절은 가히 눈에 안 보이는 티눈을 찍어내는 금도끼요, 불치병을 낫게 하는 神靈한 약藥이다.」 거사는 매우 멋진 '사세게(辭世偈 : 세상을 떠나며 지은 시)'를 남겼다. 「無一可戀, 無一可舍. 太虛空中, 之乎者也, 將錯就錯, 西方極樂(마음에는 둘 것도 없고, 버릴 것도 없다. 태허공 가운데 모든 것과도 같도다. 기왕에 어긋난 일, 나는 서방극락으로 간다네.)」 淨土往生 그대로 無生인 최상승의 도리를 밝힌 禪淨詩이다.

고려의 대각국사 의천스님(1055~1101)은 문종의 넷째 아들로 태어나서 일찍부터 불문에 귀의 출가하여 화엄교학을 깊이 통달하고, 송으로 유학을 가서 천태학을 들여와서 정착시켰으며, 교와 선을 통합하고, 흥왕사에 교장도감을 설치하여 수많은 경서를 간행하였다. 말년에는 정토에 뜻을 두어 염불 왕생하셨다. 국사가 지은 원왕생가(발췌 번역)는 다음과 같다.

원왕생가(법천스님 韻)

사바세계 부귀영화
그모두는 봄날의꿈

만났다가 헤어짐도
실컷살다 죽는것도

물위에뜬 거품처럼
허망하기 짝이없네

극락가서 노닐마음
그것하나 말고서는

생각하면 내가할일
그무엇이 또있으리.

　　宋代의 眞歇淸了(1089~1151) 선사는 曹洞宗 스님으로서 黙照禪風을 크게 진작
하셨는데, 당시 조사의 화두를 참구하는 대혜 종고선사의 看話禪이 성행하자 기
왕에 화두를 참구할 바에는 우리의 본래면목인 아미타불을 화두로 삼아 끊임없이
생각하라고 하셨다. 선사의 『虎角集』 법문을 소개한다.

　　"念佛의 一心不亂은 理와 事를 모두 포함하나니, 事一心不亂을 말하자면,
모든 사람이 이를 수행할 수 있다. 즉 아미타불의 명호를 굳게 지님으로
말미암아 마음이 不亂하기 때문에 용이 물을 얻은 것과 같고 호랑이가 산
을 의지함과 같다. 이는 곧 『능엄경』에서 말씀하신 바와 같이, 부처님을 기

억하고 부처님을 생각하면 지금이나 미래에 반드시 부처님을 뵈옵게 되고 부처님과의 거리가 멀지 않아서 다른 방편을 빌리지 않고 스스로 心地가 열린다. 이것은 中, 下 두 근기의 중생을 거두어들이는 뜻이다. 理一心不亂을 말하자면, 딴게 아니고 오직 아미타불 넉자를 화두로 삼아서 하루 24시간 중 곧바로 아미타불을 들어 有心으로 하지 말고 無心으로 하지 말며, 有心과 無心을 모두 갖추는 것으로도 하지 말고, 또한 有心도 아니고 無心도 아닌 것으로도 하지 말고 앞뒤가 다 끊어져서 한 생각도 나지 아니하면 점차적 단계를 거치지 않고 질러서 佛地를 뛰어넘는다."

(一心不乱, 兼合理事 若事一心。人皆可以行之。由持名号。心不乱故。如龙得水。似虎靠山。此即愣严忆佛念佛。现前当来必定见佛。去佛不远。不假方便。自得心开。连摄中下二根之义也。若理一心, 亦非他法, 但将 "阿弥陀佛" 四字做个话头、二六时中, 直下提撕, 不以有心念, 不以无心念, 不以亦有亦无心念, 不以非有非无心念, 前后际断, 一念不生, 不涉阶梯, 径超佛地。)

元代의 天目 中峯 明本禪師(1263~1323)는 선종의 거장 겸 정토를 천양한 대선지식입니다. 선사의 中峰三時繫念 법문을 인용합니다.

(일심으로 나무아미타불 염불하니)

打破虛空笑滿腮,	허공을 쳐부수어 얼굴에 웃음 가득하고,
玲瓏寶藏豁然開.	영롱한 보배의 저장고를 활연히 열어 젖힌다.
直饒空劫生前事,	가령 공겁 전 소식이라도
六字洪名畢竟該.	6자(나무아미타불) 만덕홍명이 필경 모두 아우른다.

졸석:

나무아미타불 염불하여 툭 터진 허공을 쳐부순다 하니 이는 말과 생각이 끊어진 격밖의 소식이어서 그 만족감으로 얼굴에 웃음이 가득합니다. 뿐더러 행자의 참마음의 영롱한 보물창고까지 활짝 열어 젖힙니다.

더 나아가 만덕을 포함하여 우주에서 가장 큰 이름인 나무아미타불 6자 염불의 도리는 太初 以前의 소식까지도 아우릅니다.

그러니 어찌 나무아미타불 염불하지 않으리오!(이상 역자 졸석)

대사는 삼시계념법사三時繫念法事란 장문長文의 의식문儀式文을 지어서 유통시키셨는데, 이는 선禪, 정淨, 교敎, 밀密을 아우른 매우 심오한 내용으로서, 정토행자가 극락에 왕생하기 위하여 아침, 점심, 저녁 3때에 송경诵经, 지명염불(持名), 강경(讲演), 행도行道, 참회忏悔, 발원发愿, 창찬唱赞(아미타불과 극락 및 삼보의 불가사의 공덕을 찬탄함) 등 의식의 순서를 정하여 이를 닦을 때 염송하게 한 문구이다. 요체는 극락의 아미타불과 아미타불의 명호를 마음에 묶어서 굳게 지니는 수행의 의식문이다.

같은 元代 天如惟則 선사(1286~1354)는 정토에 관하여 문답 형식으로 《정토혹문淨土或問》을 저술하여 정토에 관한 선수행자의 교리적 의심을 끊어 주셨고, 임종 시 치열한 염불수행으로 금빛 연화대를 타고 극락왕생하셨다. 제위께서는 《정토혹문淨土或問》을 열독하시기 바랍니다. 우리가 반드시 극락정토에 왕생해야 하는 이유에 대하여 구구절절 간절하게 설명하고 있기 때문입니다.

천여 유칙화상은 《정토혹문》에서 다음과 같이 말했다.

진헐 청료眞歇 淸了 선사는 《淨土說》에서 '조동종曹洞宗[4] 중국 선종에 5종 가풍이 있는데, 양대 산맥은 임제종과 조동종이다. 임제종에서 운문종과 위앙종이 세

---

4 중국 선종에 5종 가풍이 있는데, 양대 산맥은 임제종과 조동종이다. 임제종에서 운문종과 위앙종이 세분되었고, 조동종에서 법안종이 나왔다.

분되었고, 조동종에서 법안종이 나왔다.

문하에서는 모두 은밀하게 염불을 닦았다. 그 이유가 무엇인가? 정말 염불법은 가로질러 수행하는 문이며, 바로 대장경을 가지고 上上 근기를 거두어 들이고, 곁으로는 中下 근기를 인도하기 때문이다.' 禪宗의 大宗匠들이 不空不有의 법을 깨치고도 이와 겸하여 정토업에 뜻을 세워서 부지런히 힘쓴 것은 정토업을 닦아서 아미타 부처님을 직접 뵙는 것이 禪宗(의 자력적인 수행)보다 간단하고 쉽기 때문이 아니겠는가!' '불조께서 베푸신 禪과 敎는 모두 淨業을 닦아서 똑같이 하나의 근원(법성)으로 돌아가게 하는 것인데, 이 정토문에 들어가면 무량법문에도 모두 들어갈 수 있다.' 라고 말했다.

또한 저 천의 의회天衣 義懷 선사, 원조 종본元照 宗本 선사, 자수심慈受深 선사, 남악 혜사南嶽 慧思 선사, 법조선사法照禪師, 정애선사靜靄禪師, 정자대통淨慈大通 선사, 천태회옥天台懷玉 선사, 양나라 도진道珍 선사, 당나라 도작선사道綽禪師, 비릉법진毘陵 法眞 선사, 고소 수눌姑蘇 守訥 선사, 북간간北磵簡 선사, 천목례天目禮 선사 등 모든 大老들은 다 禪門의 종장宗匠이지만 정토 경론을 연구하여 은밀하게 닦고 교화를 나타내어 정토의 요체를 펼치고 드날렸다. 이들은 약속한 바 없지만 모두 똑같이 정토를 닦고 드날렸다.(이상《정토혹문》)

고려말 대선지식 懶翁和尙 惠勤禪師(1320~1376)은 지극한 나무아미타불 염불 수행으로 無念處에 이르면 六門(안, 이, 비, 설, 신, 의)에서 언제나 광명을 놓는다고 설파하였다. 육문 방광삼매는 眞性의 開悟와 그 活潑潑한 작용에서 나온다. 禪과 淨土가 어찌 둘이겠는가!

阿彌陀佛在何方	아미타불 어디 계신지?
着得心頭切莫忘	마음 중심에 두고 절대로 잊지 말라.
念到念窮無念處	그 염불심이 지극하여 무념처에 이르면
六門常放紫金光	육문에서 언제나 자마 금색광명을 놓으리라.

(지극한 一心 念佛로 自心의 無念處 즉 本眞에 이르면 종전 6진(색성향미촉법)에 부딪혀 끝없이 번뇌를 촉발, 증폭시키던 6門(안이비설신의) 그대로 眞如가 춤추는 門으로 변한다. 6문에서 광명을 놓는다는 것은 위와 같은 뜻을 비유적으로 표현한 것으로 보인다. 졸견: 제1구는 禪旨를 드러낸 것으로 보인다. 왜냐하면 정토경전에서 아미타불 국토는 이 사바로부터 10만억 국토를 지난 곳에 있다고 분명하게 말씀하셨음에도 불구하고 나옹선사는 아미타불이 어디 계신가?라고 의문을 제기하도록 하셨기 때문이다.)

나옹화상은 또한 이두문으로 매우 긴 문장의 《僧元歌》를 지어서 대중에게 염불하여 극락으로 돌아갈 것을 간절하게 가르치셨다. 검색하면 쉽게 접할 수 있으니 필독을 권유합니다. 서두 부분 조금만 소개합니다.

주인공 주인공아!
主人公主人公我

세상 일 탐착 그만하고
世事貪着其萬何古

참괴심을 일으켜서
慙愧心乙而臥多西

힘써 염불 어떠하냐
一層念佛何等何堯

어젯날엔 소년으로
昨日少年乙奴

금일백발 황공하다
今日白髮惶恐何多

아침나절 병 없다가
朝績那殘無病陀可

저녁나절 못 다가서
夕力羅未多去西

손발 접고 죽는 인생
手足接古死難人生

목전에 파다하다
目前頗多何多

금일에는 무사해도
今日以士無事旱達

내일 아침을 정할 손가
明朝乙定爲孫可

고생 고생 주워 모아
困困而拾我會我

몇 백년을 살려 하고
幾百年生羅何古

재물 부족해 하는 마음
財物不足心隱

천자라도 없지 않나니
天子羅道無殘難而

탐욕심을 물리치고
貪欲心乙揮耳治古

정신을 떨쳐내어
精神乙振體出餘

기묘한 산수간에
奇妙旱山水間厓

물외인이 되려무나
物外人而道汝文多

사람 되기 어렵기를
人道其難業去等

맹구우목 같다 하니
盲龜遇木如陀何而

불보살님 은덕으로
佛菩薩恩德以奴

이 몸 되어 나왔으니
此身道也出臥是以

이 아니 다행하냐
伊安耳多幸何也

부처님 은덕을
佛體主恩德乙奴

촌보도 잊지 말고
寸步道忘之末古

아미타불 어서 하여
阿彌陀佛於西何也

극락으로 돌아가자
極樂乙奴歸我可自…

서산대사(1520-1604)의 선가귀감 염불법문

나무아미타불 6자 법문은 윤회를 벗어나는 지름길이다.

마음으로는 부처님의 세계를 생각하며 잊지 말고, 입으로는 부처님의 명호를 똑똑히 불러 헛갈리지 말아야 한다. 이와 같이 마음과 입이 서로 합치되는 것이 염불이다. 현상으로는 극락세계가 확실히 있고 아미타불의 48원이 분명히 있다. 그러므로 누구나 (지극한 원생심으로) 열 번 염불하는 이는 아미타불의 홍원의 위신력을 타고 극락의 연꽃 속에 가서 나고 쉽게 윤회에서 벗어난다는 것을 삼세의 부처님들이 다 같이 말씀하시고 시방삼세의 보살들도 모두 그곳에 태어나기를 원한 것이다. 더구나 옛날이나 지금이나 극락세계에 왕생한 사람들의 행적이 분명하게 전해오고 있으니 공부하는 이들은 잘못 알지 말라.

염불법은 불도성취를 위한
중요한 수행법임을 명심합시다

염불수행은 ①임종시 서방정토에 왕생함으로써 삼계의 생사고통을 영원히 떠나고 불퇴전 보살이 되어 구경 성불하는 불가사의 공덕을 성취함은 물론 ②왕생 전에 이미 매우 강렬한 원생심의 염불수행으로 삼매를 이루어서 연화장세계에 들어가고 극락의 의정 장엄을 관찰하여 극락의 법락을 수용함으로써 현생에서 불도를 성취해 나아가는 대승수증법문大乘修證法門이다. 이는 정토삼부경에 나타난 뜻이다.

《관경》의 말씀

[이 마음으로 부처를 지으니, 이 마음 그대로 부처이다(시심작불是心作佛 시심시불是心是佛). 그대들의 마음에서 부처님을 생각할 때, 그 마음이 바로 부처님의 32상 80종호이다.]

《반주삼매경般舟三昧經》의 말씀

《이 마음으로 부처를 이루고, 이 마음이 그대로 부처이다(是心作佛, 是心即佛.)》

경의 말씀은 지극한 마음으로 일심 염불하는 마음이 그대로 부처라는 뜻이다.

[(염불하는) 한 생각이 (부처님과) 상응하면 한 생각이 부처이고, 생각 생각이 부처님과 상응하면 생각 생각이 부처이다(一念相應 一念佛 念念相應 念念佛).]라는 말씀도 위 경문과 같은 취지이다.

또한 《수능엄경》〈대세지보살염불원통장〉에서 부처님께서 대세지보살에게 원통圓通(무생법인無生法忍)을 체득한 방법이 무엇이냐고 물으심에 대세지보살은,

[저(대세지보살)는 인지에서 수행할 때 염불하는 마음으로 무생법인無生法忍에 들어갔나이다. 저는 지금 이 사바세계에서 염불하는 이들을 모두 거두어 서방정토로 돌아가게 하나이다. 부처님께서 저에게 원통(삼매)을 이루는 방법을 물으시매, 저는 다른 선택이 없고 오직 육근六根을 모두 집중하여 깨끗한 염불심을 계속 이어가서 삼마지(삼매)를 얻는 그것이 제일이나이다.]

라고 답변하였다. 여기서도 염불수행으로 극락에 왕생하는 것은 물론 현생에서 무생법인을 얻는다는 것이 잘 나타나 있습니다.

또 《대집경大集經》에서도 같은 취지를 말씀했다.

若人稱念阿彌陀,
號曰無上深妙禪。
至心想像見佛時,
即是不生不滅法。
만약 수행자가 아미타불을 칭념한다면
이것을 가장 높고 깊으며 미묘한 禪이라고 부른다.
지극한 마음으로 아미타불을 想像(觀想)하여 직접 뵈오면
이것이 바로 不生不滅(無生法忍)에 이르는 법이다.

그리고 현생에서 뿐만 아니라 서방정토에 왕생한 수행자들 역시 무생법인의 철저한 증득을 위하여 끊임없이 염불수행을 한다는 것이 《대보적경·무량수여래회大寶積經·無量壽如來會》의 아래 경문에 명확하게 나타나 있다.

부처님께서 다시 미륵보살에게 물으셨다.

"그대는 이 모든 중생들이 백천 유선나의 광대한 궁전에 들어가서 허공을 걸림 없이 다니면서 모든 찰토에 두루 나아가 모든 부처님께 공양 올리고 또한 저 유정들이 밤낮으로 끊임없이 염불하는 것을 보았는가?"

미륵보살이 부처님께 말씀드렸다.

"그러하옵니다. 모두 보았습니다."

일연대사一然大師(1206-1289)는 신라 욱면랑郁面娘 대덕大德의 서승西昇(극락왕생)을 찬탄讚歎하면서 간절한 염불 소리 한 번마다 부처 이룬다고 말씀하셨다.

西隣古寺佛燈明　서쪽 가까이 옛절에 부처님 등 밝았는데,
春罷歸來夜二更　절구찧어 마치고 9시 넘어서야 절에 달려와
自許一聲成一佛　염불 소리마다 부처 이루려고
掌穿繩子直忘形　손바닥 뚫어 줄 매어서 육신을 잊었도다.

명대明代의 박산무이선사博山無異禪師(1575~1630)는 참선하는 학자도 꼭 아미타불 염불을 하여야 한다고 말씀하셨고, 또한 아미타불 명호 자체가 하나의 공안公案과 같아서 아미타불 명호 칭념을 쉬지 않고 이어가면 반드시 활연대오하여 살아서 극락 연지에 있는 것과 같은 날이 온다고 말씀하셨습니다. 또한 선사는 연로하신 부친께 채식하면서 염불하도록 권하여 극락으로 인도하신 바 있습니다.

明末 선禪, 교敎, 정토淨土의 대종장이신 지욱智旭 우익대사藕益大師(1599-1655)는《아미타경요해》에서 말했다.

[지명염불법(칭명염불법)은 아미타불의 무상정등정각無上正等正覺이 담긴 아미타불의 명호를 쟁반에 담아 통째로 중생에게 주시어 부처님의 과각果覺(부처님의 수행의 열매인 무상정등정각 즉 아미타불의 명호)을 중생의 염불하는 원인의 마음이 되게 하심으로써 중생의 염불하는 생각 생각마다 부처되게 하시는 가장 수승한 법문이므로 오직 부처님과 부처님만이 지명염불의 불가사의 공덕을 다 이해하실 수 있고 나머지 9법계 중생(등각보살 이하 모든 수행자)은 다 이해할 수 없다.]

또 [《화엄경》의 심오深奧한 법장法藏, 《법화경》의 비밀스런 골수骨髓, 일체 부처님의 심요心要, 보살만행의 지침指針이 모두 다 《아미타경》에서 말씀하신 아미타불의 명호를 굳게 지니는 염불법을 벗어나지 아니한다. 이러한 이치를 자세히 찬탄·설명하자면 겁劫이 다하도록 하여도 오히려 다하지 못한다. 그러나 지혜 있는 사람은 이와 같은 이치를 스스로 잘 알 것이다.(華嚴奧藏。法華祕髓。一切諸佛之心要。菩薩萬行之司南。皆不出於此矣。欲廣歎述。窮劫莫盡。智者自當知之。)"라고 말씀하셨다.]

또한 우익대사는 (지명)염불법문은 "최극원돈법문最極圓頓法門(가장 원만하고 가장 단박에 부처되는 법문)"이라고 말씀하셨다. 요컨대 부처를 이루는 데 (지명)염불법보다 쉽고, 빠르며, 불가사의한 수행법은 없다 할 것입니다.

염불행자가 명심해야 할 점은 철저한 보리심과 맹렬하게 타오르는 불덩이 같은 원생심을 갖추어서 염불수행하여야 한다는 것입니다. 그럴 때 비로소 수행자는 아미타불의 불가사의 중생구제 본원력에 흡인吸引되어 부처님의 불사가의 공덕을 자신의 공덕으로 삼아서 수행의 큰 성취를 이룰 수 있기 때문이다. 법장비구의 48원은 모두 중생의 극락에의 간절한 원생심 갖춤을 전제로 펼쳐졌기 때문이다.

《관무량수경》의 아미타불 찬탄 게송

아미타 여래의 신체는 휘황찬란한 황금색이며,

32상과 80수형호의 광명은 우주의 그 누구도 견줄 수 없습니다.

양 눈썹 사이 흰 털은 다섯 수미산을 뭉쳐놓은 것처럼 크고도 분명하게 오른쪽으로 휘돌고,

맑고 깨끗하며, 검푸른 눈동자는 거대한 바다와 같이 깊고 그윽하십니다.

부처님께서 놓으시는 광명 속에는 억만 무수의 화신 부처님 나투시고,

그 화신의 부처님들 주위에 한량없는 보살들이 둘러싸고 있습니다.

48 큰 서원으로 일체중생을 제도하시며,

염불하는 중생을 맞이하시어 모두 9품으로 극락세계에 왕생케 하십니다.

나무서방정토극락세계

대자대비 아미타불

나무아미타불 또는 아미타불(끊임 없이)

《觀無量壽經》 阿彌陀佛 讚歎 偈頌

阿彌陀佛身金色　　相好光明無等倫

白毫宛轉五須彌　　紺目澄淸四大海

光中化佛無數億　　化菩薩衆亦無邊

四十八願度衆生　　九品咸令登彼岸

만선동귀萬善同歸 중도송中道頌

영명 연수대사 찬

보리심은 펼침 없이 펼쳐야 하고[菩提無發而發]

불도는 구함이 없이 구해야 한다[佛道無求而求].

오묘한 작용은 행함 없이 행해야 하고[妙用無行而行],

眞智는 지음 없이 지어야 한다[眞智無作而作].

悲心을 일으키되 모두가 한 몸임을 깨달아야 하고[興悲悟其同體],

慈悲를 행하되 인연이 없는 곳까지 깊이 들어가야 한다[行慈深入無緣].

베푸는 바 없이 보시를 행하고[無所捨而行檀]

지닌다는 생각 없이 계를 갖추어라[無所持而具戒].

정진을 하되 그런 생각이 없어야 하고[修進了無所起]

인욕을 닦되 마음에 손상이 없어야 하리[習忍達無所傷].

반야는 경계의 생멸 없음을 깨침이고[般若悟境無生]

선정은 마음이 어디에도 머물지 않음을 아는 것이다[禪定知心無住].

몸 없음을 비추어 보되 갖가지 신체 모양을 잘 갖추고[鑒無身而具相]

말할 것 없는 도리를 증득하고서 설법해야 한다[證無說而談詮].

물에 나타난 달과 같은 도량을 건립하여[建立水月道場],

性空의 진여 세계를 장엄하고 [莊嚴性空世界]

헛깨비 같은 공양구을 펼쳐서[羅列幻化供具],

그림자와 메아리 같은 모든 여래께 공양올리고[供養影響如來]

죄의 성품이 본래 공한 줄을 알고 참회 한다[懺悔罪性本空].

법신께 상주하실 것을 권청하고[勸請法身常住],

얻을 바 없음의 요달을 위하여 회향한다[迴向了無所得].

남의 공덕 기뻐한 복은 진여와 같나니[隨喜福等眞如],

나와 남이 모두 텅 비었음을 찬탄해야 한다[讚歎彼我虛玄].

能度와 所度가 평등하게 되길 발원하고[發願能所平等],

그림자처럼 나타난 법회에 예배한다[禮拜影現法會]

발이 허공을 밟는 것처럼 도를 행하고[行道足躡虛空]

향 사루듯 미묘하게 무생을 통달한다 [焚香妙達無生].

경을 독송하여 실상을 깊이 통달하고[誦經深通實相],

꽃을 흩어서 집착 없는 모든 도리를 드러낸다[散華顯諸無着].

손가락을 퉁겨서 번뇌의 세서를 표출하고[彈指以表去塵],

골짜기의 메아리와 같이 바라밀을 행한다[施爲谷響度門].

허공 꽃 같은 만행을 닦고 익혀서[修習空華萬行]

인연이 생멸하는 성품의 바다에 깊이 들어간다[深入緣生性海].

헛깨비 같은 법문에 항상 노닐고[常遊如幻法門]

물듦 없는 번뇌에 허덕임을 맹세코 끊는다[誓斷無染塵勞].

유심정토(惟心淨土)에 태어나기를 발원하고[願生惟心淨土],

實際理地(窮極의 空, 畢竟空)을 실천하며[履踐實際理地]

얻음 없는 觀門에 드나들고[出入無得觀門]

거울에 나타난 영상 같은 마군을 항복받는다[降伏鏡像魔軍].

꿈속 일 같은 불사를 크게 지어서[大作夢中佛事].

헛깨비 같은 중생들을 널리 제도하여[廣度如化含識],

적멸의 무상보리를 다 함께 증득하여 지이다[同證寂滅菩提].

【역자 주】

이 頌은 영명 연수대사께서 불법의 궁극을 압축하여 명료하게 드러낸 법문이다. 대사의 〈종경록(宗鏡錄)〉 100권을 압축한 것이 〈만선동귀집〉 6권이고, 〈만선동귀집〉을 압축한 것이 〈심부주(心賦註)〉 4권이며, 이를 압축한 것이 〈유심결(唯心訣)〉이라고 하며, 다시를 이를 압축한 것이 만선동귀 중도송(萬善同歸 中道頌)이라고 한다.

우리 모두 이 송을 자주 읊조리고 그대로 실천하여 다 함께 唯心淨土인 阿彌陀佛의 西方淨土에 왕생하여 구경성불 하시길 발원합니다.

뭇 삶의 眞如 寂光의 성품은 붓다 그 자체이고, 이는 노력하여 얻어지는 것이 아니고 無始無終 金剛不壞의 존재이기 때문에 있다고도 말할 수 없는 奧妙한 자리이다. 그런데 뭇 삶은 無始의 無明으로 온갖 번뇌 망상(오주번죄)을 일으켜 분단생사分段生死(일정한 형태의 몸을 받고 버리는 것)의 苦海에 떠돌고 있다. 그러나 무시 무명 자체가 실재하지 않기 때문에서 그로부터 나온 번뇌망상과 분단생사 또한 실제가 아니며, 이를 다스려 本源의 眞性으로 돌아가기 위한 8만4천만 법문도 꿈꾸는 사람 깨우는 방편일 뿐이니, 잠 깬 사람에겐 갖가지 법문이 필요 없다.

따라서 一切衆生 本來佛인 眞如 이치에 입각하면, 성취할 보리와 부처는 물론 이를 위하여 닦을 것이 본래 없다. 그렇지만 현재 고해에 허덕이는 중생이 무명번뇌에 오염된 마음을 닦지 않으면 절대적으로 고해를 벗어날 수 없다. 그러므로 반드시 부지런히 닦되 닦음에 관한 집착이 있어서는 안 된다. 보리심을 펼치되 그에 관한 집착이 없어야 하고, 부처를 구하되 그 치구심이 없어야 한다.

또한 중생이 본래 없지만 제도하지 않으면 중생은 절대적으로 생사의 고통을 벗어날 수 없다. 따라서 불보살은 무연자비를 펼쳐서 무한 겁이 다하도록 무량무수 중생을 구제하되, 실은 한 중생도 제도한 바 없다.

頌의 能度는 제도하는 주체(불보살)이고, 所度는 제도받는 대상(중생)을 의미한다. 능도와 소도의 자체는 평등하다. 화엄경에서 心佛及衆生, 是三無差別이라고 하였다. 마음, 부처 및 중생 이 3가지는 (평등하여) 차별이 없다. 3가지의 자체는 평등하기 때문이다. 眞心에 무명번뇌가 오염되면 이것이 중생이고, 眞心의 무명번뇌가 깨끗하게 정화되면 이를 부처라고 말한다. 그런데 무명번뇌는 본래 없는 것이므로 그 오염과 그 정화에 따라 이름 붙인 중생과 부처 역시 임시로 지은 이름일 뿐이다. 중도송은 임시의 이름인 중생과 부처의 구별이 없는 모두 부처인 평등한 세계가 이루어지길 발원해야 한다고 말하고 있다.

중도송은 불법의 가장 깊고 가장 높은 이치에 입각하여 펼쳐진 궁극의 법문인바, 모든 분들이 치열한 정진을 통하여 다 함께 중도송과 같은 경지에 이르러지이다.

나무아미타불 나무아미타불 나무아미타불(끊임없이, 잡념없이, 간절하게)

장엄염불 계송

제가 염주를 잡고 법계를 관하오니
허공이 줄이 되어 미치지 않는 곳이 없나이다.
평등하신 노사나 청정 법신 어딘들 없으리오마는
저는 오직 서방정토 아미타불만 관하며 왕생하기를 염원하옵니다.

원하오니 이 목숨 다할 때까지 딴 생각 아예 없고
오직 아미타불만 따르겠나이다.
마음 마음 아미타불 옥호 광명 이어가고
생각 생각 황금빛 부처님 몸 떠나지 않겠나이다.

원하오니 이 목숨 마칠 때
일체 모든 장애 없이
눈앞에 아미타불 뵈옵고
즉각 극락왕생하여 지이다.

원하오니 이 공덕
널리 일체에 미쳐
우리와 일체중생이
마땅히 극락에 왕생하여
함께 무량수부처님 알현하고
모두 다 부처의 도 이루어지이다.

나무아미타불 나무아미타불 나무아미타불 나무아미불
(간절하게, 잡념없이, 끊임없이)

역자 **서정**西定 **박병규**朴丙圭

1960년 강원도 영월 출생.
1992년부터 현재까지 서울 서초동에서 변호사 개업 중.

번역서

『인광대사법어힐록(왕생불퇴)』, 『정권대사 염불원통장』, 『임종삼대요』, 『원효대사 정토법보』, 『정토생무생론』, 『원영대사의 금강경 강의(운주사)』, 『원영대사 관세음보살보문품 강의』, 『대보적경·무량수여래회, 칭찬정토불섭수경(독송용)』, 『관무량수불경(독송용)·왕생론(온금가 거사 해설 역주)』 등.

대보적경·무량수여래회 역해

초판 1쇄 인쇄   2024년 3월 7일
초판 1쇄 발행   2024년 3월 13일

저본   대보적경·무량수여래회
역해   박병규
한글경 감수   각성스님

펴낸이   박병규
펴낸 곳   도서출판 나무아미타불
             (06596) 서울시 서초구 법원로 16, 정곡빌딩 동관 309호
             전화(02) 593-4300 / 팩스 (02) 593-5583
             이메일 pbk4300@naver.com

ISBN 979-11-985507-0-5 (03220)

값 18,000원